高等职业教育"十三五"创新型规划教材

国际贸易单证实务

主　编　林晓静　曹　玮
副主编　吴超云　周丽雯　吴　玉　林　靖
参　编　施　芬　朱剑美　王清恩　林　琛

北京理工大学出版社
BEIJING INSTITUTE OF TECHNOLOGY PRESS

版权专有　侵权必究

图书在版编目（CIP）数据

国际贸易单证实务/林晓静，曹玮主编．—北京：北京理工大学出版社，2018.9
（2018.10 重印）

ISBN 978-7-5682-6284-2

Ⅰ.①国…　Ⅱ.①林…②曹…　Ⅲ.①国际贸易–原始凭证–高等学校–教材　Ⅳ.①F740.44

中国版本图书馆 CIP 数据核字（2018）第 204118 号

出版发行／北京理工大学出版社有限责任公司
社　　址／北京市海淀区中关村南大街 5 号
邮　　编／100081
电　　话／（010）68914775（总编室）
　　　　　（010）82562903（教材售后服务热线）
　　　　　（010）68948351（其他图书服务热线）
网　　址／http：//www.bitpress.com.cn
经　　销／全国各地新华书店
印　　刷／三河市华骏印务包装有限公司
开　　本／787 毫米×1092 毫米　1/16
印　　张／15.25　　　　　　　　　　　　　　责任编辑／梁铜华
字　　数／358 千字　　　　　　　　　　　　　文案编辑／梁铜华
版　　次／2018 年 9 月第 1 版　2018 年 10 月第 2 次印刷　责任校对／黄拾三
定　　价／39.80 元　　　　　　　　　　　　　责任印制／李　洋

图书出现印装质量问题，请拨打售后服务热线，本社负责调换

前　言

高等职业教育的教学目标是使学生获得相应职业领域的专业能力，这便要求在课程设置方面紧密联系社会实践，增强职业针对性。近年来，高等职业教育教学改革以服务为宗旨，以就业为导向，走产学结合发展的道路，培养了大批具有一定理论基础和专项技能、动手能力强的实用型人才。

为配合高等职业教育教学改革，根据"理论够用，突出实践"的原则，我们在多年教学实践和研究的基础上，编写了《国际贸易单证实务》一书。进出口业务中的备货、装运、报检、报关、保险、结汇以及索赔等业务环节，都涉及单证的缮制、处理、交接和传递。因此单证工作贯穿整个进出口合同履行的全过程，成为进出口业务中一个重要的组成部分。"国际贸易单证实务"是讲授进出口贸易各项业务单证的缮制方法的技能操作课程，是国际商务专业学生在完成"国际贸易理论与实务"专业基础课程的学习后，后续学习的专业核心课程。

本书以国际贸易学习为方向，以从事国际贸易单证工作为主导，以信用证结算为主线，结合相关的国际贸易实务、商务英语与最新的国际惯例等知识，充分体现了职业技能训练的特点；其重在实践技能训练，突出动手能力，同时融"教、学、做"为一体，把教学与实践紧密地结合起来。本书在内容上分为开立信用证、审证与改证、制单与审单、综合训练等章节，较系统且详细地介绍了全套信用证项下出口结汇单据的内容与缮制，对信用证中各出口结汇单据条款进行了解析、说明与举例，并对信用证项下出口结汇单据的制作与审单等实操训练提供了指导。

《国际贸易单证实务》可作为大、中专院校国际贸易、国际商务、物流、报关等相关专业的教材，也可用于外销员、跟单员、单证员、报关员、货运代理等职业资格证书的培训考试参考用书。同时，也可供外贸从业人员及相关的国际运输、保险、银行等部门的从业人员参考使用。

本书在编写过程中参阅和引用了相关论著的资料和观点，在此向有关作者表示衷心的感谢。由于编者学识水平和能力有限，书中如有不足之处，敬请同行、专家学者与广大读者批评指正，以便修订时改进。

编　者

目　录

第一章　国际贸易单证概述 ·· 1
　　第一节　国际贸易单证的概念与分类 ·· 1
　　第二节　国际贸易单证的意义、基本要求和制作依据 ····························· 3
　　第三节　国际贸易单证的工作流转程序 ··· 8
　　第四节　与国际贸易单证相关的国际贸易惯例 ····································· 15
　　第五节　国际贸易单证的发展趋势 ·· 16

第二章　信用证业务 ··· 20
　　第一节　信用证概述 ··· 21
　　第二节　申请开立信用证 ·· 38
　　第三节　信用证的审核 ··· 44
　　第四节　信用证的修改 ··· 49
　　实训项目一：填制开证申请书 ·· 54
　　实训项目二：分析信用证 ·· 58
　　实训项目三：信用证的审核与修改 1 ·· 60
　　实训项目四：信用证的审核与修改 2 ·· 61
　　实训项目五：信用证的审核与修改 3 ·· 64

第三章　进出口商品的托运、报关、检验与检疫及其单证 ························ 67
　　第一节　托　运 ·· 67
　　第二节　报　关 ·· 71
　　第三节　进出口商品的检验与检疫 ·· 98
　　实训项目一：缮制出口货物订舱委托书 ·· 110
　　实训项目二：缮制出口货物报关单 ·· 112
　　实训项目三：填制出口货物报检单 ·· 113

第四章 主要出口结汇单证 ············ 115
第一节 汇 票 ············ 115
第二节 发 票 ············ 121
第三节 包装单据 ············ 128
第四节 运输单据 ············ 132
第五节 保险单据 ············ 146
实训项目一：缮制汇票 ············ 151
实训项目二：缮制商业发票 ············ 154
实训项目三：缮制装箱单 ············ 156
实训项目四：缮制海运提单 ············ 157
实训项目五：缮制保险单 ············ 158

第五章 其他出口结汇单证 ············ 159
第一节 原产地证书 ············ 160
第二节 装船通知 ············ 173
第三节 船公司证明 ············ 177
第四节 受益人证明书 ············ 181
实训项目一：缮制一般原产地证 ············ 183
实训项目二：缮制装船通知 ············ 184
实训项目三：缮制船公司证明 ············ 185
实训项目四：缮制受益人证明 ············ 185

第六章 国际贸易单据审核 ············ 187
第一节 《UCP600》关于单据审核的相关规定 ············ 188
第二节 国际贸易单据审核技巧 ············ 190

第七章 国际贸易单证的管理 ············ 201
第一节 单证机构设置、管理与考核 ············ 201
第二节 跟单信用证下单证的风险 ············ 203

第八章 国际贸易单证综合模拟 ············ 207
综合模拟1 ············ 207
综合模拟2 ············ 208
综合模拟3 ············ 209

附录1 《UCP600》 ············ 212
附录2 国际贸易常用（缩）语和词组 ············ 226
附录3 国际贸易流程图 ············ 235
参考文献 ············ 236

第一章

国际贸易单证概述

学习目标

通过本章的学习，使学生了解国际贸易单证的概念和分类；掌握国际贸易单证工作的意义与基本要求；熟悉国际贸易单证工作的流转程序和发展趋势、与国际商务单证相关的国际法规与惯例；熟悉联合国设计并推荐使用的国际标准化代号和代码。

案例导入

2017 年 5 月，我国某外贸公司与英国客商签订了一份销售合同，目的港为伦敦。由于单证员疏忽，制单时将目的港误填为波士顿，以致出口货物错送该地。

请问：1. 制单员的这种疏忽会给外贸公司带来什么样的经济影响？
2. 请结合实际，谈谈国际贸易单证员应具备哪些职业素质？

第一节 国际贸易单证的概念与分类

国际贸易（INTERNATIONAL TRADE）是指世界各国之间货物和服务交换的活动，是各国之间分工的表现形式，反映了世界各国在经济上相互依存。国际贸易作为商业行为通常表现为商品和资金的双向交流，而由于商品资金的电子无纸单证化，在实务中，贸易的最终完成往往是以电子单证交流的形式来实现的。从贸易合同签订后，直至装运货物、进口提货的整个过程，每个环节都需要相应的单证缮制、处理、交接和传递，以满足企业、运输、银行、保险与商检、海关以及政府机关管理对外贸易等多方面的需要。

一、国际贸易单证的概念

国际贸易单证（INTERNATIONAL TRADE DOCUMENTS），是指在国际贸易、国际结算业务中应用的各种单据、文件与证书，买卖双方凭借单证来处理国际货物的交付、运输、报检、报关、保险与结汇等。狭义的单证指单据和信用证；广义的单证则指各种文件和凭证。

国际贸易单证工作包括审证、制单、审单、交单和归档五个环节，它贯穿于国际贸易业务的成交、运输、收汇的全过程，具有工作量大、涉及面广、时间性强和要求高等特点，除了外贸企业内部各部门之间的协作配合外，还必须与银行、海关、交通运输部门、保险公司、商检机构以及有关的行政管理机关发生多方面的联系，环环相扣，互相影响。对进出口企业来说，在完成了货物的交付后，单证能否正确、完整、及时、清晰地缮制完成，是决定能否顺利结汇的关键，它直接关系到企业的经济利益。因此，单证工作是进出口业务中的一项非常重要的环节。

二、国际贸易单证的分类

根据不同的分类标准，国际贸易单证有不同的类别。

（一）按照《托收统一规则》（《URC522》）的分类

1. 金融单据

金融单据具有货币属性，包括汇票、支票、本票或其他用于取得付款资金的类似凭证。

2. 商业单据

商业单据是除了金融单据以外，出口商出具的与进出口业务有关的非金融单据，包括基本单据和附属单据两类。

（1）基本单据：商业发票、装箱单、重量单、海运提单、保险单等。

（2）附属单据：进口国官方和进口商要求的单据。

进口国官方要求的单据包括领事发票、海关发票、原产地证明等。

买方要求的单据包括装箱单、重量单、品质证书、寄单证明、寄样证明、装运通知、船龄证明、船程证明、受益人证明等。

（二）按照《跟单信用证统一惯例》（《UCP600》）的分类

1. 货运单据

货运单据是指各种运输方式下运输单据的统称，包括海运提单，非转让海运单，租船合约提单，多式联运单据，空运单据，公路、铁路和内陆水运单据，快递和邮包收据，运输代理人的运输单据等。

2. 保险单据

保险单据是指国际货物运输保险涉及的单据，包括保险单、保险凭证、承保证明、预保单等国际货物运输保险单据。

3. 商业单据

商业单据包括商业发票、海关发票、厂商发票、装箱单、重量单、尺码单等。

4. 官方单据

官方单据是指官方机构出具的单据和证明，包括领事发票、原产地证明书、检验检疫证书、进出口配额许可证等官方出具的证明。

（三）按照联合国主导开发制定的国际通用EDI标准（UN/EDIFACT）的分类

EDI国际通用标准将国际贸易单证分为九大类：生产单证、订购单证、销售单证、银行单证、保险单证、货运代理服务单证、运输单证、出口单证、进口单证和转口单证。

出口单证：指出口国的企业及有关部门涉及的单证，包括汇票、商业发票、包装单据、出口货运单据、出口许可证、出口配额证、出口货物报关单、出口检验检疫证书、保险单、原产地证明等；

进口单证：指进口国的企业及有关部门涉及的单证，包括信用证、进口许可证、进口配额证、进口货物报关单、进口检验检疫证书、保险单等。

（四）按照单证形式分类

按照单证的形式，国际贸易单证可分为纸面单证和电子单证。

第二节　国际贸易单证的意义、基本要求和制作依据

从某种意义上讲，国际贸易是单据贸易，几乎所有贸易环节的具体操作都与单据的交换密切相关，即使是在计算机高度发展的今天，单据也在扮演着相当重要的角色（EDI 无纸贸易和电子单据的运用）。不了解和不熟悉单证知识就意味着不懂贸易，无法与业务部门的相关人员进行正确的沟通和交流，就意味着所进行的交易不可能正常，其结果很可能会是旷日持久的官司，永远无法取得的货款和一辈子都收不到的货物。国际贸易单证工作如此重要，自然受到业内各方人士的瞩目和重视。

一、国际贸易单证的意义

（一）国际贸易单证是合同履行的必要手段

国际贸易是跨国的商品买卖，由于这种跨国交易的特殊性，买卖双方分处不同国家，相距遥远，在绝大多数情况下，货物与货款不能进行简单的直接交换，而只能以单证作为交换的媒介手段。单证和货款对流的原则已成为国际贸易中商品买卖的一般原则。

正如国际贸易专家施米托夫在《出口贸易》一书中所述："从商业观点来看，可以说 CIF 合同的目的不是货物本身的买卖，而是与货物有关的单据买卖。"

（二）国际贸易单证是对外贸易经营管理的重要环节

国际贸易单证是由参与国际贸易的进出口企业和相关国家政府管理机构签发的。从进出口企业角度看，国际贸易单证工作是进出口业务的一个重要环节。在实际业务中，不论是合同内容、信用证条款，还是落实货源，控制交货品质、数量，以及运输、保险、检验检疫、报关、结汇等诸多业务经营管理环节，最后都会在单证工作上集中反映出来；单证也是合同履行后期处理争议和纠纷的重要依据。

从国家角度看，国际贸易单证作为一种涉外商务及法律文件，体现了一国的对外贸易政策，反映了一国对外贸易的相关法律法规和规章制度，牵扯到一国与其他国家之间的双边或多边贸易协定，关系到作为成员国必须遵守的国际性组织的相关规则。

（三）国际贸易单证是进出口企业提高经济效益的重要保证

国际贸易工作与进出口企业的经济效益密切相关，单证管理工作的加强、单证质量的提高，不仅可以有效地制止差错事故的发生、弥补经营管理上的缺陷，还可以加速资金回笼、提高资金使用率、节约利息开支、节省各种费用、在无形之中提高进出口企业的经济效益。如果单证管理工作出现差错，不能及时交单或提供正确的单证，则会导致买方拒付货款、延迟付款，进而给进出口企业乃至国家带来风险和损失，使进出口企业的经济效益无法得到保障。

(四) 国际贸易单证是进出口企业形象的重要内涵

国际贸易单证不仅是商务和法律文件，而且能起到塑造和完善进出口企业对外形象、扩大对外宣传的作用。美观、整洁、清楚的单证，能够展示进出口企业高水平的业务素质、高质量的工作成果、一流水准的管理规范，从而为企业塑造良好的形象，有利于业务的发展。反之，粗劣、杂乱、错误的单证则必然给企业带来负面效应。

二、缮制国际贸易单证的基本要求

出口单证工作主要包括审证、制单、审单、交单和归档五个环节。总的要求是"四个一致"，即"证同一致、单证一致、单单一致和单货一致"。前三个一致是针对单据处理而言的；单货一致，应侧重于备货工作，对制单所需资料必须核实，保证单据中商品描述与实物相一致，此为企业树立信誉所必需。

(一) 审证

在收到信用证后，即应着手审证。通知行的审证主要在审核信用证开证行的资信情况，核验其签字或密押的真实性以及偿付条款等。出口企业的审证应重点对照合同审核，同时，也应注意运输及其他条款，对不能接受的条款须及早提出修改。

(二) 制单

单证制作应做到正确、完整、及时、简明、整洁。

1. 正确

正确是国际贸易单证工作的前提，单证不正确就不能安全结汇。这里所说的正确，至少包括两方面的内容：一方面是要求各种单据必须做到"四一致"，即单据与信用证一致、单据与单据一致、单据与贸易合同一致、单据与卖方所交的货物一致；另一方面则要求各种单据必须符合有关国际惯例和进口国的有关法令和规定。

通常，从银行来说，依据《UCP600》，他们只控制"单证一致"和"单单一致"；而从外贸出口企业来说，卖方应遵循"单证一致、单单一致、证同一致、单货一致"的制单原则，正确缮制各种单据，才能实现安全、迅速收回货款的目的。跟单托收业务虽然不像信用证业务那样严格，但如果不符合买卖合同的规定，也可能被进口商找到借口，拒付货款或延付货款。

国际商会《跟单信用证统一惯例》（UNIFORM CUSTOMS AND PRACTICE FOR DOCUMENTARY CREDITS, UCP）明确规定了信用证业务的各种注意事项，因此在信用证上往往注明适用"UCP LATEST VERSION"。现行的最新修订本是《UCP600》，共有39个条款，卖方在缮制单据时，应注意不要与《UCP600》有抵触；同时，还应注意进口国对贸易单证有无特殊要求。

案例1

单证一致

我某进出口贸易公司出口德国一批涤棉漂白棉床单，相关信用证规定面料的纱支密度为 30×30，78×65，该公司实际交付的床单符合该规格，但是在缮制商业发票时，该公司的单证员误将每平方英寸密度 78×65 打成 78×56，单据到国外后遭到开证行拒付。因为进口商在收到该批床单时,认为床单的面料的手感较硬,白度不好,不易销售。其实进口商早就有毁约意图,正苦于没有借口,这时恰巧发现发票上的一字之差,便马上决定拒付货款。最后,几经周折,我方进出口公司不得不以低价转卖给其他客户,损失惨重。

分析:该案例说明单据缮制必须一丝不苟,不能出现任何差错,否则,买方可能利用卖方的疏漏,达到拒付货款的目的。

案例2

单单一致

某公司生产的产品商标为"黄河牌",其习惯被意译为"YELLOW RIVER BRAND",而日本客户开来的信用证却音译为"HUANG HE BRAND",单证员在缮制单据时仍按习惯打成"YELLOW RIVER BRAND"。单据缮制完毕后,审单员发现了信用证音译为"HUANG HE BRAND",由于临近交单,就匆匆修改了商业发票等单据,但是产地证中货物描述的"YELLOW RIVER BRAND"没有更改,最后单据到了国外遭到了开证行拒付。鉴于该产品当时市场销路很好,最后以进口商要求降价10%结束此案。

分析:由于单证员只修改了部分单据,忽略了产地证中的"YELLOW RIVER BRAND",未作更改,造成了单据与单据的不符,进而遭到银行拒付。

案例3

单货一致

我某大型生产企业出口一批机床到埃及,机床型号为"BIZ-12",数量10台,每台单价为5 500美元,CIF亚历山大港,合同总金额为55 000美元。货物出口后,我企业顺利地制单结汇。可一个月后,我企业突然收到进口商的传真,告知该批货物已经抵达亚历山大港,在报关时被海关查出我方单据上的机床型号与机床实际的型号不符,海关已扣留该批货物。若要提货,则每台机床被罚款500美元,要求我企业立即电汇该笔罚款,否则向我方提出更大的索赔。后来经过多次交涉,最后由我企业电汇4 000美元罚款才了结此案。你作为公司的单证员,从中体会到什么?

分析:在办理进出口海关手续时,经查验,货主申报的进出口货物的单证与实际进出口货物相一致,称为单货相符。单货不相符时,货物将会遭到海关扣留,甚至遭进口方索赔,造成惨痛损失。

2. 完整

单证的完整性是构成单证合法性的重要条件之一,是单证成为有价证券的基础。单证的完整一般包括下列几种意义:

1)单据内容完整

单据内容完整即每一种单据本身的内容(包括单据本身的格式、项目、文字和签章、背书等)必须完备齐全,否则不能构成有效文件。

2)单据种类完整

单证在通过银行议付或托收时,一般都是成套、齐全而不是单一的。各种所需单据必须完整,缺一不可,遗漏一种单据,就是单据不完整。例如,在CIF交易中,出口商向进口商提供的单证至少应有发票、提单和保险单。出口商只有按信用证或合同规定备齐所需单据,银行（或进口商）才能履行议付、付款或承兑的责任。

3）单据份数完整

单据份数完整即要求出口商提供的各种单据的份数要按信用证或买卖合同和惯例的要求如数交齐，不能短缺。目前，国外有些地区开来的信用证所列条款日趋繁复，所需单证类别甚多，除发票、提单、保险单等主要单据外，还有各种附属证明，如检验证书、重量单、装箱单、产地证、航行证、邮政收据、电报副本等，这些单证都需要经过一定手续和事先联系才能取得。因此，在单证制作和审核过程中，必须密切注意，及时催办，防止遗漏和误期，以保证全套单证的完整无缺。

3. 及时

进出口单证工作的时间性很强，各种单证都要有一个适当的出单日期。及时出单包括两个方面的内容：一方面，各种单据的出单日期必须合理可行，就是说每一种单据的出单日期不能超过信用证规定的有效期限或符合商业习惯的合理日期。例如，保险单的日期必须早于或等同于提单的签发日期；提单日期不得迟于装运期限；装运通知书必须在货物装运后立即发出等。这些日期如果搞错了，同样会造成出单不符。另一方面，还反映在交单议付上，这里主要是指向银行交单的日期不能超过信用证规定的交单有效期。过期交单将会遭到拒付或造成利息损失。按照惯例，向银行交单的日期不得迟于提单日期后 21 天。

对内而言，在出口业务中，由于出运和单证结汇是一项多环节的综合性工作，单证工作不及时就会严重影响相关部门的工作。如外运公司的配载和市内托车、外轮公司的缮制舱单和绘制舱图、商检局的品质监管、海关的验收、港区的作业安排，都以单证为纽带，环环相扣，一环脱节，下一环的工作就无法进行，连锁反应，牵动全局，轻则打乱工作秩序，重则发生经济损失，甚至造成政治影响。

4. 简明

缮制单证的内容应按合同或信用证要求和国际惯例填写，尽量简明清晰，避免烦琐，切勿加列不必要的内容，以免弄巧成拙。国际商会《跟单信用证统一惯例》中指出"为了防止混淆和误解，银行应劝阻在信用证或其任何修改书中加注过多细节的内容"，具体要求单证格式的规范化，内容排列的行次整齐、字迹清晰、纸面洁净、格式美观、措辞简明扼要等。

5. 整洁

所谓整洁是指单证表面清洁、美观、大方，单证各项内容清楚易认，单证内容的记述简洁明了。如果说正确和完整是单证的内在质量要求，那么整洁则是单证的外观质量要求。单证的外观质量在一定程度上反映了一个国家的科技水平和一个企业的业务水平。单证是否整洁，不但反映出制单人制单的熟练程度和工作态度，而且还会直接影响出单的效果。

单证整洁的具体要求是单证格式的设计和缮制力求标准化和规范化，单证内容的排列要行次整齐、主次有序、重点项目突出醒目、字迹清晰、语法通顺、文句流畅、用词简明扼要、恰如其分。制作单据时，不能在一份单据上多次涂改，更改处一定要盖校对章或手签。如涂改过多，应重新缮制单证。

（三）审单

汇集各项单据，以发票为中心，要严格仔细与信用证（或合同）逐项核对，做到单证（合同）与单单两个一致，做到完整无误，防止错单、缺单。

（四）交单

交单是议付和结汇的基础，一个企业只有按时交单才能实现结汇收款的目的。交单应做到：单据齐备、内容正确、提交及时。

（五）归档

进出口单证是涉外单据文件，交单之后可能有退单、拒付、索赔、争议等现象发生。因此，必须保持一份完整的副本单据妥善归档（包括信用证及其修改书亦须同样归档），编排做好索引，以科学方法建立档案，这也是单证工作中的重要环节。

三、国际贸易单证的制作依据

（一）在信用证方式下

在信用证方式下，单证制作主要以信用证条款为依据。

（1）在国际贸易中，虽然信用证是以双方的买卖合同为依据开立的，但它并不受合同的约束。

（2）信用证业务是一种纯单证业务；银行只考虑提交单证的完整性和表面真实性，而不考虑货物的实际交付情况。

（3）信用证是一种有条件的支付承诺，银行议付时对单证的要求极其苛刻。因此，信用证受益人务必严格按照"单证一致""单单一致"的原则去制作单证，银行才会支付货款。

（二）在汇付和托收等支付方式下

在汇付和托收等支付方式下，单证的制作主要以双方签订的合同条款为依据。在当今的国际贸易中，大多采用"象征性交货"方式（卖方以交单代替交货）。换句话说，卖方在装运货物的时候，并未正式将货物的所有权真正转移给买方，而是先出示代表货物所有权的单证，要求买方付款；买方审查单证，如果单证与买卖合同条款相符合，买方就会付款赎单；如果不相符合，买方就有权拒绝支付货款。买方只有付清了货款之后才能获得货物的所有权，因此在非信用证支付方式下，卖方的制单务必严格按照双方的合同条款和内容去制作单证。

（1）制作商业发票（COMMERCIAL INVOICE）。商业发票是所有商业单证的重要基础和依据，商业发票上几乎所有内容都可以复制、粘贴到其他相关的单证上去，如买方公司的名称、地址、商品名称、规格（SPECIFICATION）、型号（MODEL）、数量（QUANTITY）、单价（UNIT PRICE）、总价（TOTAL VALUE）等。

（2）制作装箱单（PACKING LIST）。装箱单的作用仅次于商业发票。它偏重于反映"包装"方面的资料和信息，如每一箱的规格、配码、货号（ARTICLE/ITEM NUMBER）、色彩（COLOR）、外包装的尺寸（MEASUREMENT）、体积（VOLUME）、毛重（GROSS WEIGHT）、净重（NET WEIGHT），整批货物的具体包装方式（MODEL OF PACKING）、总件数（GENERAL PACKAGES）、总体积、总净重等。

（3）其他单证的制作、申请、办理可以按照业务环节的先后顺序排列为：报检单、品质合格证书、检验检疫合格证、托运单据、运输单据、投保单据、通关单据、结汇单据、财务单据、申报出口退税单据等。由于有些单据,如商业发票、装箱单,在很多环节上都要使用,所以完全可以一次制作填写,多次复制使用。

第三节 国际贸易单证的工作流转程序

国际贸易单证的流转过程也就是买卖双方履约的过程,因此进出口双方在此过程中必须注意加强合作,把各项工作做到精确细致,尽量避免工作脱节、单证不一致的情况发生。现从出、进口两个方面分别将单证的流转环节叙述如下。

一、出口方面

目前,我国出口合同大多数以 CIF 和 CFR 价格条件成交,以信用证方式结算货款。故在履行这类合同时,必须切实做好货(备货、报验)、证(催证、审证、改证)、运(托运、报关、保险)、款(制单结汇)四个基本环节的工作;同时,还应密切注意买方的履约情况,以保证合同最终得以圆满履行。这些环节有些是平行展开的,有些是互相衔接的,但都必须严格按照合同的规定和法律、惯例的要求做好每一步工作。履行出口合同的各个环节,如图 1-1 所示。

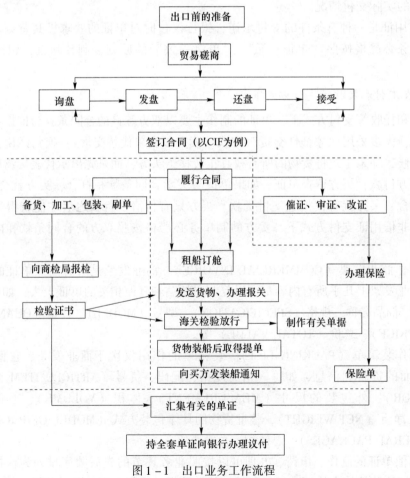

图 1-1 出口业务工作流程

（一）货（备货与报验）

1. 备货

备货就是根据信用证和出口合同的规定，按时、按质、按量地准备好应交的货物。备货应该注意以下几个问题：

1）货物的品质。

货物的品质应按合同的要求核实，必要时应进行加工整理，以保证货物的品质与合同规定一致。

2）货物的数量。

货物的数量应保证满足合同或信用证对数量的要求，备货的数量应留有适当余地，以备装运时可能发生的调换和适应舱容之用。

3）货物的包装和唛头（运输标志）。

货物的包装和唛头（运输标志）应进行认真检查和核实，使之符合信用证的规定，并达到保护商品和适应运输的要求，如发现包装不良或破坏，应及时进行修整或换装。运输标志应按合同规定的式样刷制。

4）备货时间。

备货时间应根据信用证规定，结合船期安排，以利于船货衔接。

2. 报验

凡属国家规定或合同规定必经中国进出口商品检验局检验出证的商品，在货物备齐后，应向商品检验局申请检验，只有取得商检局发给的合格检验证书时，海关才准放行。凡经检验不合格的货物，一律不得出口。

凡需要法定检验出口的货物，应填制"出口报验申请单"，向商检局申请办理证件报验手续。"出口报验申请单"的内容一般包括品名、规格、数量（或重量）、包装、产地等项。如需有外文译文，则应注意中、外文内容一致。"出口报验申请单"还应附上合同、信用证副本等有关单据，供商检局检验和发证时参考。

申请报验后，如出口公司发现"出口报验申请单"内容填写有误，或因国外进口人修改信用证以致货物规格有变动，则应提出更改申请，并填写"更改申请单"，说明更改事项和更改原因。

货物经检验合格，即由商检局发给检验证书，进出口公司应在检验证书规定的有效期内将货物出运。检验证书的有效期，一般货物是从发证之日起两个月内有效；鲜果、鲜蛋类为两个星期，植物检疫为三个星期内有效；如超过有效期装运出口，则应向商检局申请展期，并由商检进行复验合格后才能出口。

（二）证（催证、审证、改证以及利用信用证融资）

在履行以信用证付款的合同时，对信用证的掌握、管理和使用直接关系到我国对外政策的贯彻和收汇的安全。

1. 催证

如果在出口合同中买卖双方约定采用信用证方式，买方应严格按照合同的规定按时开立信用证，这是卖方履约的前提。但在实际业务中，有时国外进口商在市场发生变化或资金发生短缺的情况下，往往会拖延开证。对此，出口商应催促对方迅速办理开证手续。特别是大宗商品交易或买方要求特制的商品交易，更应结合备货情况及时进行催证。必要时，也可请我驻外机构或中国银行协助代为催证。

2. 审证

信用证是一种银行信用的保证文件,但银行的信用保证是以受益人提交的单据符合信用证条款为条件的,所以,开证银行的资信、信用证的各项内容都关系着收汇的安全。为了确保收汇安全,我国外贸企业在收到国外客户通过银行开立的信用证后,应立即对其进行认真的核对和审查。核对和审查信用证是一项十分重要的工作,做好这项工作,对于贯彻我国对外贸易的方针政策、履行货物装运任务、按约交付货运单据以及及时、安全地收取货款等方面都具有重要意义。

一般来说,在审查国外来证时,应考虑以下几个方面:

1) 总的方面的审核要点

(1) 从政策上审核。

(2) 对开证银行资信情况的审核。

(3) 对信用证是否已经生效、有无保留或限制性条款的审核。

(4) 对信用证不可撤销性的审核,我国能够接受的国外来证必须是不可撤销的。

2) 专项审核要点

专项审核名目繁多,不同交易情况各异,以下为一般交易中的审核要点:

(1) 支付货币。

(2) 信用证金额。

(3) 到期日、交单期和最迟装运日期。

(4) 转运和分批装运。

(5) 开证申请人和受益人。

(6) 付款期限。

以上内容必须和信用证严格一致。

在实际业务中,银行和进出口公司共同承担审证任务。其中,银行着重审核开证行的政治背景、资信能力、付款责任和索汇路线等方面的内容,进出口公司则着重审核信用证的内容。

3. 改证

在实际业务中,出口企业在对信用证进行全面细致的审核以后,如果发现问题,通常还应区别问题的性质再进行处理,有的还须同银行、运输、保险、检验等有关部门取得联系,共同研究后,方能作出妥善的决策。一般来说,凡是属于不符合我国对外贸易方针政策、影响合同履行和收汇安全的问题,必须要求国外客户通过开证行修改,并坚持在收到银行修改信用证通知书认可后才可装运货物;对于可改可不改的,或经过适当努力可以做到的,则可酌情处理,或不作修改,按信用证规定办理。

在一份信用证中,有多处条款需要修改的情形是常见的。对此,应做到一次向开证人提出,否则不仅增加双方的手续和费用,而且对外会有不良影响。其次,对于收到的任何信用证修改通知书,都要认真进行审核,如发现修改内容有误或我方不能同意的,我方有权拒绝接受,但应及时作出拒绝修改的通知送交通知行,以免影响合同的顺利履行。

为防止作伪,便于受益人全面履行信用证条款所规定的义务,信用证的修改通知书应通过原证的通知行转递或通知。如由开证人或开证行径自寄来,则应提请原证通知行证实。

对于可接受或已表示接受的信用证修改书，应立即将其与原证附在一起，并注明修改次数，这样可防止使用时与原证脱节，造成信用证条款不全，影响收汇的及时性和安全性。

4. 利用信用证融资

在国际结算中，信用证之所以被广泛接纳和采用，除了它的保障性强之外，与其能提供灵活的融资便利也是分不开的。信用证是一种结算工具，同时也是一种融资工具，在从信用证开证到付款的全部过程中，为买卖双方提供了多种融资途径。企业如果对其有充分的了解，则在进出口时可减少对资金的占用，解决短期的资金融通问题，防止不必要的经济损失。

（三）运（安排装运）

安排装运货物涉及的工作环节甚多，其中托运、报关、装运和发装运通知等工作尤为重要。

1. 托运

目前在我国，凡由我方安排运输的出口合同、对外装运货物、租订运输工具和办理具体有关运输的事项，外贸企业通常都委托中国对外贸易运输公司或其他经营外贸运输代理业务的企业办理，所以，在货、证备齐以后，出口企业应立即在外运机构办理托运手续。托运时，除须缮制托运单据外，还须附交与本批货物有关的各项证、单，如提货单、商业发票、出口货物明细单（装箱单）、出口货物报关单、出口收汇核销单等，有的商品还需提供出口许可证、配额许可证的海关联、商品检验合格证件等有关证书，以供海关核查放行之用。

我出口企业向外运机构办理托运的工作步骤如下：

（1）查看船期表，填写出口货物托运单。

（2）船公司或其代理人签发装货单。

（3）投保。

在办理投保手续时，通常应填写国外运输险投保单，列明投保人名称、货物的名称、标记、运输路线、船名或装运工具、开航日期、航程、投保险别、保险金额、投保日期、赔款地点等。保险公司据此考虑接受承保并缮制保险单据。

2. 报关

按照《中华人民共和国海关法》规定：凡是进出国境的货物，必须经由设有海关的港口、车站、国际航空站进出，并由货物的所有人向海关申报，经过海关查验放行后，货物方可提取或装运出口。因此，进出口货物的收发货人只有完成通关手续后，才能提取或出运货物。

3. 装运

承运船舶抵港前，外贸企业或外运机构根据港区所作的货物进站计划，将出口清关的货物存放于港区指定仓库。轮船抵港后，由港区向托运人提交签收出口货物港杂费申请书后办理提货、装船。装船完毕，即由船长或船上大副根据装货实际情况签发大副收据。外贸企业或外运机构可凭此单据向船公司或其代理换取海运提单。

货物装船后，外贸企业或外运机构将缮制好的海运提单送交船公司或其代理，请求签字。船公司或代理在审核海运提单所载内容与大副收据内容相符后，正式签发提单，加注"已装船"字样和加盖装船日期印章。

4. 发装运通知

货物装船后，外贸企业应及时向国外买方发出"装运通知"，以便对方准备付款、赎单，办理进口报关和接货手续。

装运通知的内容一般有订单或合同号、信用证号、货物名称、数量、总值、唛头、装运口岸、装运日期、船名及预计开航日期等。在实际业务中，应根据信用证的要求和对客户的习惯做法，将上述项目适当地列明在电文中。

（四）款（制单结汇）

货物装运后，出口企业应立即按照信用证的规定，正确缮制各种单据，并在信用证规定的交单到期日或之前，将各种单据和必要的凭证送交指定的银行办理要求付款、承兑或议付手续，并在收到货款后向银行进行结汇。

1. 制作单据

对于出口单据，必须符合"正确、完整、及时、简明、整洁"的要求。

常用的出口单据如下：

（1）商业发票。

（2）包装单据。

（3）运输单据。

（4）汇票。

（5）保险单据。

（6）产地证明书。

（7）检验证书。

（8）海关发票。

（9）其他单证。

① 寄单证明。

② 寄船样证明。

③ 装运通知副本。

④ 邮局收据。

⑤ 有关运输方面的证明，如船籍或航程证明、船龄证明、船级证明等，受益人应向船公司或其代理索取。

2. 交单结汇

交单指出口人（信用证的受益人）在信用证到期前和交单期限内向指定银行提交符合信用证条款规定的单据。这些单据经银行确认无误后，根据信用证规定的付汇条件，由银行办理出口结汇。

议付银行在收到单据后应立即按照信用证规定进行审核，并在收到单据次日起不超过5个银行工作日将审核结果通知受益人，如审核无误，应立即向信用证的开证行或被指定的其他付款银行寄单索偿，同时按照与出口人约定的方法进行结汇。在我国的出口业务中，结汇是指银行将收到的外汇按当日人民币市场汇价的银行买入价购入，结算成人民币以支付给出口人。

在我国出口业务中，使用议付信用证比较多。对于这种信用证的出口结汇办法，主要有三种："收妥结汇""定期结汇""买单结汇"。

1）"收妥结汇"

收妥结汇又称"先收后结"，是指议付行收到受益人提交的单据，审核确认与信用证条款的规定相符后，将单据寄给国外付款行索汇，等付款行将外汇划给议付行后，议付行再按当日外汇牌价结算成人民币交付给受益人。

2)"定期结汇"。

定期结汇是指议付行在收到受益人提交的单据,审核无误后,将单据寄给国外银行索偿,并自交单日起的事先规定期限内,将货款外汇结算成人民币贷记受益人账户或交付给受益人。

3)"买单结汇"。

买单结汇又称出口押汇或议付,是指议付行在审核单据后,在确认受益人所交单据符合信用证条款规定的情况下,按信用证的条款买入受益人的汇票和(或)单据,按照票面金额扣除从议付日到估计收到票款之日的利息,将净数按议付日人民币市场汇价折算成人民币,付给信用证的受益人。

二、进口方面

在国际货物买卖合同中,买卖双方就共同的标的进行谈判,他们在权利、义务和运作程序上正好相反。卖方的权利便是买方的义务,卖方的义务便是买方的权利;卖方履行合同是从备货到收款,买方履行合同则是从付款到接货。以 FOB 价格条件成交,以信用证方式结算货款的合同为例,买方履行进口合同的程序可以概括为证(申请、开立信用证)、船(租船订舱、保险)、款(审单付汇)、货(报关、接货、检验)。

进出口业务工作流程,如图 1-2 所示。

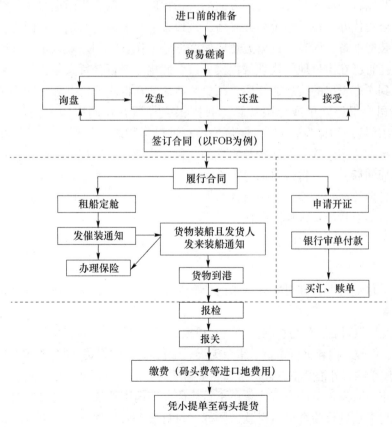

图 1-2 进出口业务工作流程

(一) 证（申请、开立信用证）

证是指买方根据合同的规定及时申请、开立信用证。

进口合同签订后，进口企业应按合同中的有关规定，及时向银行提交开证申请书及进口合同副本，要求银行对外开证。银行在对进口企业所需的外汇进行核查后，还可能要求进口企业交付全额或一定比例的押金，或提供其他担保，然后才按开证申请书的指示对外开出信用证。

由于及时开立信用证是买方的主要责任之一，因此进口企业一定要在合同规定的期限内开出信用证，否则即构成违约，使自己陷入被动。特别要注意，如果信用证规定进口方应在出口商取得出口许可证后开立信用证，或对开证时间有其他特殊规定，进口企业应照办，否则一旦信用证开出而对方不能获得出口许可，将给进口企业造成损失。

进口企业在填写开证申请书时，应在其中列明各项交易条件，并应使这些条件与合同中的规定完全一致，这样才能保证银行开出的信用证的内容与合同一致。如果对方对与合同相符的信用证提出修改要求，进口企业有权选择同意或不同意。若同意改证，就要通知开证行办理改证手续。

(二) 船（租船订舱、投保）

船是指买方按照合同规定派船接货，并办理货物在运输途中的保险。一般包括租船或订舱、投保两个具体环节，必要时还要做好催装工作。

在FOB合同下，进口方要负责派船到指定港口接货。在通常情况下，卖方收到信用证后，应将预计装船日期通知买方，由买方向船公司租船或订舱。我国进口企业往往将这项工作委托给外运公司代办。在运输手续办妥后，进口方要将船名、船期通知国外卖方，以便对方备货并做好装船准备。同时，进口方还要做好催装工作，特别是对数量、金额较大的重要商品，最好委托自己在出口地的代理督促卖方按合同规定履行交货义务，保证船货衔接。

买方在收到卖方发出的装运通知后，须凭装运通知在保险公司办理保险手续，交纳保险费并从保险公司取得保险单或保险凭证。我国很多外贸企业同中国人民保险公司订立了"海运进口货物运输预约保险合同"，保险公司对进口货物统一承保，并对各种货物投保的险别、保险费率、适用条款、保险费及赔款的支付方法做了具体规定。外贸公司或外运机构收到卖方装船通知后，只要将进口商品的名称、数量、金额、装运港、目的港、装货船名、提单号、开航日期等通知保险公司，就视为办妥保险手续，中国人民保险公司从货物在装运港装船时起，自动对货物承担保险责任。

未与保险公司签订预约保险合同的企业，对进口货物须逐笔办理保险。

(三) 款（审单付汇）

款是指审单付汇，即买方对卖方寄来的全套单据进行认真审核，并在审单无误后向卖方付汇，结算货款。

国外卖方交单议付后，议付行将全套货运单据寄交进口方开证行，由银行同有关进口企业对单据的种类、份数、内容进行审核。审单无误后银行即对外付款，同时要求进口企业按国家外汇牌价以人民币购买外汇赎单，此后进口企业再凭银行的付款通知书向用货部门结算货款。

如果银行审单时发现单证不符或单单不符，应立即向国外议付行提出异议，并根据具体情况而采取拒付、货到检验合格后付款、国外议付行改单后付款、国外银行出具书面担保后付款等不同的处理方法。

（四）货（报关、接货、检验）

货是指买方在合同规定的目的港履行进口报关手续和提领货物。

货到目的港后，进口企业要根据进口单据填写进口货物报关单，连同商业发票、提单、装箱单或重量单、保险单及其他必要文件向海关申报进口，并在海关对货物及各种单据查验合格后，按国家规定缴纳关税。在此之后，海关在货运单据上签章放行。

一般来说，买方在提取货物后，还要对货物进行检验。货物可以在港口申请检验，也可以在用货单位所在地检验。有下列情况之一的，应该在卸货港口向商检机构报验：属于法定检验的货物；合同规定应在卸货港检验的；发现货损货差情况的。

《联合国国际货物销售合同公约》规定，卖方交货后，买方有一个合理的机会，即对货物加以检验以前，不能认为买方已接受了货物。如果买方经检验发现所交货物与合同不符，则买方有权要求损害赔偿甚至拒收货物。因此，买方收到货物后，应在合同规定的索赔期限内对货物进行检验。

上述是以 FOB 价格条件成交、以信用证方式结算货款的进口合同履行的一般程序。除此之外，在进口合同的履行过程中，如交易双方中一方违约，使另一方遭受损失，进口商还需要处理索赔或理赔等有关事宜。

第四节　与国际贸易单证相关的国际贸易惯例

国际贸易惯例（INTERNATIONAL TRADE PRACTICE）是指在长期国际贸易实践中形成的被买卖双方广泛认可和接受的规则和做法。目前涉及国际贸易单证工作方面的国际贸易惯例主要有以下几种：《跟单信用证统一惯例》（UCP）、《国际标准银行实务》（ISBP）、《ICC 托收统一规则》（URC）。

一、《跟单信用证统一惯例》UCP

目前适用的 UCP 为 THE UNIFORM CUSTOMS AND PRACTICE FOR DOCUMENTARY CREDITS, 2007 REVISION, ICC PUBLICATION No. 600 是指国际商会（INTERNATIONAL CHAMBER OF COMMERCE, ICC）2007 年修订的《跟单信用证统一惯例》（国际商会第 600 号出版物），简称《UCP600》。该惯例是迄今为止在信用证支付条件下全世界最具权威和影响力、使用最广泛的国际贸易惯例。它对信用证项下各方当事人的职责、权利和义务，单据的缮制、填写、提交的要求都做出了比较详尽的规定和说明，对统一规范信用证支付的操作起着不可替代的作用。

二、《国际标准银行实务》ISBP

目前适用的 ISBP 为 INTERNATIONAL STANDARD BANKING PRACTICE FOR THE EXAMINATION OF DOCUMENTS UNDER DOCUMENTARY CREDITS 是指国际商会在 2002 年制定的《关于审核跟单信用证项下单据的国际标准银行实务》（简称《国际标准银行实务》或《ISBP》），是国际商会第 645 号出版物，简称《ISBP645》。ISBP 是国际商会继《UCP500》之后在信用证领域编纂的最新的国际惯例，ISBP 不仅是各国银行、进出口公司信用证业务单据处理人员在工作中的必备工具，也是法院、仲裁机构、律师在处理信用证纠纷案件时的重要依据。ISBP 包括引言及 200 个条文，它不仅规定了信用证单据制作和审核所应该遵循的一般原则，而且对目前跟单信用证的常见条款和单据都作出了具体的规定。它对各国国际业务从业人员正确理解和使用《UCP500》、统一和规范信用证单据的审核实务、减少不必要的争议具有重要意义，也是《UCP600》定立的重要标准。为适应《UCP600》的修订，ISBP 分别于 2007 年、2013 年做了两次修订，对应的修订本分别为《ISBP681》、《ISBP745》。

三、《ICC 托收统一规则》URC

《ICC 托收统一规则》（UNIFORM RULES FOR COLLECTIONS）是国际商会第 522 号出版物（简称《URC522》），于 1996 年 1 月 1 日起生效。《URC522》不仅统一了各国和各国之间对于有关托收的惯例和程序的理解和做法，还及时反映了这一领域业务实践的变化和时代的发展。作为托收业务领域现行唯一有效的国际惯例，《URC522》自生效以来被各国相关机构普遍采纳，得到了广泛的遵守，它在很大程度上减少了托收业务中的争议，极大地促进了托收业务的发展，是进出口公司和银行应当掌握和遵循的国际惯例。

此外，国际商会补充制定了《〈跟单信用证统一惯例〉电子交单补充规则（SUPPLEMENT TO UCP FOR ELECTRONIC PRESENTATION），简称《eUCP》。该惯例是为适应电子通信技术的发展及其在国际贸易领域的广泛应用，以填补有关电子交单规定的空白，《eUCP v.1.0》适用于《UCP500》；《eUCP v.1.1》适用于《UCP600》。《eUCP》的制定加速实现了世界金融、国际贸易无纸化。

第五节　国际贸易单证的发展趋势

国际贸易的程序非常烦琐，单证的种类甚多、格式各异、用途不同、流转的线路长、环节多。据联合国有关机构的统计，全世界每年耗于单证的经济支出达几十亿美元，人力的消耗更是不可胜计。美国的国际贸易单证委员会曾在这方面做过调查，过去出口一批货物要缮制 46 种单证，正副本一共 360 份。制单需 36 个半小时，仅单证费用一项，就要占货物价值的 7.5%。在我国进出口贸易中，各专业进出口公司以及航运、保险、银行、商检、海关等机构业务量高度集中，单证须分别缮制，层层复核，往返流转，不仅费时费力，且容易发生差错，影响货物的快速流通和货款的及时结算。综合国内、国外的情况，传统的贸易程序和单证方式已经不适应时代的要求，而且成为国际贸易发展的一大障碍。

人们在国际贸易单证工作的长期实践中得出一个结论：国际单证和贸易程序必须简化，其主要方向是走国际化和电子化的道路。国际化和电子化是相辅相成的，只有国际化才能使电子化得以普及应用。例如，有一份从挪威某银行开来的信用证，证上的人民币符号是 CNY，而我出口单证仍按传统做法打上 RMB，单证到了挪威，遭到开证行的拒付，其原因就在于这家银行已按国际标准化组织的货币符号更新了它的电子计算机数据，以致 RMB 符号无法输入。从另一方面说，只有电子化才能促进国际化的加速推行，因为世界上没有一个权威机构可使国际贸易和与国际贸易有关的行业把它们各自使用的信息、数据、格式、程序等统一起来。只有在电子化给它们带来实际利益时，它们才会自觉或不自觉地响应电子计算机的号召，走国际规范化的道路。

一、国际贸易单证的简化和标准化

联合国于1960年成立了简化贸易单证和单证标准化的 ECE（ECONOMIC COMMISSION FOR EUROPE）工作组，1972年更名为国际贸易程序化工作组，专门负责这方面工作。一些其他专业性组织如海关合作理事会（CUSTOMS COOPERATION COUNCIL）于1973年制定了《京都公约》。

瑞典是世界上最早进行单据简化的国家，20世纪50年代创造出一种"套合一致"的单据形式，减少了70%的制作费，并且降低了差错率。70年代，联合国贸易简化程序委员会出版《联合国贸易单据设计样式》，向世界各国推广发行。另外，《套合式国际贸易发票设计样式》《国际贸易程序简化措施》《简化运输标志》《贸易单证中的代码位置》等19个推荐项目也开展了工作，简化单证工作已经取得了很大的进展。

在国际贸易过程中使用统一的国际标准化代号和代码，能够使国际贸易顺利开展，使处于不同国家或地区的各方在理解和执行单证所述及的内容方面达成共识。联合国设计并使用了下列国际标准化代号和代码：

（1）运输标志代码（唛头代码）：收货人简称、合同号、目的地、件号。

（2）国家或地区代码（两个英文字母组成）：CN（中国）、US（美国）、GB（英国）、KR（韩国）、CH（瑞士）、DE（德国）、HK（中国香港）、MO（中国澳门）、TW（中国台湾）。

（3）货币代码（由三个英文字母组成，前两个符号代表国名，后一个符号代表货币）：人民币 CNY、美元 USD、英镑 GBP、韩元 KRW、瑞士法郎 CHF、德国马克 DEM、港币 HKD、欧元 EUR、加拿大元 CAD、澳大利亚元 AUD、法国法郎 FRF。

（4）地名代码（由五个英文字母组成，前两个符号代表国名，后三个符号代表地名）：上海 CNSHG、伦敦 GBLON、纽约 USNYC。

（5）日期代码（用数字标志）：2017年2月1日可写作 2017-02-01 或 17-02-01。

知识链接

世界主要国家、地区及其代码一览表（中英文对照）

中文国家	英文国家	国际代码	中文港口	英文港口	国际代码
阿根廷	ARGENTINA	AR	布宜诺斯艾利斯	BUENOSAIRES	ARBUE
澳大利亚	AUSTRALIA	AU	墨尔本	MELBOURNE	AUMEL
加拿大	CANADA	CA	蒙特利尔	MONTREAL	CAMTR
中国	CHINA	CN	上海	SHANGHAI	CNSHG
丹麦	DENMARK	DK	哥本哈根	GOPENHAGEN	DKCPH
埃及	EGYPT	EG	亚历山大	ALEXANDRIA	EGALY
法国	FRANCE	FR	马赛	MARSEILLES	FRMRS
德国	GERMANY	DE	汉堡	HAMBURG	DEHAM
希腊	GREECE	GR	雅典	ATHENS	GRATH

续表

中文国家	英文国家	国际代码	中文港口	英文港口	国际代码
印度	INDIA	IN	孟买	BOMBAY	INBOM
意大利	ITALY	IT	热内亚	GENOA	ITGOA
日本	JAPAN	JP	神户	KOBE	JPUKB
韩国	KOREA	KR	仁川	INCHEON	KRING
荷兰	NETHERLANDS	NL	阿姆斯特丹	AMSTERDAM	NLAMS
西班牙	SPAIN	ES	巴塞罗那	BARCELONA	ESBCN
英国	UNITED KINGDOM	GB	佛列克斯多	FELIXSTOWE	GBFXT
美国	UNITED STATES OF AMERICA	US	亚特兰大	ATLANTA	USATL

二、国际贸易单证的电子化

这些标准化的贸易单证通过计算机的处理,加快了国际贸易的进程,减少了贸易结算的环节和手续,是国际贸易结算的历史性革命,这就是众所周知的"电子数据交换"(ELECTRONIC DATA INTERCHANGE,EDI)。EDI以电子计算机为基础,通过计算机与计算机联网,按照商定的标准,采用电子手段传送和处理具有一定结构的商业数据。数据的构成需要三种构件:①统一的、等同于词汇的信息元;②有一个句法,就像一般语言的句法一样;③使用标准电文,使信息元与句法结合起来,成为一种有固定结构的商业信息,在概念上等同于书面单据。

EDI成为信息的载体、代替了纸张单证,整个贸易过程包括卖方交货和买方付款的各项数据可不用纸张传来传去,而是通过电子计算机在进出口商、海关、银行、船公司、航空公司、运输商以及政府有关机构之间进行传输和处理,因此EDI赢得了"无纸贸易"(PAPERLESS TRADE) 的形象化称号。

EDI将与贸易有关的运输、保险、银行和海关等行业的信息,用一种国际公认的标准格式进行编制,再通过计算机网络,实现各有关部门或公司与企业之间的数据传输与处理,并完成以贸易为中心的全部业务过程。

国际贸易的各种纸张单证和凭证必须做到正确、完整、及时、简明、整洁和安全。这是由于单证凭据是有价值商品的代表,进出口贸易周转环节多、交接手续烦琐,对单证工作要求特别高。EDI之所以能取代各种单证、凭据,关键就在于它满足了上述要求并且比手工工作更迅速、准确、安全。所以,EDI的作用不仅是消除纸张,更重要的是消除处理的延误及数据的重复输入。

EDI的作用具体表现在以下几个方面。

(一) 数据传递速度快

由于EDI是用统一的标准编制资料,利用电子方法传送,又是电脑的应用程序与其他电脑的应用程序的联结,所以它能使各贸易公司以更快捷、更有效率的方式与其供应商和客户通信,这大大简化了贸易双方的中间环节,降低了成本和库存费用。

（二）巨大的经济效益

运用 EDI 技术，将产生巨大的经济和社会效益。英国化学巨擘 ICI 公司通过 EDI 与航运公司海外办事处的业务联系，可实现总出口成本节省 1% 的目标。美国通用汽车公司采用 EDI 业务后，每生产一辆汽车便可省 250 美元。

（三）避免贸易歧视

在国际贸易中，目前不少发达国家和地区普遍采用 EDI 技术，而未使用 EDI 的国家将处于被动局面。例如，美国海关规定，利用 EDI 提交的报关表格将会得到优先处理；欧洲联盟也有类似声明，凡是不采用 EDI 方式的清关手续，将被推迟受理。凡此种种都表明，如果使用了 EDI 技术，就会减少贸易歧视，加强在国际贸易中的竞争地位。

（四）改革单证工作的原有样式

EDI 使用统一标准格式编制资料。每个贸易文件中的每一部分都界定了确定的功能（如供应商的名称和地址、装船货物的毛重、交货地点等），该项功能以"数据元素"的形式表达。根据它们在贸易中所扮演的角色，按照符合逻辑的次序排列起来。这些"数据元素"以一种电脑能够明白的标准结构来表达，因而，在使用 EDI 作业时，无论任何时候，只要贸易一方将单证信息一次输入，计算机就会自动将数据转换，加工成不同用途的电子单证信息，传达到各相关的系统部门执行和自动回报传递单证，直接将该项信息处理完毕；不需第二次输入，也不需任何人工介入。

第二章

信用证业务

学习目标

通过本章的学习，使学生掌握信用证的含义、特点和业务流程，了解信用证有关当事人的权利和义务；熟悉信用证的基本条款、种类以及 SWIFT 信用证的格式与内容；了解进口商申请开立信用证的一般程序与注意事项；掌握缮制开证申请书的操作；理解信用证条款并掌握审核信用证的要领；了解信用证的修改程序与修改申请书的缮制；熟悉有关信用证的国际惯例。

案例导入

信用证规定"1/3 正本提单"条款

我国某出口公司收到国外来证，其中在"DOCUMENT REQUIRED"中要求如下："BENEFICIARY'S SIGNED DECLARATION STATING THAT: 1/3 ORIGINAL MARINE B/L AND ONE SIGNED ORIGINAL OF EACH OTHER DOCUMENT PRESENTED AT THE BANK WERE SENT DIRECTLY TO THE APPLICANT BY SPECIAL COURIER."

受益人签署的声明书，证明三份正本提单中的一份连同其他正本单据各一份，通过快递直接寄给买方。

我国某出口公司将全套单据（三份正本提单、商业发票、装箱单及信用证要求的其他单据）都交给中国深圳通知行，后经中行复审无异后，将全套单据寄往国外开证行。

中行于到期日收到开证行通知："因所交单据与信用证要求不符，拒付货款。不符之处为：信用证在所需单据中要求，1/3 的正本单据需用快递直接寄给买方。"

因此，我国公司立即与买方联系，说明由于工作疏忽没有按信用证要求办理，请其尽快付款赎单。很快，买方办理了付款赎单，终于顺利解决了此案。

分析：

1. 上述条款是一个使受益人"进退两难"的条款。案例中的 1/3 正本提单条款埋藏着隐患，如果我方按信用证要求向买方直接邮寄了 1/3 正本提单，买方可以凭提单去提货，因为它代表了物权凭证。之后买方仍有可能拒付信用证项下的单据,从而造成卖方财货两空;如果我方不向买方直接邮寄1/3正本提单,那么就会出现案中的"不符点",遭到银行的拒付。本案中,买方接受了单据,化解了纠纷,但并不意味着以后也都会接受,或其他买方也能接受,因此应引起重视。

2. 防范的方法是酌情取消该条款。对于远洋买方,完全没有必要在信用证中规定此条款,因此可以要求对方取消该条款;对于近洋买方,有可能买方为了尽快去提货而要求向其直接邮寄1/3正本提单,这种情况可以酌情考虑。但事实上,买方完全可以凭银行保函去办理提货,而凭1/3正本提单去提货只不过是为了图方便,然而,对出口商而言,如果信用证交单时出现不符点,有可能银行会拒付货款,最终造成财货两空。

第一节 信用证概述

进出口贸易合同签订后,交易双方在合同中订立以信用证为结算方式的支付条款,该笔业务就被称为信用证项下业务。按照信用证结算方式,根据进出口贸易合同规定,买方应在合同规定的时间内向有关银行申请开立信用证。卖方则边备货边等待信用证的开到,收到信用证后立即根据进出口贸易合同和《UCP600》对信用证进行审核,发现不符点时应要求开证申请人修改信用证。为便于教学,本书以图2-1所示的国际货物销售合同范本为背景材料,引入SWIFT信用证范本一,如图2-3所示。

国际货物销售合同(销售确认书)
SALES CONFIRMATION

卖方 Seller:	SHANGHAI WELLDONE CO. LTD UNIT C 2/F JINGMAO TOWER, SHANGHAI, CHINA	No.: 7891P Date: SEP. 20TH, 2016 Signed in: SHANGHAI
买方 Buyer:	ABC COMPANY, 1-3 MACHI KU STREET, OSAKA, JAPAN TEL: 81-6-78944 78 FAX: 81-6-78944 77	

经买卖双方同意成交下列商品,订立条款如下:
This contract is made by and agreed between the Buyer and Seller, in accordance with the terms and conditions stipulated below.

唛头 Marks and Numbers	名称及规格 Description of Goods/Specifications	数量 Quantity	单价 Unit Price	金额 Amount
ABC 7891P OSAKA NO 1-400	"DIAMOND" BRAND CLOCK ART NO. 791	40,000 PCS	5.31 USD/PC CIF OSAKA	USD212,400.00
总值 TOTAL:	SAY US DOLLARS TWO HUNDRED AND TWELVE THOUSAND FOUR HUNDRED ONLY.			

图2-1 国际货物销售合同(销售确认书)范本

Transshipment（转运）：
☐ Allowed（允许） ☑ not allowed（不允许）
Partial shipments（分批装运）：
☑ Allowed（允许） ☐ not allowed（不允许）
Shipment date（装运期）：LATEST DATE OF SHIPMENT 141130
Insurance（保险）：
由 __发货人__ 按发票金额110%投保 __水滞__ 险，另加保 __战争__ 险至 __OSAKA__ 为止。
　　To be covered by the __SELLER__ FOR 110% of the invoice value covering __W. P. A RISK__ additional __WAR RISK__ from __SHANGHAI__ to __OSAKA__ .

Terms of payment（付款条件）：
☐ 买方不迟于 ___ 年 ___ 月 ___ 日前将100%的货款用即期汇票/电汇送抵卖方。
The buyers shall pay 100% of the sales proceeds through sight (demand) draft/by T/T remittance to the sellers not later than ___ .
☑ 买方须于 __2016__ 年 __10__ 月 __15__ 日前通过 __中国__ 银行开出以卖方为受益人的不可撤销 ___ 天期信用证，并注明在上述装运日期后 __60__ 天内在中国议付有效，信用证须注明合同编号。
The buyers shall issue an irrevocable L/C at _***_ sight through __BANK OF CHINA__ in favor of the sellers prior to __OCT 15, 2016__ indicating L/C shall be valid in China through negotiation within __60__ days after the shipment effected, the L/C must mention the Contract Number.
☐ 付款交单：买方应对卖方开具的以买方为付款人的见票后 ___ 天付款跟单汇票，付款时交单。
Documents against payment；(D/P)
The buyers shall duly make the payment against documentary draft made out to the buyers at ___ sight by the sellers.
☐ 承兑交单：买方应对卖方开具的以买方为付款人的见票后 ___ 天承兑跟单汇票，承兑交单。
Documents against acceptance；(D/A)
The buyers shall duly accept the documentary draft made out to the buyers at ___ days by the sellers.

Documents required（单据）：
卖方应将下列单据提交银行议付/托收。
The sellers shall present the following documents required for negotiation/collection to the banks.
☑ 整套正本清洁提单。
Full set of clean on board ocean Bills of Lading.
☑ 商业发票一式 __叁__ 份。
Signed commercial invoice in __3__ copies.
☑ 装箱单或重量单一式 __叁__ 份。
Packing list/weight memo in __3__ copies.
☐ 由 ___ 签发的质量与数量证明书一式 ___ 份。
Certificate of quantity and quality in ___ copies issued by ___ .
☑ 保险单一式 __叁__ 份。
Insurance policy in __3__ copies.
☑ 由 __发货人__ 签发的产地证一式 __叁__ 份。
Certificate of Origin in __3__ copies issued by __SHIPPER__ .
Shipping advice（装运通知）：
一旦装运完毕，卖方应即电告买方合同号、商品号、已装载数量、发票总金额、毛重、运输工具名称及启运日期等。

图 2-1　国际货物销售合同（销售确认书）范本（续）

The sellers shall immediately, upon the completion of the loading of the goods, advise the buyers of the Contract No., names of commodity, loaded quantity, invoice values, gross weight, names of vessel and shipment date by TLX/FAX.

Inspection and claims（检验与索赔）：

1. 卖方在发货前由 中国出入境检验检疫局 检验机构对货物的品质、规格和数量进行检验，并出具检验证明书。

The Sellers shall have the qualities, specifications, quantities of the goods carefully inspected by the CHINA EXIT AND ENTRY INSPECTION AND QUARANTINE BUREAU Inspection Authority, which shall issue Inspection Certificate before shipment.

2. 货物到达目的口岸后，买方可委托当地的商品检验机构对货物进行复检。如果发现货物有损坏、残缺或规格、数量与合同规定不符，买方须于货到目的口岸的 __30__ 天内凭 双方同意的公证行检验机构出具的检验证明书向卖方索赔。

The buyers have the right to have the goods inspected by the local commodity inspection authority after the arrival of the goods at the port of destination if the goods are found damaged/short/their specifications and quantities not in compliance with that specified in the contract, the buyers shall lodge claims against the sellers based on the Inspection Certificate issued by the Commodity Inspection Authority within __30__ days after the goods arrival at the destination.

3. 如买方提出索赔，凡属品质异议须于货到目的口岸之起 ____ 天内提出；凡属数量异议须于货到目的口岸之日起 ____ 天内提出。对所交货物提出的任何异议，应由保险公司、运输公司或邮递机构负责的，卖方不负任何责任。

The claims, if any regarding to the quality of the goods, shall be lodged within _____ days after arrival of the goods at the destination, if any regarding to the quantities of the goods, shall be lodged within _____ days after arrival of the goods at the destination. The sellers shall not take any responsibility if any claim concerning the shipping goods is up to the responsibility of Insurance Company/Transportation Company/Post Office.

Force Majeure（人力不可抗拒）：

如因人力不可抗拒的原因造成本合同全部或部分不能履约，卖方概不负责，但卖方应将上述发生的情况及时通知买方。

The sellers shall not hold any responsibility for partial or total non-performance of this contract due to Force Majeure. But the sellers shall advise the buyers on time of such occurrence.

Disputes settlement（争议之解决方式）：

凡因执行本合约或有关本合约所发生的一切争执，双方应协商解决。如果协商不能解决，应提交仲裁。仲裁地点应在被告方所在国内，或者在双方同意的第三国。仲裁裁决是终局的，对双方都有约束力，仲裁费用由败诉方承担。

All disputes in connection with this contract or the execution thereof shall be amicably settled through negotiation. In case no amicable settlement can be reached between the two parties, the case under dispute shall be submitted to arbitration, which shall be held in the country where the defendant resides, or in third country agreed by both parties. The decision of the arbitration shall be accepted as final and binding upon both parties. The Arbitration Fees shall be borne by the losing party.

Law application（法律适用）：

本合同之签订地，或发生争议时货物所在地在中华人民共和国境内，或被诉人为中国法人的，适用中华人民共和国法律，除此规定外，适用《联合国国际货物销售合同公约》。

It will be governed by the law of the People's Republic of China under the circumstances that the contract is signed or the goods, when the disputes arise, are in the People's Republic of China or the defendant is Chinese legal person, otherwise it is governed by United Nations Convention on Contract for the International Sale of Goods.

图 2-1 国际货物销售合同（销售确认书）范本（续）

> 本合同使用的价格术语系根据国际商会《INCOTERMS 2010》。
> The terms in the contract are based on INCOTERMS 2010 of the International Chamber of Commerce.
> Versions（文字）：
> 本合同中、英两种文字具有同等法律效力，在文字解释上，若有异议，以中文解释为准。
> This contract is made out in both Chinese and English of which version is equally effective. Conflicts between these two languages arising therefrom, if any, shall be subject to Chinese version.
> 本合同共 __贰__ 份，自双方代表签字（盖章）之日起生效。
> This contract is in __TWO__ copies, effective since being singed/sealed by both parties.
> The Buyer   The Seller

图 2-1 国际货物销售合同（销售确认书）范本（续）

信用证支付方式是银行信用介入国际货物买卖价款结算的产物。它的出现不仅在一定程度上解决了买卖双方互不信任的矛盾，而且能使双方在使用信用证结算货款的过程中获得银行资金融通的便利，从而促进国际贸易的发展。因此，信用证被广泛应用于国际贸易之中，以至成为当今国际贸易中的一种主要的结算方式。

一、信用证的含义

信用证（LETTER OF CREDIT，L/C）是银行应进口商的要求，以其自身的名义向出口商开立的、承诺在一定期限内凭规定的单据支付一定金额的书面文件。简而言之，信用证是一种银行开立的有条件的保证付款的文件。

二、信用证的当事人和流程

（一）信用证的当事人

信用证一般有四个基本当事人：开证申请人、开证行、受益人和通知行。在使用过程中，又产生了议付行、付款行和保兑行等其他当事人。

（1）开证申请人（APPLICANT）：又称开证人，向银行申请开立信用证的人，通常是进口商。

（2）开证行（ISSUING BANK/OPENING BANK）：接受开证申请人的委托或根据其自身的需要开立信用证的银行，通常是进口地银行。它应开证申请人的要求正确、及时开立信用证并有权收取手续费，向受益人承担第一性的付款责任。

（3）受益人（BENEFICIARY）：接受信用证并享有信用证合法权利的人，通常是出口商或实际供货人。

（4）通知行（ADVISING BANK/NOTIFYING BANK）：受开证行的委托将信用证转交或通知出口商的银行，通常是出口地的银行。

（5）议付行（NEGOTIATING BANK）：自己垫付资金买入或贴现受益人开立和提交的符合信用证规定的跟单汇票的银行。议付行可以是信用证上指定的银行，也可以是非指定的银行。议付行和通知行通常是同一个银行，都是出口地的银行。

（6）付款行（PAYING BANK）：开证行授权进行信用证项下付款或承兑并支付受益人出具的汇票的银行。付款行可以是开证行自己，也可以是接受开证行委托的另一家银行，都是进口地的银行。

(7) 保兑行（CONFIRMING BANK）：应开证行的请求在信用证上加具保兑的银行，具有与开证行相同的责任。通常是通知行，也可以是出口地的其他银行或第三国银行。

（二）信用证收付的流程

信用证类型不同，其收付程序的具体做法也有所不同，但其基本环节大致相同。信用证收付的业务流程如图2-2所示。

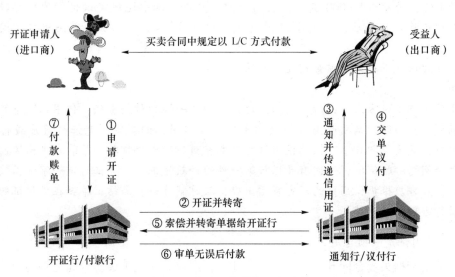

图2-2 信用证收付的业务流程

（1）开证申请人（进口商）根据合同填写申请书并交纳押金或提供其他保证，请开证行开立信用证。

（2）开证行根据申请书内容，向受益人（出口商）开出信用证并寄交出口人所在地银行（通知行）。

（3）通知行核对信用证的表面真实性后，将信用证转交给受益人（出口商）。

（4）受益人（出口商）审核信用证内容与合同相符后，按信用证规定装运货物，备齐全套单据并开出汇票，在信用证有效期内，送议付行议付；议付行按信用证条款审核单据无误后，把货款垫付给受益人（出口商）。

（5）议付行审单后将汇票和货运单据寄开证行或付款行索偿。

（6）开证行或付款行核对单据无误后，付款给议付行。

（7）开证行通知开证申请人（进口商）付款赎单。

三、信用证的性质和特点

在信用证业务中，银行不仅直接参与结算，而且以自己的信用作出付款保证。因此，信用证结算方式是一种银行信用。通过这种方式，可缓解买卖双方互不信任的矛盾，扩大国际贸易的范围，使一些资历和声誉一般的中小企业及本来彼此不熟悉或互不信任的买卖双方也可以较为顺利地进行交易，也有利于贸易商向银行融通资金。

根据《UCP600》的规定，信用证主要有以下几个特点：

（一）信用证是一种银行信用，开证行负首要付款责任

信用证支付方式是以银行信用作为保证的，因此，开证行应承担第一性的付款责任。

案例1

我某贸易公司以CIF大阪向日本出口一批货物。4月22日东京银行开来一份即期的不可撤销的L/C，金额为50 000美元，装船期为5月份，证中还规定议付行为信誉较好的A银行。我中行收到L/C后，于4月22日通知出口公司。4月底该公司获悉进口方因资金问题濒临倒闭。

问：在此情况下我方应该如何处理？简述理由。

分析：

由于信用证支付方式是银行信用，开证行承担第一性的付款责任；信用证项下的付款是一种单据买卖，因而，只要受益人提交的单据符合信用证的规定，开证行就应履行付款义务。本案中，我方凭即期不可撤销信用证与日本客商签约出口货物，尽管我方出运前获悉进口方因资金问题濒临倒闭，但因有开证行第一性的付款保证，且开证行是一家资信较好的银行，所以，我方应根据信用证的规定装运出口，及时制作一整套结汇单据在信用证的有效期内到议付行办理议付手续。

（二）信用证是一项自足文件

信用证是依据买卖合同开立的，但一经开立，即成为独立于买卖合同之外的契约。信用证各当事人的权利和责任完全以信用证条款为依据，不受买卖合同的约束。

案例2

我方向美商出口一批货物，合同规定8月份装船，后国外来证，将装船期改为不得晚于8月15日。但8月15日前我国无船去美国。我方随即要求外商将船期延至9月15日前装运。美商回电称：同意船期延展，L/C的有效期也顺延1个月。我方于9月10日装船完毕，15日持全套单据向银行办理议付，但银行拒绝收单。

问：银行能否拒收单据，拒付货款？为什么？

分析：

根据信用证国际惯例，不可撤销L/C非经所有当事人同意，不得任意修改或撤销。由此可见，如开证人和受益人双方撇开开证行而对L/C之内容进行修改显属无效，当然议付行拒绝议付。因此，如受益人要求改证，应先将修改内容给开证人，开证人同意后再由其给开证行，而后开证行通知通知行向受益人发出修改通知，至此这一修改方能生效。如开证人需要修改L/C，亦应先将修改内容给开证行，然后由开证行通知通知行转受益人。如受益人同意，则修改成立；如受益人不同意，则不能修改。

（三）信用证是一种单据买卖

信用证业务是"单据业务"。银行处理信用证业务只凭单据，不问货物的真实状况如何。银行以受益人提交的单据是否与信用证条款相符为依据决定是否付款。如开证行拒付，也必须以单据上的不符点为由。这种"相符"必须是"严格符合"，不仅要求单证一致，还要求单单一致。

案例3

我方某公司向外国某商进口一批钢材,货物分两批装运,支付方式为不可撤销即期信用证,每批分别由中国银行开立一份信用证。第一批货物装运后,卖方在有效期内向银行交单议付,议付行审单后,即向该商议付货款,随后中国银行对议付行作了偿付。我方在收到第一批货物后,发现货物品质与合同不符,因而要求开证行对第二份信用证项下的单据拒绝付款,但遭到开证行拒绝。

问:你认为开证行这样做是否有理?为什么?

分析:

开证行拒绝有理。不可撤销信用证未经有关当事人同意不得撤销。开证行在单证相符时必须付款,不管货物是否与合同相符。有关品质不符,进口方应直接向出口方索赔。

四、信用证的种类

信用证根据其性质、期限、流通方式等特点,分为以下几种。

(一)跟单信用证和光票信用证(根据信用证项下的汇票是否附有货运单据)

(1)跟单信用证(DOCUMENTARY CREDIT),指开证行凭跟单汇票或仅凭单据付款的信用证。国际贸易所使用的信用证绝大部分是跟单信用证。

(2)光票信用证(CLEAN CREDIT),指开证行仅凭不附单据的汇票付款的信用证。有的信用证要求汇票附有非货运单据,如发票、垫款清单等也属光票信用证。在采用信用证方式预付货款时,通常是用光票信用证。

(二)不可撤销信用证和可撤销信用证(以开证行所负的责任为标准)

(1)不可撤销信用证(IRREVOCABLE L/C),指信用证一经开出,在有效期内,未经受益人及有关当事人的同意,开证行不得片面修改或撤销,只要受益人提供的单据符合信用证规定,开证行必须履行付款义务。这种信用证对受益人较有保障,在国际贸易中使用最为广泛。

《UPC600》第十条A款规定:除本惯例第三十八条另有规定外,凡未经开证行、保兑行(如有)以及受益人同意,信用证既不能修改也不能撤销。(EXCEPT AS OTHERWISE PROVIDED BY ARTICLE 38, A CREDIT CAN NEITHER BE AMENDED NOR CANCELLED WITHOUT THE AGREEMENT OF THE ISSUING BANK, THE CONFIRMING BANK, IF ANY, AND THE BENEFICIARY.)

(2)可撤销信用证(REVOCABLE L/C),指开证行对所开信用证不必征得受益人或有关当事人的同意就有权随时撤销或修改的信用证。

《UPC600》第三条规定:信用证是不可撤销的,即使信用证中对此未作指示也是如此。(A CREDIT IS IRREVOCABLE EVEN IF THERE IS NO INDICATION TO THAT EFFECT.)也就是说,如果信用证没有出现"IRREVOCABLE"或"REVOCABLE"字样,都认为该信用证为不可撤销信用证。根据《UPC600》,在实际业务中所使用的信用证均为不可撤销信用证,不再使用可撤销信用证了。

(三)保兑信用证和不保兑信用证(根据是否有另一银行加以保证兑付为标准)

(1)保兑信用证(CONFIRMED L/C),指开证行开出的信用证,由另一银行保证对符合信用证条款规定的单据履行付款义务。

保兑行通常是通知行，有时也可以是出口地的其他银行或第三国银行，与开证行一样承担第一性的付款责任；双重保障，对出口方有利，付款没有先后顺序。

（2）不保兑信用证（UNCONFIRMED L/C），指开证银行开出的信用证没有经另一家银行保兑。当开证银行资信好且成交金额不大时，一般都使用这种不保兑的信用证。

（四）即期信用证和远期信用证（根据付款时间的不同）

（1）即期信用证（SIGHT L/C），指开证行或付款行收到符合信用证条款的跟单汇票或装运单据后，立即履行付款义务的信用证。这种信用证的特点是出口人收汇迅速安全，有利于资金周转。即期信用证一般不要求受益人开立汇票。

（2）远期信用证（USANCE L/C），指开证行或付款行收到信用证的单据时，在规定期限内履行付款义务的信用证。远期信用证还可分为下列几种：

1）银行承兑远期信用证（ACCEPTANCE L/C）
2）延期付款信用证（DEFERRED PAYMENT L/C）
3）假远期信用证（USANCE L/C PAYABLE AT SIGHT）

假远期信用证与一般远期信用证的区别如下：

（1）假远期信用证项下的买卖合同规定的支付条件一般为即期信用证付款，远期信用证项下的买卖合同的支付条件则明确规定以远期信用证方式付款；假远期信用证能即期收汇，而远期信用证不能即期收汇。

（2）假远期信用证规定远期汇票的贴现息及承兑手续费等费用概由开证人负担，而远期信用证的远期汇票由于远期收汇而发生的利息、贴现息一般由受益人负担。

（五）可转让信用证和不可转让信用证（根据受益人对信用证的权利可否转让）

（1）可转让信用证（TRANSFERABLE L/C），指信用证的受益人（第一受益人）可以要求授权付款、承担延期付款责任、承兑或议付的银行（统称"转让银行"），或当信用证是自由议付时，可以要求信用证中特别授权的转让银行将信用证全部或部分转让给一个或数个受益人（第二受益人）使用的信用证。

可转让信用证只能转让一次，即只能由第一受益人转让给第二受益人。第二受益人不得要求将信用证转让给其后的第三受益人，但是再转让给第一受益人，不属被禁止转让的范畴。

（2）不可转让信用证（NON-TRANSFERABLE L/C），指受益人不能将信用证的权利转让给他人的信用证。

根据《UPC600》的规定，唯有开证行在信用证中明确注明"可转让"字样，信用证方可转让。未注明"可转让"字样者，就是不可转让信用证。

（六）循环信用证

循环信用证（REVOLVING L/C）指信用证被全部或部分使用后，其金额又恢复到原金额，可再次使用，直至达到规定的次数或规定的总金额为止。

循环信用证与一般信用证的不同之处就在于，一般信用证在使用后即告失效；而循环信用证则可多次循环使用。

（七）对开信用证

对开信用证（RECIPROCAL L/C），指两张信用证的开证申请人互以对方为受益人而开立的信用证。对开信用证的特点是第一张信用证的受益人（出口人）和开证申请人（进口人）就是第二张信用证的开证申请人和受益人，第一张信用证的通知行通常就是第二张信用证的开证行。两张信用证的金额相等或大体相等，两证可同时互开，也可先后开立。对开信用证多用于易货交易或来料加工和补偿贸易业务等。

（八）背对背信用证

背对背信用证（BACK TO BACK L/C），指受益人要求原证的通知行或其他银行以原证为基础，另开一张内容相似的新信用证。背对背信用证的受益人可以是国外的，也可以是国内的。背对背信用证的开证银行只能根据不可撤销信用证来开立。实务中多用于香港中间商通过香港银行开来信用证，这样可避免泄露原买家的信息及其原价格。

（九）预支信用证

预支信用证（ANTICIPATORY L/C），指开证行授权代付行（通常是通知行）向受益人预付信用证金额的全部或部分，由开证行保证偿还并负担利息。预支信用证与远期信用证相反，它是开证人付款在先，受益人交单在后。预支信用证可分全部预支或部分预支。预支信用证凭出口人的光票付款，也有要求出口人附一份负责补交信用证规定单据的声明书的。如出口人以后不交单，开证行和代付行并不承担责任。当货运单据交到后，代付行在付给剩余货款时，将扣除预支货款的利息。为引人注目，这种预支货款的条款常用红字打成，故习称"红条款信用证（RED CLAUSE L/C）"。

五、信用证的内容

不同的银行开立的信用证格式不同，但其基本内容大致相同，一般有对信用证本身的说明、信用证的当事人、金额和币制、汇票条款、货物描述、单据条款、装运条款、特别条款、开证行的保证和《UCP600》文句等。

（一）对信用证本身的说明

1. 信用证的类型（FORM OF CREDIT）
2. 信用证号码（L/C NUMBER）
3. 开证日期（DATE OF ISSUE）
4. 有效期和到期地点（EXPIRY DATE AND PLACE）
5. 单据提交期限（DOCUMENTS PRESENTATION PERIOD）

（二）信用证的当事人

1. 开证申请人（APPLICANT）
2. 开证行（ISSUING BANK/OPENING BANK）
3. 受益人（BENEFICIARY）
4. 通知行（ADVISING BANK/NOTIFYING BANK）
5. 议付行（NEGOTIATING BANK）
6. 付款行（PAYING BANK/DRAWEE BANK）
7. 保兑行（CONFIRMING BANK）

（三）金额和币制（AMOUNT AND CURRENCY）

信用证的金额和币制是信用证的核心内容，在信用证中的表达方式大致相似：

AMOUNT USD……总金额……美元
FOR AN AMOUNT USD……总金额不超过……美元
A SUM NOT EXCEEDING TOTAL OF USD……总金额不超过……美元
UP TO AN AGGREGATE AMOUNT OF USD……总金额不超过……美元

（四）汇票条款（CLAUSE ON DRAFT/BILL OF EXCHANGE）

1. 出票人（DRAWER）

2. 付款人/受票人（DRAWEE）

3. 付款期限（TENOR）

4. 出票条款（DRAWING CLAUSE）

（五）货物描述（DESCRIPTION OF GOODS）

货物描述内容一般包括品名、规格、数量、单价、价格术语、包装、合同号码等。

（六）单据条款（CLAUSE ON DOCUMENTS）

主要包括单据的种类、份数和具体要求。
单据的种类通常有：

1. 商业发票（COMMERCIAL INVOICE）

2. 装箱单（PACKING LIST）

3. 提单（BILL OF LADING）

4. 汇票（DRAFT/BILL OF EXCHANGE）

5. 原产地证（CERTIFICATE OF ORIGIN）

6. 保险单（INSURANCE POLICY）

7. 检验证书（INSPECTION CERTIFICATE）

8. 受益人证明（BENEFICIARY'S CERTIFICATE）

信用证一般都会具体说明提供单据的份数，常见的词组有：
IN DUPLICATE 一式两份（TWO COPIES/FOLDS）
IN TRIPLICATE 一式三份（THREE COPIES/FOLDS）
IN QUADRUPLICATE 一式四份（FOUR COPIES/FOLDS）
IN QUINTUPLICATE 一式五份（FIVE COPIES/FOLDS）

（七）装运条款（CLAUSE ON SHIPMENT）

1. 装货港（PORT OF LOADING/SHIPMENT）

2. 卸货港或目的地（PORT OF DISCHARGE/DESTINATION）

3. 最迟装运期（LATEST DATE OF SHIPMENT）

4. 可否分批装运（PARTIAL SHIPMENTS ALLOWED/NOT ALLOWED）

5. 可否转船运输（TRANSSHIPMENT ALLOWED/NOT ALLOWED）

（八）其他条款（OTHER CLAUSES）

一般包括特殊条款、开证行的保证文句、其他特殊的要求或说明等。

六、环球同业银行金融电信协会 SWIFT

信用证的开立可以用信函的方式，也可以用电文方式，因此，信用证可以分为信开本和电开本两种。目前最流行的格式是根据国际商会制定的电文信用证格式,是利用 SWIFT 系统所设计的特殊格式。

信开本(MAIL CREDIT)是以信函格式开立,并用航空挂号等方式寄给受益人或通知行的信用证。信开信用证是早期信用证的主要形式。按照邮递方式的不同,信开本还可以分为平邮、航空挂号和特快专递等。信开信用证并无统一的格式,银行一般都自己事先印就,开证行只需要按照信用证申请书上的要求缮制完毕,就可以邮寄通知行。

电开本(CABLE CREDIT)指采用电文格式开立,并以电信方式传递的信用证。通常采用的电信方式主要有电报、电传和 SWIFT。TELEX 电传开具的信用证因费用较高、手续烦琐、条款文句缺乏统一性、容易造成误解等原因,在实务中已为方便、迅速、安全、格式统一、条款明确的 SWIFT 信用证取代。

(一) SWIFT 简介

SWIFT 的全称是 SOCIETY FOR WORLDWIDE INTERBANK FINANCIAL TELECOMMUNICATION,即环球同业银行金融电信协会。它是一个国际同业间非营利性的国际合作组织,其总部在比利时的布鲁塞尔。SWIFT 专门从事传递各国之间的非公开性的国际金融电信业务,其中包括外汇买卖、证券交易、开立信用证、办理信用证项下的汇票业务及托收等。发电成本低廉是 SWIFT 通信方式的一大特点。目前,SWIFT 在全世界拥有会员国 130 多个,会员银行 4 000 多家,其环球计算机数据通信网在荷兰的阿姆斯特丹和美国的纽约设有运行中心,在各会员国设有地区处理站,为 SWIFT 会员提供安全、可靠、快捷、标准化的通信服务。

凡利用 SWIFT 系统设计的特殊格式、通过 SWIFT 系统传递的信用证,即通过 SWIFT 开立或通知的信用证称为 SWIFT 信用证。

(二) SWIFT 特点

(1) SWIFT 需要会员资格。我国的大多数专业银行都是其成员。

(2) SWIFT 的费用较低。同样多的内容,SWIFT 的费用只有 TELEX(电传)的 18% 左右,只有 CABLE(电报)的 2.5% 左右。

(3) SWIFT 的安全性较高。SWIFT 的密押比电传的密押可靠性强、保密性高,且具有较高的自动化特征。

(4) SWIFT 的格式具有标准化。对于 SWIFT 电文,SWIFT 组织有着统一的要求和格式。

(三) SWIFT 电文表示方式

1. 项目表示方式

SWIFT 由项目(FIELD)组成,如:59 BENEFICIARY(受益人),就是一个项目,59 是项目的代号,可以由两位数字表示,也可以由两位数字加上字母来表示,如 51A APPLICANT(申请人)。不同的代号,表示不同的含义。项目还规定了一定的格式,各种 SWIFT 电文都必须按照这种格式表示。

在 SWIFT 电文中,一些项目是必选项目(MANDATORY FIELD),一些项目是可选项目(OPTIONAL FIELD),必选项目是必须具备的,如:31D DATE AND PLACE OF EXPIRY(信用证有效期),可选项目是另外增加的项目,不一定每个信用证都有,如:39B MAXIMUM CREDIT AMOUNT(信用证最大限制金额)。

2. 日期表示方式

SWIFT 电文的日期表示为:YYMMDD(年月日)。如:1999 年 5 月 12 日,表示为:

990512；2000 年 3 月 15 日，表示为：000315；2015 年 12 月 9 日，表示为：151209。

3. 数字表示方式

在 SWIFT 电文中，数字不使用分隔号，小数点用逗号","来表示。如：
5 152 286.36 表示为：5152286,36；4/5 表示为：0,8；5% 表示为：5 PERCENT。

（四）SWIFT 电文常用项目

SWIFT 电文常用项目如表 2-1 所示。

表 2-1 SWIFT 电文常用项目

代号	英文字母	中文含义
20	DOC. CREDIT NUMBER	信用证号码（MT700）
20	SENDER'S REFERENCE	信用证号码（MT707）
21	RECEIVER'S REFERENCE	收报行编号
23	ISSUING BANK'S REFERENCE	开证行的号码
26	ENUMBER OF AMENDMENT	修改次数
27	SEQUENCE OF TOTAL	电文页次
30	DATE OF AMENDMENT	修改日期
31	CDATE OF ISSUE	开证日期
31	DDATE AND PLACE OF EXPIRY	信用证有效期和有效地点
31	ENEW DATE OF EXPIRY	信用证新的有效期
32	BINCREASE OF DOCUMENTARY CREDIT AMOUNT	信用证金额的增加（MT707）
32	BAMOUNT	信用证结算的货币和总金额（MT700）
33	BDECREASE OF DOCUMENTARY CREDIT AMOUNT	信用证金额的减少
34	BNEW AMOUNT	信用证修改后的金额
39	APOS./NEG. TOL（%）	金额上下浮动允许的最大范围
39	BMAXIMUM CREDIT AMOUNT	信用证最大限制金额
39	CADDITIONAL AMOUNTS COVERED	额外金额的修改
40	AFORM OF DOCUMENTARY CREDIT	跟单信用证形式
41	AAVAILABLE WITH/BY	指定的有关银行及信用证的兑付方式
42	ADRAWEE	汇票付款人
42	CDRAFTS AT…	汇票付款日期
42	MMIXED PAYMENT DETAILS	混合付款条款
42	PDEFERRED PAYMENT DETAILS	迟期付款条款
43	PPARTIAL SHIPMENTS	分批装运条款
44	ALOADING IN CHARGE	装船、发运和接受监管的地点（装运地）
44	BFOR TRANSPORTATION TO…	货物发运的最终地（目的地）
44	CLATEST DATE OF SHIPMENT	最迟装运期
44	DSHIPMENT PERIOD	船期

续表

代号	英文字母	中文含义
45	ADESCRIPTION OF GOODS	货物描述
46	ADOCUMENTS REQUIRED	单据要求
47	AADDITIONAL CONDITIONS	特别条款
48	PRESENTATION PERIOD	交单期限
49	CONFIRMATION	保兑指示
50	APPLICANT	信用证开证申请人
51	AAPPLICANT BANK	信用证开证行
53	AREIMBURSEMENT BANK	偿付行
57	AADVISE THROUGH BANK	通知行
59	ABENEFICIARY	信用证受益人
71	BDETAILS OF CHARGES	费用情况
72	SENDER TO RECEIVER INFORMATION	附言
78	INSTRUCTION	给付款行、承兑行、议付行的指示（MT700）
78	NARRATIVE	修改详述（MT707）

（五）SWIFT 常用货币符号

SWIFT 常用货币符号如表 2-2 所示。

表 2-2　SWIFT 常用货币符号

货币代码	货币符号	货币名称
110	HKD	港币
116	JPY	日元
142	CNY	人民币
303	GBP	英镑
501	CAD	加拿大元
502	USD	美元
601	AUD	澳大利亚元
609	NZD	新西兰元

七、通过 SWIFT 开立的信用证

（1）信用证范本一，如图 2-3 所示。（以图 2-1 所示的国际货物销售合同为背景材料）

```
ISSUE OF A DOCUMENTARY CREDIT
FROM：INDUSTRIAL BANK OF JAPAN LIMITED, TOKYO
TO：BANK OF CHINA, SHANGHAI
SQUENCE OF TOTAL：           27          1/1
FORM OF DOCUMENTARY CREDIT： 40A         IRREVOCABLE
DOCUMENTARY CREDIT NO.：     20          ILC136107800
```

图 2-3　信用证范本一

DATE OF ISSUE:	31C	161015
DATE AND PLACE OF EXPIRY:	31D	161215 CHINA
APPLICANT:	50	ABC COMPANY,
		1-3 MACHIKU STREET, OSAKA, JAPAN
		TEL: 81-6-78944 78 FAX: 81-6-78944 77
BENEFICIARY:	59	SHANGHAI WELLDONE CO. LTD.
		UNIT C 2/F JINGMAO TOWER, SHANGHAI, CHINA
CURRENCY CODE, AMOUNT:	32B	USD212,400.00
AVAILABLE WITH /BY…:	41D	ANY BANK BY NEGOTIATION
DRAFTS AT:	42C	SIGHT FOR 100% INVOICE VALUE
DRAWEE:	42D	THE INDUSTRIAL BANK OF JAPAN, HEAD OFFICE
PARTIAL SHIPMENT:	43P	ALLOWED
TRANSSHIPMENT:	43T	NOT ALLOWED
LOAD/DISPATCH/TAKING:	44A	CHINESE PORTS
TRANSPORTATION TO…:	44B	OSAKA
LATEST DATE OF SHIPMENT:	44C	161130
DESCRIPTION GOODS:	45A	

40,000 PCS "DIAMOND" BRAND CLOCK ART. NO. 791 AT USD5.31 PER PIECE CIF OSAKA AS PER INCOTERMS 2010 PACKED IN NEW BOXES, ONE HUNDRED BOXES TO A CARTON.

DOCUMENTS REQUIRED: 46 A

IN 3 FOLD UNLESS OTHERWISE STIPULATED:

1. SIGNED COMMERCIAL INVOICE.
2. SIGNED PACKING LIST.
3. CERTIFICATE OF CHINESE ORIGIN.
4. BENEFICIARY'S CERTIFICATE STATING THAT ONE SET OF ORIGINAL SHIPPING DOCUMENTS INCLUDING ORIGINAL FORM HAVE BEEN SENT DIRECTLY TO THE APPLICANT.
5. COPY OF FAX FROM APPLICANT TO SUPPLIER APPROVING THE SHIPPING SAMPLE.
6. INSURANCE POLICY OR CERTIFICATE ENDORSED IN BLANK FOR 110 PCT OF CIF VALUE, COVERING W.P.A. RISK AND WAR RISK.
7. 2/3 SET PLUS ONE COPY OF CLEAN ON BOARD OCEAN BILLS OF LADING, MADE OUT TO ORDER AND BLANK ENDORSED MARKED "FREIGHT PREPAID" AND NOTIFY APPLICANT.

** ALL DRAFTS DRAWN HEREUNDER MUST BE MARKED "DRAWN UNDER INDUSTRIAL BANK OF JAPAN, LTD., HEAD OFFICE, CREDIT NO. ILC136107800 DATED OCT. 15, 2016 Ⅳ AND THE AMOUNT OF SUCH DRAFTS MUST BE ENDORSED ON THE REVERSE OF THIS CREDIT.

** THIRD PARTY DOCUMENTS NOT ACCEPTABLE.

** T/T REIMBURSEMENT IS NOT ACCEPTABLE.

DETAILS OF CHARGES:	71B	ALL BANKING CHARGES AND COMMISSIONS OUTSIDE JAPAN ARE FOR BENEFICIARY'S ACCOUNT.
PRESENTATION PERIOD:	48	DOCUMENTS MUST BE PRESENTED WITHIN 10 DAYS AFTER THE DATE OF ISSUANCE OF THE TRANSPORT DOCUMENTS BUT WITHIN THE VALIDITY OF THE CREDIT.
CONFIRMATION:	49	WITHOUT

图2-3 信用证范本一(续)

相关资料：	
合同号：	7891P
合同日期：	2016年9月20日
发票号码：	20161125ABC
发票日期：	2016年11月25日
提单号码：	SCOISG7777
提单日期：	2016年11月27日
船名航次：	JENNY V.03
装运港：	SHANGHAI
总毛重：	10,000KGS
净重：	8,000KGS
体积：	12.36 CBMS
产地：	中国（完全产自中国）
H.S CODE：	6112
原产地证号：	56789
CONTAINER NO.：	HJCU765467-4
SEAL NO.：	08687
SHIPPING MARKS：	ABC
	7891P
	OSAKA
	NO.1-400

卖方2016年10月6日送样给买方，买方10月10日传真确认样品合格。

图2-3 信用证范本一（续）

（2）信用证范本二，如图2-4所示（本书各个章节的单证缮制，皆以此份SWIFT信用证为背景材料缮制，形成一套完整的出口信用证单据）

```
DATE：13 JUL. 2016        SWIFT MESSAGE - MT700
          BANK OF CHINA. XIAMEN BRANCH
{1：F01CENAIDJAAXXX0000000000} {2：I700BKCHCNBJXXXXN} {4：
27： SEQUENCE OF TOTAL
1/1
40A：FORM OF DOCUMENTARY CREDIT
IRREVOCABLE
20： DOCUMENTARY CREDIT NUMBER
014ITSY060397
31C：DATE OF ISSUE
160713
40E：APPLICABLE RULES
UCP LATEST VERSION
31D：DATE AND PLACE OF EXPIRY
```

图2-4 信用证范本二

160808IN THE BENEFICIARY'S COUNTRY
50: APPLICANT
HARAPANSUKSES JAYA PT
JL. DAAN MOGOT KM 11/45
JAKARTA BARAT
NPWP: 01.656.706.7-038.000
59: BENEFICIARY
RELIANCE M AND N INDUSTRIES LIMITED
HEX6/788, NORTH JIMEI ROAD, GUANKOU
TOWN, JIMEI DIST, XIAMEN, CHINA
361022
32B: CURRENCY CODE, AMOUNT
USD76350,
39B: MAXIMUM CREDIT AMOUNT
NOT EXCEEDING
41D: AVAILABLE WITH…BY…
ANYBANK
BY NEGOTIATION
42C: DRAFTS AT …
SIGHT
42A: DRAWEE
BANK CENTRAL ASIA
43P: PARTIAL SHIPMENTS
PARTIAL SHIPMENTS ARE PROHIBITED
43T: TRANSHIPMENT
TRANSHIPMENTS ARE ALLOWED
44E: PORT OF LOADING/AIRPORT OF DEPARTURE
XIAMEN PORT
44F: PORT OF DISCHARGE/AIRPORT OF DESTINATION
JAKARTA, INDONESIA
44C: LATEST DATE OF SHIPMENT
160918
45A: DESCRIPTION OF GOODS AND/OR SERVICES
5000SETSCOLD ROLLING MILLS FOR CONTRACT NO: MN16EXP01-003
COUNTRY OF ORIGIN   : CHINA
SHIPPING TERMS   : CIF JAKARTA INDONESIA
PACKING: 10SETS BE PACKED INTO ONE CARTON
SHIPPING MARKS:
MN16EXP01-003
JAKARTA
NO.: 1-500

图 2-4 信用证范本二（续）

MADE IN CHINA

46A: DOCUMENTS REQUIRED

(1) SIGNED COMMERCIAL INVOICE IN 3 ORIGINALS AND 3 COPIES AND STATING THE GOODS SHIPPED ARE OF CHINESE ORIGIN AND S/C NO. MN16EXP01-003 DATED JUL.05, 2016.

(2) PACKING LIST IN 3 ORIGINALS AND 3 COPIES. THE FREIGHT COST USD1350 SHOULD BE PREPAID.

(3) 3/3 OF ORIGINALS CLEAN 'ON BOARD' BILL OF LADING PLUS 3 NON-NEGOTIABLE COPIES MADE OUT TO ORDER OF BANK CENTRAL ASIA MARKED FREIGHT PREPAID NOTIFYING APPLICANT WITH FULL ADDRESS.

(4) MANUALLY SIGNED CERTIFICATE OF CHINESE ORIGIN ISSUED BY CHINA CHAMER OF COMMERCE ON OR BEFORE BILL OF LADING DATE IN 01 ORIGIN AND 02 COPIES.

(5) CERTIFICATE OF ORIGIN GSP FORM A IN 1 ORIGINAL AND 1 COPY.

(6) INSURANCE POLICY/CERTIFICATE IN DUPLICATE BLANK ENDORSED FOR AT LEAST 110 PERCENT OF INVOICE VALUE COVERING ICC (A) AND WAR RISK, INDICATING THAT CLAIMS, IF ANY, ARE PAYABLE TO BANK CENTRAL ASIA ON APPLICANT'S BEHALF IN JAKARTA. THE INSURANCE COST IS USD $671.88.

(7) BENEFICIARY'S CERTIFICATE STATING THAT CERTIFICATE OF MANUFACTURING PROCESS AND OF THE INGREDIENTS ISSUED BY RELIANCE M AND N INDUSTRIES LIMITED SHOULD BE SENT TO HARAPANSUKSES JAYA PT.

(8) SHIPMENT MUST BE MADE IN A REGULAR CARRIER AND SHIPMENT BY FLAG CARRIER OF ISRAEL STRICTLY PROHIBITED. A CERTIFICATE TO THIS EFFECT MUST ACCOMPANY ORIGINAL DOCUMENTS.

47A: ADDITIONAL CONDITIONS

(1) A FEE OF USD 75 (OR ITS EQUIVALENT) WILL BE DEDUCTED
FROM THE PROCEEDS OF EACH PRESENTATION OF DISCREPANT DOCUMENT.

(2) ALL DOCUMENTS MUST BE ISSUED IN ENGLISH.

(3) ONE SEPARATED ADDITIONAL COPY OF REQUIRED DOCUMENT TO BE
PRESENTED TOGETHER WITH THE DOCUMENTS, FOR ISSUING BANK'S
RETENTION. USD 10.00 OR EQUIVALENT WILL BE DEDUCTED IF
EXTRA COPIES NOT PRESENTED.

(4) UNDER FIELD 59, PLS ADD:
PH : 86 592 6290280
FAX: 860592 6290260

(5) ALL DOCUMENTS MUST BEAR THIS CREDIT NUMBER, NUMBER AND DATE
OF COMMERCIAL INVOICE.

71B: CHARGES
EXCEPT THE ISSUANCE FEE OF THIS
CREDIT, ALL BANKING CHARGES INCL.
REIMB. CHGS AND ADVISING COMM,
ARE FOR ACCOUNT OF BENEFICIARY.

48: PERIOD FOR PRESENTATION
WITHIN 14 DAYS AFTER DATE

图 2-4 信用证范本二(续)

```
OF SHIPMENT BUT WITHIN THE
VALIDITY OF THE CREDIT.
49:     CONFIRMATION INSTRUCTIONS
WITHOUT
78:     INSTRUCTIONS TO THE PAYING/ACCEPTING/NEGOTIATING BANK
+THE AMOUNT OF EACH DRAWING MUST BE ENDORSED ON THE
REVERSE HEREOF.
+ALL DOCUMENTS TO BE DISPATCHED IN ONE LOT BY COURIER SERVICE
TO BANK CENTRAL ASIA – GLOBAL TRADE SERVICES JAKARTA DEPT. ,
MENARA BCA, GRAND INDONESIA 29TH FLOOR, JL. MH. THAMRIN NO. 1
JAKARTA 10310 – INDONESIA. ATTN. JAKARTA TRADE SERVICES 1.
+UPON RECEIPT OF DOCUMENTS STRICTLY IN CONFORMITY WITH THE
TERMS AND CONDITIONS OF THIS CREDIT, WE UNDERTAKE TO REIMBURSE
YOU IN ACCORDANCE WITH YOUR INSTRUCTIONS, LESS OUR SETTLEMENT
CHARGES.
```

图 2-4　信用证范本二（续）

第二节　申请开立信用证

一、进口方申请开立信用证的流程

进口是出口的反向操作，多数进口单据与出口单据的区别不大。在信用证付款方式下，准确填写开证申请书的相关内容是开证申请人（进口商）必须掌握的一种技能，开证申请书是开证申请人与开证行之间明确彼此权利义务关系的契约，通常一式三份（银行两份，客户一份），许多银行已开展了网上开证业务。开证申请人（进口商）申请开立信用证的流程如图 2-5 所示。

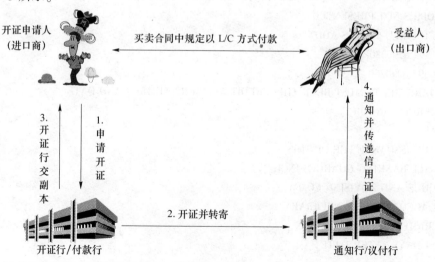

图 2-5　申请开立信用证的流程

第一步，开证申请人（进口商）向进口地银行申请开立信用证，依照合同各项有关规定填写开证申请书，并交付押金或其他保证金。

（1）开证申请人要向银行递交有关买卖合同的副本及所需的附件。所需的附件如：进口许可证、进口配额许可证明、机电产品进口登记证明、购汇申请书、进口付汇备案表等。

（2）填写开证申请书。进口商根据银行的规定填写开证申请书，一式三份，一份留公司业务部门，一份留公司的财务部门，一份交银行。开证申请书是银行开立信用证的依据，也是进口商审核单据和向开证行付款赎单的依据，因此必须按买卖合同条款的具体规定填写信用证申请书，写明信用证的各项要求，内容要明确、完整、无词义不清的情况。

（3）缴纳保证金。按照国际贸易的习惯做法，进口商向银行申请开立信用证，应向银行缴纳一定比例的保证金。其金额一般为信用证金额的百分之几到百分之几十，一般根据进口商的资信情况而定。在我国的进口业务中，企业开证金额在其银行账户人民币或外汇存款余额或综合授信额度内的，经申请，银行可直接开证；或者开证行根据不同企业和交易情况，要求开证企业缴纳一定比例的人民币保证金，银行才开立信用证。

（4）支付开证手续费

开立信用证是银行有偿服务的一项中间业务，进口商在申请开证时，必须按照规定支付一定金额的开证手续费（费率一般为0.15%）。

第二步，开证行根据进口商开证申请书的要求开立信用证，将正本寄送通知行。

第三步，开证行将信用证副本交给进口商。

第四步，通知行通知并传递信用证给出口商。

二、申请开立信用证的基本要求

（1）提供准确的开证路线（L/C GUIDANCE）。开证路线由受益人在订立合同后向申请人提供，通常包括 PAYEE'S NAME，ADDRESS AND A/C NO.（收款人名、地址和账号）、NAME AND ADDRESS OF PAYEE'S BANK（收款行名、地址）等内容。

（2）开证资料。首次到银行办理进口开证手续的企业应提交：营业执照副本、企业有权从事外贸经营活动的文件原件、法人代表授权书、被授权人的签样、外汇局备案表等。

（3）手续。递交有关合同的副本及附件、填写开证申请书（有的银行称开证承诺书）、缴纳保证金、支付手续费等。

（4）按时开证。如合同规定了开证日期，进口方应在规定期限内开立信用证；如合同只规定了装运期的起止日，则进口方应保证受益人在装运期开始前收到信用证；如合同只规定最迟装运日期，则应在合理时间内开证，以便卖方有足够时间备妥货物并予出运，通常掌握在交货期前一个月至一个半月。

（5）信用证的条件应单据化。进口方在申请开证时，应将合同的有关规定转化成单据。比如，合同以CFR/CIF条件成交，信用证应要求受益人在提交的清洁已装船提单上注明"运费已付"字样等。

（6）银行单证中心的开证人员对开证申请人提交有关文件进行审核，确认资料完整无误、符合规定后，通常按SWIFT规定的MT700格式将信用证开出。

（7）各银行事先印制的固定格式申请书中凡涉及选择项目的，一律在有关项目前打"×"表示选中。

（8）除非有特殊要求或规定，信用证申请书原则上应以英文开立。

三、进口商申请开证时应注意的问题

（1）开证前一定要落实进口批准手续及外汇来源。如果进口商品受许可证管理，还须办妥进口许可证申请的相关手续。

（2）应满足"证同一致"的要求。开证行根据进口商填写的开证申请书开立信用证，买卖合同约束的是进出口商双方，开证申请书约束的是申请开证的进口商与开证的银行。信用证约束的是开证行与受益人，它们是相互独立的。因此，买卖合同中规定的要在信用证中明确的条款必须在开证申请书中一一列明，尽量不用"参阅第××号合同"（AS PER S/C NO. XX）等语句的规定，更不能将有关合同或形式发票作为信用证附件附在信用证之后。因信用证是自足文件，签发后就与买卖合同无关了。

（3）单据条款要明确。开证时必须列明需要出口商提供的各项单据的种类、份数及签发机构，规定各单据表述的内容。

（4）信用证申请书中含有某些条件而未列明应提交与之相应的单据，银行将认为未列此条件，而不予理睬。

（5）信用证中应明确规定是否允许分批装运、是否允许中途转运、是否接受第三者装运单据等条款。

（6）我国银行开证一般不接受开立他行保兑的信用证；因对第一受益人的资信难以了解，我国银行一般也不开立可转让信用证，也不开立接受电信索偿条款的信用证。

（7）开证申请书文字应力求规范、完整、明确。进口商要求银行在信用证上载明的事项，必须完整、明确，不能使用含混不清的文字。应避免使用"约""近似"或类似的词语，这样，一方面可使银行处理信用证或卖方履行信用证的条款时有所遵循，另一方面也可以此保护自己的权益。

（8）网上申请开证的客户必须注册企业网上银行证书版后才能办理相应业务。

四、开证申请书的填制

（1）TO（致）。银行印制的申请书上事先都会印就开证银行的名称、地址，银行的SWIFT CODE、TELEX NO. 等也可同时显示。

（2）信用证文件名称 APPLICATION FOR IRREVOABLE DOCUMENTARY CREDIT（申请开立不可撤销信用证）。如果信用证是保兑或可转让的，应在此加注有关字样。

（3）DATE（申请开证日期）。在申请书右上角填写实际申请日期。

（4）信用证的传递方式：有四种方式可供选择，依次为 ISSUED BY AIRMAIL（航空邮寄通知）、ISSUED BY EXPRESS DELIVERY（快递通知）、ISSUED BY TELETRANSMISSION（电信通知）、WITH BRIEF ADVICE BY TELETRANSMISSION（简电通知）。在所适用项前面的"□"中打"×"表示选择该项。开证方式多为电开（BY TELEX），也可以是信开、电报、快递或简电开立。航邮通知与快递通知都是信开方式，只是在传递方式与传递速度上有所不同。当然现在大多数银行的电开证都是 SWIFT 电信传递。

（5）L/C NUMBER（信用证号码）。此栏由银行填写。

（6）EXPIRY DATE AND PLACE FOR PRESENTATION（信用证的有效日期和到期地

点)。填写信用证的有效日期及到期地点。开证申请人填写此栏时须注意合同中装运期及交单期条款的规定。信用证的有效日期和交单期应比最后装运日晚。信用证的交单期应早于信用证的有效期。信用证的到期地点应按合同约定填写,合同没约定的,为方便受益人工作,应选择在受益人所在国家。

(7) APPLICANT(申请人)。填写与合同中一致的买方公司全称及详细地址,有的要求注明联系电话、传真号码等。

(8) BENEFICIARY(受益人)。填写与合同中一致的卖方公司全称及详细地址。

(9) ADVISING BANK(通知行)。由开证行填写。

(10) AMOUNT(信用证金额)。分别用数字和文字两种形式表示,并且表明币制。如果允许有一定比率的上下浮动,要在信用证中明确表示出来。

(11) CREDIT AVAILABLE WITH/BY(付款方式)。在所提供的 BY SIGHT PAYMENT 即期付款、BY ACCEPTANCE 承兑付款、BY NEGOTIATION 议付付款和 BY DEFERRED PAYMENT 延期付款四种信用证有效兑付方式中选择与合同要求一致的类型。在所适用项前面的"□"中打"×"表示选择该项。

(12) BENEFICIARY'S DRAFT(汇票要求)。金额应根据合同规定填写为:发票金额的一定百分比;发票金额的 100%(全部货款都用信用证支付);如部分信用证、部分托收时按信用证下的金额比例填写。付款期限可根据实际填写即期或远期,如属后者,即必须填写具体的天数。信用证条件下的付款人通常是开证行,也可能是开证行指定的另外一家银行。

(13) PARTIAL SHIPMENT(分批装运)。根据合同的实际规定在"□"中打"×"进行选择。

(14) TRANSHIPMENT(转运)。根据合同的实际规定在"□"中打"×"进行选择。

(15) TRANSFERABLE(转让)、CONFIRMED(保兑)。根据信用证性质的实际规定在"□"中打"×"进行选择确认。

(16) LOADING IN CHARGE、FOR TRANSPORT TO、LATEST DATE OF SHIPMENT(装运地/港、目的地/港的名称、最迟装运日期)。按实际填写,如允许有转运地/港,也应清楚标明。

(17) COVERING/EVIDENCING SHIPMENT OF(商品描述)。所有内容(品名、规格、包装、单价、唛头)都必须与合同内容相一致,价格条款里附带"AS PER INCOTERMS 2010"、数量条款中规定"MORE OR LESS"或"ABOUT"、使用某种特定包装物等特殊要求的,必须清楚列明。

(18) DOCUMENTS REQUIRED(单据条款)。各银行提供的申请书中已印就的单据条款通常为十几条,从上至下一般为发票、运输单据(提单、空运单、铁路运输单据及运输备忘录等)、保险单、装箱单、质量证书、装运通知和受益人证明等,最后一条是 OTHER DOCUMENTS, IF ANY(其他单据),如要求提交超过上述所列范围的单据就可以在此栏填写,比如有的合同要求 CERTIFICATE OF NO SOLID WOOD PACKING MATERIAL(无实木包装材料证明)、CERTIFICATE OF FREE SALE(自由销售证明书)、CERTIFICATE OF CONFORMITY(合格证明书)等。申请人填制这部分内容时应依据合同规定,不能随意增加或减少。选中某单据后对该单据的具体要求(如一式几份、要否签字、正副本的份数、单据中应标明的内容等)也应如实填写,如申请书印制好的要求不完整,应在其后予以补足。

（19）ADDITIONAL INSTRUCTIONS（附加指示）。该栏通常体现为以下一些印就的条款：

　　+ ALL DOCUMENTS MUST INDICATE CONTRACT NUMBER（所有单据加列合同号码）。

　　+ ALL BANKING CHARGES OUTSIDE THE OPENING BANK ARE FOR BENEFICIARY'S ACCOUNT（所有开证行以外的银行费用由受益人承担）。

　　+ BOTH QUANTITY AND AMOUNT FOR EACH ITEM 5% MORE OR LESS ALLOWED（每项数量与金额允许5%增减）。

　　+ THIRD PARTY AS SHIPPER IS NOT ACCEPTABLE（第三方作为托运人是不能接受的）。

　　+ DOCUMENTS MUST BE PRESENTED WITHIN ××× DAYS AFTER THE DATE OF ISSUANCE OF THE TRANSPORT DOCUMENTS BUT WITHIN THE VALIDITY OF THIS CREDIT（单据必须在提单日后×××天送达银行并且不超过信用证有效期）。

　　+ SHORT FORM/BLANK BACK/CLAUSED/CHARTER PARTY B/L IS UNACCEPTABLE（银行不接受略式/不清洁/租船提单）。

　　+ ALL DOCUMENTS TO BE FORWARDED IN ONE COVER, UNLESS OTHERWISE STATED ABOVE（除非有相反规定，所有单据应一次提交）。

　　+ PREPAID FREIGHT DRAWN IN EXCESS OF L/C AMOUNT IS ACCEPTABLE AGAINST PRESENTATION OF ORIGINAL CHARGES VOUCHER ISSUED BY SHIPPING CO./AIR LINE OR ITS AGENT（银行接受凭船公司/航空公司或其代理人签发的正本运费收据索要超过信用证金额的预付运费）。

　　+ DOCUMENT ISSUED PRIOR TO THE DATE OF ISSUANCE OF CREDIT NOT ACCEPTABLE（不接受早于开证日出具的单据）。

　　如需要已印就的上述条款，可在条款前打"×"，对合同涉及但未印就的条款还可以做补充填写。

　　（20）NAME、SIGNATURE OF AUTHORISED PERSON、TEL NO.、FAX、ACCOUNT NO.（开证申请人/授权人的开户银行名称、法定代表签字、电话、传真、银行账号等内容）。

　　开证申请书范本如图2-6所示。

致：招商银行
(1) To: China Merchants Bank
APPLICATION FOR IRREVOCABLE DOCUMENTARY CREDIT (2)

Mark "×" in appropriate boxes

授信编号：
　　(3) DATE：

(4) Please issue by □airmail　□express delivery □Teletransmission　□With brief advice teletransmission an IRREVOCABLE CREDIT subject to UCP latest version as follows：	(5) L/C NUMBER： (6) Expiry date and place for presentation：
(7) Applicant (name and address)	(8) Beneficiary (name and address)

图2-6　开证申请书范本

(9) Advising Bank	(10) Amount in figures: Amount in words:

(11) Credit available with Nominated Bank: ☐ by payment at sight   ☐ by deferred payment at against the documents detailed herein   ☐ by acceptance of drafts   ☐ by negotiation at sight

(12) against the following documents　☐ and beneficiary's drafts drawn on ＿＿ for ＿＿% invoice value quoting date and no. of this credit accompanied by the following documents.

(13) Partial shipments ☐ allowed ☐ not allowed	(14) Transshipments ☐ allowed ☐ not allowed	(15) Transferable ☐ transferable ☐ not transferable	Confirmation of credit ☐ requested ☐ authorised if requested by beneficiary

(16) Shipment from ＿＿ for transportation ＿＿ to ＿＿ via ＿＿ not later than ＿＿

(17) COVERING/EVIDENCING SHIPMENT OF/Goods description in brief

Price Terms:　☐ CIF　☐ CIP　☐ FOB　☐ CFR　☐ others

— All banking charges including relative reimbursement/payment charges and interest (if any) outside issuing bank are for account of beneficiary.
— Documents to be presented within ＿＿ days after shipment/＿＿ date but within the validity of the credit.
— Please debit our account for your commission, charges and usance interest (the interest rate is LIBOR + ( ) BPs), if any. Our account No. : ＿＿＿＿

(18) Documents required:
☐ Signed commercial invoice in ＿＿ original(s) and ＿＿ copy(ies) indicating this L/C No. and Contract No.
☐ Packing list in ＿＿ original(s) and ＿＿ copy(ies).
☐ Full set of clean on board marine Bill of Lading marked "Freight ＿＿" made out ＿＿ notifying ＿＿ with full name and address.
☐ Full or 2/3 set of clean on board multimodal transport document marked "Freight Prepaid" made out to order and blank endorsed notifying the applicant with full name and address.
☐ Air Waybill indicating actual flight date consigned to ＿＿＿＿ and notifying ＿＿＿＿ marked "Freight Prepaid".
☐ Rail Waybill indicating actual departure date consigned to ＿＿＿＿ and notifying ＿＿＿＿ marked "Freight Prepaid".
☐ Forwarding agent cargo receipt consigned to ＿＿＿＿ and notifying ＿＿＿＿ marked "Freight Prepaid".
☐ Full set of insurance policy/certificate blank endorsed for full CIF value plus 10pct with claims if any, payable at destination in the currency of this credit covering.
☐ Institute Cargo Clauses A.
☐ Institute War Clauses.
☐ Institute Strikes Clause from warehouse to warehouse.

图 2-6　开证申请书范本（续）

☐ Certificate of origin in _____ original(s) and _____ copy (ies) issued by chamber of commerce.
☐ Certificate of quality in _____ original(s) and _____ copy (ies) issued by beneficiary.
☐ Certificate of quantity in _____ original(s) and _____ copy (ies) issued by chamber of commerce.
☐ A copy of shipping advice indicating _____.
☐ Beneficiary's certificate certifying that one set of non-negotiable documents including 1/3 set of original B/L has been sent to the applicant directly by courier/speed post and the postal receipt is required for negotiation.
☐ Beneficiary's certificate addressed to issuing bank confirming their acceptance and or non-acceptance of all amendments made under this credit quoting relevant amendment no. If the credit has not be amendment, such certificate is not required.

(19) Special terms and Additional conditions:
☐ _____ percent more or less are allowed on both credit amount and quantity.
☐ Third party as shipper is acceptable.
☐ Third party as shipper is not acceptable.
☐ All documents must be made in English.
☐ All documents must be mailed by courier in one lot.
☐ All documents must be mailed by courier in two lots.
☐ Documents bearing a date prior to that of the credit are not acceptable.
☐ Charter party bill of lading acceptable.
☐ Original Cargo Receipt issued and stamped by applicant (whose stamp must be in conformity with the record held in the issuing bank's file).
☐ To be packed in strong wooden cases, suitable for long distance ocean transportation.

Account No.: with _____ (name of bank)
Transacted by: _____ (Applicant: name, signature of authorized person)
Telephone No.: _____ (with seal) _____ (20)
This page is an integral part of the application which consists of the first page, the second page and attachment(s), if any.

图 2-6 开证申请书范本（续）

第三节　信用证的审核

信用证是国际贸易中使用最普遍的付款方式。在满足信用证条款的情况下，利用信用证付款既安全又快捷。但必须特别注意的是，信用证付款方式强调"单单一致、单证一致"的严格原则，如果受益人提供的文件有错漏，不仅会产生额外的费用，还会遭到开证行的拒付，对安全、及时收汇带来很大的风险。事先对信用证条款进行审核，对于不符合出口合同规定或无法办到的信用证条款及时提请开证申请人进行修改，可以大大避免今后不符合信用证规定情况的不必要费用和风险的发生。

为顺利完成出口和收汇工作，出口公司收到信用证后，必须对信用证进行分析和审核，以确定是接受还是需要修改。分析和审核的依据是货物买卖合同和相关的国际贸易惯例，如《UCP600》《ISBP745》《2010 年国际贸易术语解释通则》等。

分析和审核信用证是银行（通知行）与出口企业的共同责任，只是各有侧重。实际业务中，银行重点审核开证行的资信能力、付款责任、索汇路线及信用证的真伪等。出口企业则着重审查信用证的内容与买卖合同是否一致。

一、银行审核信用证的重点

1. 从政策上审核

主要看来证各项内容是否符合我国的方针政策以及是否有歧视性内容，若存在这些情况，则须根据不同情况与开证行交涉。

2. 对开证行的审核

主要对开证行所在国家的政治经济状况、开证行的资信、经营作风等进行审查。对于资信欠佳的银行应采取适当的保全措施，如加具保兑行，确保受益人收汇。

3. 对信用证性质与开证行付款责任的审核

出口业务中，我方不接受带"可撤销"字样的信用证；对于不可撤销的信用证，如附有限制性条款或保留字句，使"不可撤销"名不副实，应提醒对方修改。

二、出口企业审核信用证的重点

出口企业收到信用证后，应对照买卖合同条款审核。因信用证是依据买卖合同开立的，如果其条款与合同条款不相符，受益人就有权要求申请人进行修改，否则就等于接受了信用证条款。收到信用证后检查和审核的要点：

（一）检查信用证的付款保证是否有效

应注意有下列情况之一的，不是一项有效的付款保证或该项付款保证是存在缺陷、问题的：

（1）信用证明确表明是可以撤销的。

此信用证由于无须通知受益人或未经受益人同意可以随时撤销或变更，应该说对受益人是没有付款保证的，所以对于此类信用证，一般不予接受；信用证中如没有表明该信用证是否可以撤销，按照《UCP600》的规定，应理解为不可以撤销的。

（2）应该保兑的信用证未按要求由有关银行进行保兑。

（3）信用证未生效。

（4）有条件的生效的信用证，如："待获得进口许可证后才能生效"。

（5）信用证密押不符。

（6）信用证简电或预先通知。

（7）由开证人直接寄送的信用证。

（8）由开证人提供的开立信用证申请书。

（二）检查信用证的付款时间是否与有关合同规定相一致

应特别注意下列情况：

（1）信用证中规定有关款项须在向银行交单后若干天内或见票后若干天内付款等情况。对此，应检查此类付款时间是否符合合同规定或贵公司的要求。

（2）信用证在国外到期。规定信用证国外到期，有关单据必须寄送国外，由于我们无法掌握单据到达国外银行所需的时间且单据寄送容易延误或丢失，因此有一定的风险。通常我们要求在国内交单付款，在来不及修改的情况下，必须提前一个邮程（邮程的长短应根据地区远近而定）以最快方式寄送。

（3）如信用证中的装运期和有效期是同一天，即通常所称的"双到期"，那么在实际业务操作中，应将装运期提前一定的时间（一般在有效期前 10~15 天），以便受益人在装运货物后有充足的时间办理制单结汇手续；此时如能提前安排装运，在有效期前完成制单结汇是完全可以接受的；若在运输单据签发日期后若干天交单（若未规定，一般为 21 天），则不能超过信用证的有效期；装运期不能使用"迅速、立即、尽快"及类似语句，一旦使用，银行将不予理会。

（三）检查信用证受益人和开证人的名称和地址是否完整和准确

受益人应特别注意信用证上的受益人名称和地址应与其印就好的文件上的名称和地址内容相一致。买方的公司名称和地址写法是不是也完全正确？在填写发货票时照抄信用证上写错了的买方公司名称和地址是有可能的，如果受益人的名称不正确，将会给今后的收汇带来不便。

（四）检查装运期的有关规定是否符合要求

若信用证规定装运期的运输单据构成不符点，银行有权不付款。检查信用证规定的装运期应注意以下几点：

（1）能否在信用证规定的装运期内备妥有关货物并按期出运；如收到来证时装运期太近，无法按期装运，则应及时与客户联系修改。

（2）实际装运期与交单期时间相距时间太短。

（3）信用证中规定了分批出运的时间和数量，应注意能否办到；否则，任何一批未按期出运，以后各期即告失效。

（五）检查能否在信用证规定的交单期内交单

如来证中规定向银行交单的日期不得迟于提单日期后若干天，如果过了期限或单据不齐有错漏，则银行有权不付款。

信用证交单期一般规定受益人必须在运输单据出具后 15 天内，同时要在信用证有效期内提交单据要求付款、承兑汇票或议付的特定期限。出口商审核信用证要注意该期限规定是否合理，能否满足交单期限。根据《UCP600》规定，受益人必须在货物装运日后 21 天内，且在信用证的有效期内，向银行交单，否则将构成单证严重不符。

信用证有效期或交单期如遇收单银行的法定假日，则可顺延，而装运期则不能；若装运期前有 TO、UNTIL、TILL、FROM，则所述日期应包括在内，而 AFTER 则不包括，上半月一般是指 1—15 日，下半月一般是指 16 日至本月最后一日，"于"或"约"则是指在该日期之前 5 天至该日期之后 5 天在内的共计 11 天；信用证有效期的到期地点若在国外，必须注意提前交单。

交单期通常按下列原则处理：

（1）信用证有规定的，应按信用证规定的交单期向银行交单。

（2）信用证没有规定的，向银行交单的日期不得迟于提单日期后 21 天；应充分考虑办理下列事宜对交单期的影响：生产及包装所需的时间；内陆运输或集港运输所需时间；进行必要的检验，如法定商检或客检所需的时间；申领出口许可证/FA 产地证所需的时间（如果需要）；报关查验所需的时间，船期安排情况；到商会和/或领事馆办理认证或出具有关证明所需的时间（如果需要）；申领检验证明书如 SGS 验货报告/OMIC LETTER 或其他验货报告如客检证等所需的时间；制造、整理、审核信用证规定的文件所需的时间；单据送交银行所需的时间（包括单据送交银行后经审核发现有误退回更正的时间）。

（六）检查信用证内容是否完整

如果信用证是以电传或电报拍发给了通知行，即"电信送达"，那么应核实电文内容是否完整，如果电文无另外注明，并写明是根据《UCP600》，那么，该电文可以被当作有效信用证加以执行。

（七）检查信用证的通知方式是否安全、可靠

信用证一般是通过受益人所在国家或地区的通知/保兑行通知给受益人的。这种方式的信用证通知比较安全，因为根据《UCP600》的有关规定，通知行应对信用证通知的真实性负责；如果不是这样寄交的，遇到下列情况之一的应特别注意：

（1）信用证是直接从海外寄给单位的，那么应该小心查明它的来历。

（2）信用证是从本地某个地址寄出，要求把货运单据寄往海外，而出口商并不了解其指定的那家银行。

对于上述情况，应该首先通过银行调查核实。

（八）检查信用证的金额、币制是否符合合同规定

主要检查内容有：

（1）信用证金额是否正确。

（2）信用证的金额应该与合同规定的相一致。

（3）信用证中的单价与总值要准确，大小写并用，内容要一致。

（4）如数量上可以有一定幅度的伸缩，那么，信用证也应相应规定在支付金额时允许有一定幅度的伸缩。

（5）如果在金额前使用了"大约"一词，其意思是允许金额有10%的伸缩。

（6）检查币制是否正确。如合同中规定的币制是"英镑"，而信用证中可能使用的是"美元"。

（九）检查信用证中的货物数量是否与合同规定相一致

应注意以下几点：

（1）除非信用证规定货物数量不得有增减，否则，在付款金额不超过信用证金额的情况下，货物数量可以容许有5%的增减。

（2）应特别注意的是，以上提到的货物数量可以有5%增减的规定一般适用于大宗货物，对于以包装单位或以个体为计算单位的货物不适用。如：5,000PCS 100% COTTON SHIRTS（5 000件全棉衬衫），由于数量单位是"件"，实际交货时只能是5 000件，而不能有5%的增减。

（十）检查价格条款是否符合合同规定

不同的价格条款涉及具体的费用，如运费、保险费，由谁分担。如果合同中规定的是FOB SHANGHAI AT USD50.00/PC，那么根据此价格条款，有关的运费和保险费由买方即开证人承担；如果信用证中的价格条款没有按合同的规定作上述表示，而是做了CIF NEW YORK AT USD50.00/PC这样的规定，且对此条款没有及时修改，那么受益人将承担有关的运费和保险费。

（十一）对运输条款的审核应注意的事项

（1）启运港（地）与目的港（地）是否与合同相符。

（2）关于分批装运和转运的规定。检查货物是否允许分批出运，除信用证另有规定外，货物是允许分批装运的。特别注意：如信用证中规定了每一批货物装运的确切时间，则必须按此照办；如不能办到，必须修改。另外，若信用证"允许分批装运"，但卖方交货时一船即可装完，没有分批装运，那么银行不能拒绝议付交单；而如果信用证规定"分期装运"，银行就可以拒绝议付。如果贸易两国之间无直达船，那么信用证必须允许转运。

（3）关于运输工具和运输路线的审核。按照惯例，买方不能对船舶进行限制，而一般信奉伊斯兰教的阿拉伯国家都限制使用以色列船只，规定船舶不能停靠以色列港口，不准悬挂以色列国旗；其他国家对于运输路线一般没有限制，只要合理即可接受。

（十二）检查货物是否允许转运

除信用证另有规定外，货物是允许转运的。

（十三）关于银行费用支付责任的审核

银行费用包括开证费、通知费、保兑费、议付费、修改费、邮费及电报费等，这些费用一般都不是小数目。一般发生在开证行的费用由买方承担，发生在受益人所在国的费用由受益人承担，如保兑费；若买方自行保兑，则由买方支付；若申请人要求保兑，则由申请人承担；如果信用证没有规定，则应由开证申请人承担。检查有关的费用条款，主要内容有：

（1）信用证中规定的有关费用，如运费或检验费等，应事先协商一致，否则，对于额外的费用原则上不应承担。

（2）银行费用如事先未商定，应以双方共同承担为宜。

（十四）检查信用证规定的单据文件条款能否提供或及时提供

单据条款是买方要求卖方提交的，作为通关时使用或约束卖方按要求履行合同，并据以付款的证明。作为信用证的一个重要部分，单据条款是受益人交单和银行审单的依据，对买卖双方都很重要。因此，出口商要注意单据的种类、份数及填制方法，特别要注意单据条款是否正确和合理。对于受益人无法满足的单据要求，一定要及时进行修改，否则就会给交单直接造成困难，为日后开证行和申请人拒付留下隐患。如对于运输单据，除中国香港和澳门、俄罗斯、朝鲜及中亚等国家和地区外，对其他国家出口一般都不提供铁路运单；因运往国内保税区、自由贸易区均被视为出口，故除了从国内运往保税区、自由贸易区以及对港澳地区出口外，可以接受承运货物收据，对其他地区出口均不予接受。主要有：

（1）一些需要认证的单据特别是使馆认证等能否及时办理和提供。

（2）由其他机构或部门出具的有关文件如出口许可证、运费收据、检验证明等能否提供或及时提供。

（3）信用证中指定船龄、船籍、船公司或不准在某港口转船等条款能否办到等。

（十五）检查信用证中有无陷阱条款，即对信用证软条款的审核

"软条款"是指信用证中规定有保留或限制的条款，这些条款足以改变信用证的付款保证性质。信用证的软条款一般设置在信用证生效、检验、装船、验收等环节，出现在信用证单据和附加条款中，如变相的可撤销信用证条款；暂不生效条款；要求受益人装船后将1/3

正本提单直接寄给开证申请人；CIF、CIP、CPT、CFR 等价格术语由开证申请人指定装船日期、船公司、货代等；将客检证作为议付文件的条款，如接受此条款，受益人正常处理信用证业务的主动权很大程度上掌握在对方手里，影响安全收汇。对上述条款都不能接受。通常可用几个"不"字来概括信用证的软条款，即：开证行不通知生效；不发修改书；开证人不开具证书或收据；不来验货；不通知船公司、船名等。对信用证的软条款一定要注意审核，必要时要加以修改。

（十六）检查信用证中有无矛盾之处

如：明明是空运，却要求提供海运提单；明明价格条款是 FOB，保险应由买方办理，而信用证中却要求提供保险单；CFR 成交方式中要求受益人提交保险单；FOB 成交方式中要求在提单上注明"FREIGHT PREPAID"。

（十七）检查有关信用证是否受《UCP600》的约束

明确信用证受《UCP600》的约束可以使各方在具体处理信用证业务中，对于信用证的有关规定有一个公认的解释和理解，避免因对某一规定的不同理解产生争议。

（十八）对信用证空白处、边缘处加注的文字、缮写或橡皮戳记加注字句的审核

信用证空白处、边缘处加注的文字，往往是对信用证内容的重要补充或新的修改，因此不能大意，必须认真对待。

（十九）对某一条款有疑问，可以向通知行或付款行查询，寻求它们的帮助

第四节　信用证的修改

一、信用证修改的规则

信用证经过全面分析审核后，如发现有问题，出口企业应及时通知国外客户通过开证行进行修改。《UCP600》规定，未经开证行、保兑行及受益人同意，信用证不得修改，也不得撤销。信用证修改的规则如下：

（1）只有开证申请人有权向开证行提出修改信用证的申请。

（2）只有受益人有权决定是否接受信用证修改。

二、修改信用证应注意的问题与相关的国际惯例

根据《UCP600》对修改信用证规定的解释，对不可撤销信用证内容的修改一般应注意以下几个问题：

（1）一份信用证如有几处需要修改，应集中一次通知开证人办理，避免一改再改，既增加双方的费用又浪费时间，而且会引起不良影响。

（2）修改信用证的要求一般应用电信通知开证人，同时应规定一个修改书的到达期限。

（3）对收到的信用证修改通知书应认真审核，如发现修改内容有误或我方不能同意的，出口企业有权拒绝接受。

（4）根据《UPC600》第十条 E 款的规定：对同一修改的内容不允许部分接受，部分接受将被视为拒绝接受修改的通知。

（5）根据《UPC600》第九条 D 款的规定：如一银行利用另一家通知行或第二通知行的

服务将信用证通知给受益人，它也必须利用同一家银行的服务通知修改书。

（6）根据《UPC600》第九条 E 款的规定：如一银行被要求通知信用证或修改但其决定不予通知，则应毫不延误地通知向其发送信用证、修改或通知的银行。

三、修改信用证的流程

信用证的修改应由开证申请人（进口商）提出，经开证行同意和受益人的同意才能生效。其基本程序是：

第一步，受益人（出口方）将需要修改的内容通知开证申请人，即书写审证修改函。

写审证修改函要点如下：

（1）修改函要使用符合国际商务函电往来的格式、称呼，语气应有理有据、不卑不亢。相关语句如：

Thank you for your document Credit No. … issued by…

Your L/C NO. … had duly arrived with many thanks!

（2）修改函首段应表明信用证已经收到，并写明信用证的号码和开证行的名称。相关语句如：

We are sorry to find some items are not suitable.

We propose that they should be amended as follows：

（3）表明修改意愿，并详细列明需要修改的项目以及正确的表述。相关语句如：

… shall /should be … not…

… has / have been amended to read as…

（4）结尾段应表明期待早日收到修改后的信用证的意愿，并表示感谢。相关语句如：

We look forward to receiving the amendment at an early date.

Thank you for your help.

修改函范本如图 2－7 所示。

DEAR SIRS,

　　THANK YOU FOR YOUR L/C NO. 123. AFTER CHECKING THE L/C, WE ARE SORRY TO FIND THE FOLLOWING DISCREPANCIES：

　　（1）"4000" SETS SHOULD BE "400" SETS.

　　（2）CHANGE THE CLAUSE "PARTIAL SHIPMENTS AND TRANSSHIPMENTS ARE NOT ALLOWED" TO BE "PARTIAL SHIPMENTS AND TRANSSHIPMENTS ARE ALLOWED".

　　（3）THE DATE OF THE EXPIRY SHOULD BE "JUNE 29, 2016" INSTEAD OF "JUNE 20, 2016".

　　（4）THE WORDS "PACKED IN WOODEN CASES OF ONE SET EACH" SHOULD BE REPLACED BY "PACKED IN CARTONS OF ONE EACH".

　　（5）INSURANCE VALUE SHOULD BE "INSURED FOR 110% OF INVOICE VALUE", NOT "115%".

　　（6）DELETE "THE PLACE OF NEGOTIATION IS IN SINGAPORE", SO PLEASE AMEND IT TO READ "IN CHINA".

　　WE LOOK FORWARD TO YOUR EARLY L/C AMENDMENTS, SO THAT WE MAY EFFECT SHIPMENT WITHIN THE CONTRACTED DELIVERY TIME.

　　YOURS TRULY,

　　CANDY

图 2－7　修改函范本

第二步，开证申请人向信用证的开证行申请修改信用证，即递交信用证修改申请书。

第三步，开证行审核同意后，根据修改申请书办理修改手续，然后向信用证原通知行发出信用证修改通知书，即 L/C AMENDMENT。修改一经发出，不能撤销。

第四步，通知行收到后，核验修改通知书的表面真实性并将其转达给受益人，即转交修改通知书给出口商。

第五步，受益人接到修改通知书后再次进行审核，若仍有不能接受之处，可继续提出修改，直到可以接受为止。若同意接受，则信用证项下修改正式生效。如受益人拒绝接受修改，则将修改通知书正本退回通知行，并附表示拒绝接受修改的文件，则此项修改不能成立，视为无效。受益人对修改拒绝或接受的表态可推迟至交单时。

案例4

信用证不许分批装运和转运后修改增装数量引起纠纷案

A进出口公司与洛文兹贸易有限公司成交一笔花生仁出口贸易，于6月26日由通知行——B银行通知信用证，其部分有关条款规定：

"Credit available with freely negotiable by any bank by negotiation against presentation of the documents detailed herein…400 M/Tons of Groundnuts Kernels H. P. S, packed in new gunny bags. Shipment from Dalian to London not later than 31st July, 1996. Partial shipments and transhipment are prohibited."（本证凭提交如下详列的单据可由任何议付行公开议付。……400公吨①手拣花生仁，新麻袋装。从大连装运至伦敦，最迟装运期1996年7月31日。不许分批装运和转船。）A进出口公司接到信用证，经审核后未发现问题，准备安排装运，但在即将装运之际，于7月5日又接到买方信用证修改书：The quantity is increased by 100 M/Tons. The shipment date is extended until 31st August, 1996."（数量增加100公吨。装运期延展至1996年8月31日）A进出口公司根据合同规定：7月份装运400公吨；8月份装运100公吨，认为该信用证增装100公吨部分属于8月份交货额，所以修改也延展至8月31日。原信用证既规定400公吨不许分批，应理解为该400公吨须原数装出。对于增装修改部分也应按照100公吨原数不分批另行再装出。所以A进出口公司仍照原计划安排装运该400公吨，同时以书面形式向通知行通知接受该修改。

A进出口公司于7月8日将400公吨货物以集装箱装运完毕，7月9日将该信用证项下的全套单据向A进出口公司的往来银行——C银行办理变单议付。A进出口公司在交单时认为本议付单据属于原证400公吨项下的，与修改项下待装的100公吨无关，所以在议付时未将修改书附在信用证上就向C银行办理了议付。

但单据被寄到开证行，于7月18日开证行提出单证不符：

"第××××号信用证项下你方第××××号单据，经审核发现单证不符：

"1. 我信用证规定总数量500公吨不许分批装运，即应一次不许分批装出500公吨。但你所提交的第××号提单只装400公吨，因此违背我信用证规定。

"2. 我信用证规定不许转运，但你方所提交的提单上记载有将转运的字样，故不符合我

---

① 1公吨=1吨。

信用证要求。

"根据以上不符点,我行无法接受,单据暂代留存,并告单据处理的意见。7月18日"

"进出口公司接到开证行上述拒付电后,经研究于19日向开证行答复如下:

"你7月18日电悉。我们认为

"1. 你第×××号原信用证数量规定400公吨不许分批装运,我已经按照你信用证规定,将400公吨货物不分批原数装出。至于你7月5日又修改信用证增加数量100公吨,我仍然要按照该修改的要求于8月31日前将100公吨原数亦不分批装出。因此,我们认为单证相符。

"2. 关于转运问题,提请你行注意,该批货物系以集装箱装运。根据《UCP500》第×条d款规定:'即使信用证禁止转运,银行将接受下述提单:① 注明将发生转运者,只要在提单上证实有关的货物是由集装箱、拖车和/或子母船运输,并以同一提单包括海运全程运输。……'我提单上明确表示'Containerized',说明该货物系由集装箱运输。依照上述《UCP500》条文,即使你信用证规定不许转运,而我在提单上证实了由集装箱装运,又在该提单上包括了你信用证所规定的海运全程,你银行仍然应接受将转运的提单。

"综上所述,我单证完全相符,你行必须按时付款。

"7月19日"

A进出口公司发出上述反驳电后,7月22日又接到开证行电:

"你19日电悉。关于第×××号信用证项下分批装运事,我行前电已阐明过:我信用证既已规定不许分批装运,就是说在本信用证项下所规定的货物只能不分批地一次装运。信用证原规定数量400公吨,后又增加数量100公吨,经你方接受该修改,本信用证数量变成500公吨,则500公吨应不分批地一次装出,才能符合信用证的要求。据你方所提交的单据装运数量仅装400公吨,所以不符合信用证要求。

"我行亦联系申请人,申请人不同意接受单据。速告你方对单据处理的意见。

"7月22日"

开证行虽然对于转运问题在上述电文中再未提出异议,但对于分批装运问题仍然坚持不放。A进出口公司又几经与买方交涉,均无效果。由于买方拒收单据,使货物无人提取,A进出口公司为了避免货物的损失,委托目的港的船方代理又将货物运回内销处理,结果损失惨重。

分析:根据国际商会《UCP600》的有关规定——关于港至港海洋运输转运问题,有几种情况银行可以接受转运的提单:如果信用证明确规定禁止转运,只要在同一提单内已包括了信用证所规定的全程运输,银行应该接受将转运的提单;即使信用证明确规定禁止转运,只要货物已由集装箱、拖车或子母船运输,并且在同一提单内已包括了信用证所规定的全程运输,银行也应该接受转运的提单;如果提单上条款仅是声明承运人保留转运权者,即使信用证规定禁止转运,银行也可以接受这样的提单。

本案例的提单,已明确表示了"Containerized",当然银行应该接受表明有转运的提单,A进出口公司准确引证了《UCP600》第23条的条文使开证行在7月22日电中对这个问题无言可答,只好又紧紧抓住分批装运问题不放,坚持拒付。

对于分批问题,A进出口公司在接到信用证修改时如未作出接受修改的通知,交单时仍然可以安全收回货款,因为在交单时仍有权表示不接受该修改,可以按修改前的400公吨的原信用证条款安全办理收汇。然后再向买方提出解释,因信用证修改通知书到达之前,我400公吨货物已经开始进行装运,故无法接受该修改,请重新修改信用证:增装

100公吨，允许分批装运。这样既能安全收回货款，又符合双方合同条款。所以A进出口公司最主要的错误是既然已决定按原计划只装运400公吨，又矛盾地接受信用证的增装修改，并正式发出接受信用证修改的通知，才造成这样的事故。A进出口公司应在当时拒绝接受信用证修改并发出拒绝接受的通知，将该修改退回，这是最妥当的办法。因为根据《UCP500》惯例第9条d款第Ⅰ项规定："……未经开证行、保兑行（如有的话）及受益人的同意，不可撤销信用证既不得修改，也不得撤销。"所以作为受益人有权不接受不可撤销信用证项下的修改。即使在A进出口公司正式向银行发出接受信用证修改之前，A进出口公司所装运的400公吨仍然可以说是单证相符。因为《UCP500》第9条d款第Ⅲ项规定："在受益人告知通知修改的银行接受该修改之前，原信用证（或含有先前被接受修改的信用证）的条款，对受益人仍然有效。……"也就是说先装运400公吨的信用证条款仍然是有效的。所以，在只装运400公吨的情况下发出了接受信用证修改通知是A进出口公司的主要错误。

A进出口公司之所以产生这样的错误，是因为误解400公吨不许分批装运是原信用证规定的，100公吨是后增额部分，另再装运这100公吨也不分批装出就是信用证的要求，因为合同也是如此规定的。其实本案例的信用证规定不许分批装运，信用证原数量400公吨，后又增额100公吨，A进出口公司又正式发出了接受修改的通知，变成总数量500公吨不许分批装运。因为信用证后增额100公吨就意味着信用证原数量400公吨改为500公吨，原来的400公吨的情况已不复存在，原信用证不许分批装运，即变成500公吨不许分批装运。A进出口公司没有正确理解信用证的修改，是A进出口公司产生错误的根源。

其实买方坚持不接受单据，拒付货款，其资信情况已不言而喻。A进出口公司虽然单据在分批装运的问题上不符合信用证要求，但并未违背双方所签订的合同交货期的规定。据了解，当时A进出口公司在决定将货物运回前曾向买方交涉，提出：我7月装400公吨完全符合双方合同规定，买方应该接受货物。但买方的理由是对方提出信用证修改为500公吨不许分批，A进出口公司又表示接受这样的修改，等于接受改变合同交货条款。其实，买方之所以坚决拒收货物，只因市场突然暴跌，以此为借口乘机拒付而已。所以本案例应引起同行者警惕。

案例5

国内B公司与日本A公司成交一笔香菇出口贸易，A公司于2015年2月份委托日本I银行开出一份不可撤销即期议付信用证，通过A银行通知B公司。由于B公司大部分业务在N银行办理，因此于2015年3月14日持信用证及相关单据到N银行交单议付。信用证部分条款规定如下：1 300公斤香菇，从上海装运至日本大阪，最迟装运期2015年3月10日。不许分批装运和转运等。N银行审核单据无误后，按信用证要求邮寄单据索汇。

2015年3月21日，N银行收到日本I银行拒付通知，提出以下不符点：① 信用证规定总数量1 500公斤不许分批装运，但所提交提单只装1 300公斤，不符合信用证规定。② 信用证规定不许转运，但你方所提交的提单上记载有将转运的字样，故不符合信用证要求。

N银行了解得知，B公司于3月10日接到A银行通知收到该信用证修改书，内容为货物数量增加200公斤，装运期延展至4月10日，其他条款未修改。B公司当时已安排好1 300公斤货物出运事宜，认为200公斤货物可以另行装运，所以仍照原计划安排装运，同时通知A银行接受该修改。而在提交单据时，B公司认为该修改对于本次交单无实际影响，未及时到 A 银行提取信用证修改书以便在第一次交单时一并提交给 N 银行。通过对留底档案的再次审查发现，虽然提单有将转运的字样，但提单上明确显示为集装箱运输。

根据以上情况，N 银行向 I 银行提出反驳：① 原信用证数量规定 1 300 公斤货物不许分批装运，我方已经按照信用证规定，将 1 300 公斤货物不分批原数装出。至于你行 3 月 10 日又修改信用证增加数量 200 公斤，仍然要按照该修改的要求于 4 月 10 日前将 200 公斤原数亦不分批装出。② 根据《UCP600》第二十条 c 款规定："即使信用证禁止转运，注明将要或可能发生转运的提单仍可以接受，只要其表明货物由集装箱、拖车或子船运输。"本货物在实际运输中由同一运输工具从发货港运至目的港，无转运发生。我行认为以上不符点不成立。

以后多次交涉，开证行虽然对于转运问题再未提出异议，但对于分批装运问题仍然坚持自己的立场。B 公司又几经与 A 公司交涉，最终作出降价让步，A 公司接受不符点付款赎单。

请对该案例进行分析。

分析：本案例是一起信用证修改引发的争议案例——其焦点是信用证修改的内容为增加 200 公斤，装运期延展至 4 月 10 日，其他条款未修改。那么，应该怎样理解该修改的内容是关键点。按理，信用证的修改所使用的是"增加"这个词语，其意就是总数由 1 300 公斤改为 1 500 公斤，且为此延展了交货期，其意思就是因为增加了数量，所以为受益人增加了备货或者增加了收购的时间，所以延展了最迟装运期限。

而受益人接受了信用证的修改，但没有正确理解该次修改的含义，于是只按原信用证的交货数量装运了 1 300 公斤货物，由此引发了是否分批装运的分歧。如前所述，实际上是受益人的错误，即只要装运属于未按信用证的要求装运 1 500 公斤，事实上就是分批装运。所以遭到开证行的拒付。而议付行关于这一点的辩解不成立。至于是否转运，如议付行的辩驳有理，那么开证行就不再坚持了。

所以，本案例的本质是受益人没有正确理解信用证的修改的确切含义，由此造成交单不符而被拒付。好在开证申请人最后接受了不符点，并做了付款，使本案能够得到一个比较圆满的结局。因此，通过本案例得出的教训是：受益人必须正确对待和理解信用证的条款及其修改的内容，不可不以为然或者想当然，否则就会造成操作失误，给自己带来不应有的麻烦和损失。

实训项目一：填制开证申请书

一、背景资料

销售合同如图 2-8 所示。

SALES CONTRACT

NO：DX-P00342
DATE：APR. 20TH, 2015
FOR ACCOUNT OF：

XIAMEN PETER LTD.

THIS CONTRACT IS MADE BY AND BETWEEN THE SELLERS AND THE BUYERS; WHEREBY THE SELLERS AGREE TO SELL AND THE BUYERS AGREE TO BUY THE UNDERMENTIONED GOODS ACCORDING TO THE TERMS AND CONDITIONS STIPULATED BELOW AND OVERLEAF：

图 2-8　销售合同

1. NAMES OF COMMODITY AND SPECIFICATION:

DIN931-933 HEX HEAD BOLT

2. QUANTITY:

200,000PCS, +/-10% ARE ALLOWED

3. UNIT PRICE:

USD0.20/PC, CIF PUSAN PORT

4. AMOUNT:

USD40,000.00

TOTAL: SAY U.S. DOLLARS FORTY THOUSAND ONLY

10% MORE OR LESS ALLOWED

5. PACKING:

TO BE PACKED IN STRONG WOODEN CASES, SUITABLE FOR LONG DISTANCE OCEAN TRANSPORTATION.

6. PORT OF LOADING:

XIAMEN

7. PORT OF DESTINATION:

PUSAN KOREA

8. SHIPPING MARKS:

AT BUYER'S OPTION

9. TIME OF SHIPMENT:

BEFORE JUL. 20TH, 2015, ALLOWING TRANSSHIPMENT AND PARTIAL SHIPMENT.

10. TERMS OF PAYMENT:

BY 100% CONFIRMED, IRREVOCABLE AND SIGHT LETTER OF CREDIT TO REMAIN VALID FOR NEGOTIATION IN CHINA UNTIL THE 15TH DAY AFTER SHIPMENT.

11. INSURANCE:

COVERS ALL RISKS AND WAR RISKS ONLY AS PER THE CLAUSES OF THE PEOPLE'S INSURANCE COMPANY OF CHINA FOR 110% OF THE INVOICE VALUE. TO BE EFFECTED BY THE SELLER.

12. THE BUYER SHALL ESTABLISH THE COVERING LETTER OF CREDIT BEFORE MAY 10TH, 2015; FAILING WHICH, THE SELLER RESERVES THE RIGHT TO RESCIND THIS SALES CONTRACT WITHOUT FURTHER NOTICE, OR TO ACCEPT WHOLE OR ANY PART OF THIS SALES CONTRACT, NON-FULFILLED BY THE BUYER, OR TO LODGE CLAIM FOR DIRECT LOSSES SUSTAINED, IF ANY.

13. DOCUMENTS:

THE SELLERS SHALL PRESENT TO THE NEGOTIATING BANK.

(1) SIGNED INVOICE INDICATING LC NO. AND CONTRACT NO.

(2) FULL SET (3/3) OF CLEAN ON BOARD OCEAN BILL OF LADING MADE OUT TO ORDER OF PUSAN BANK AND MARKED "FREIGHT PREPAID" AND NOTIFY APPLICANT.

(3) CERTIFICATE OF CHINESE ORIGIN.

(4) PACKING LIST/WEIGHT MEMO.

BUYER: DAXING IMPORT & EXPORT TRADE CORP.　　　　SELLER: XIAMEN PETER LTD.

图2-8　销售合同（续）

二、实训要求

按照如上的销售合同,以开证申请人的身份填制如图 2-9 所示的开证申请书。

(1) To: Pusan Bank
APPLICATION FOR IRREVOCABLE DOCUMENTARY CREDIT (2)

                 Mark " × " in appropriate boxes 授信编号:

(3) DATE:

(4) Please issue by □airmail □express delivery □Teletransmission □With brief advice teletransmission an IRREVOCABLE CREDIT subject to UCP latest version as follows:	(5) L/C NUMBER: (6) Expiry date and Place for presentation:
(7) Applicant (name and address)	(8) Beneficiary (name and address)
(9) Advising Bank	(10) Amount in figures: Amount in words:

(11) Credit available with Nominated Bank:
□ by payment at sight
□ by deferred payment at against the documents detailed herein
□ by acceptance of drafts at
□ by negotiation at sight

(12) against the following documents   □ and beneficiary's drafts drawn on __ for __ % invoice value quoting date and no. of this credit accompanied by the following documents.

(13) Partial shipments □ allowed □ not allowed	(14) Transhipments □ allowed □ not allowed	(15) Transferable □ transferable □ not transferable	Confirmation of credit □ requested □ authorised if requested by beneficiary

(16) Shipment from __ for transportation __ to __ via __ not later than __

(17) COVERING/EVIDENCING SHIPMENT OF/Goods description in brief

Price Terms: □ CIF   □ CIP   □ FOB   □ CFR   □others

- All banking charges including relative reimbursement/payment charges and interest (if any) outside issuing bank are for account of beneficiary.
- Documents to be presented within ____ days after shipment/_____ date but within the validity of the credit.
- Please debit our account for your commission, charges and usance interest (the interest rate is LIBOR + ( ) BPs), if any. Our account No. : _____

图 2-9 开证申请书

(18) Documents required:
☐ Signed commercial invoice in ____ original(s) and ____ copy(ies) indicating this L/C No. and Contract No.
☐ Packing list in ____ original(s) and ____ copy(ies).
☐ Full set of clean on board marine Bill of Lading marked "Freight _____" made out _____ notifying _____ with full name and address.
☐ Full or 2/3 set of clean on board multimodal transport document marked "Freight Prepaid" made out to order and blank endorsed notifying the applicant with full name and address.
☐ Air Waybill indicating actual flight date consigned to _____ and notifying _____ marked "Freight Prepaid".
☐ Rail Waybill indicating actual departure date consigned to _____ and notifying _____ marked "Freight Prepaid".
☐ Forwarding agent cargo receipt consigned to _____ and notifying _____ marked "Freight Prepaid".
☐ Full set of insurance policy/certificate blank endorsed for full CIF value plus 10pct with claims if any, payable at destination in the currency of this credit covering.
☐ Institute Cargo Clauses A.
☐ Institute War Clauses.
☐ Institute Strikes Clause from warehouse to warehouse.
☐ Certificate of origin in ____ original(s) and ____ copy(ies) issued by chamber of commerce.
☐ Certificate of quality in ____ original(s) and ____ copy(ies) issued by beneficiary.
☐ Certificate of quantity in original(s) and ____ copy(ies) issued by chamber of commerce.
☐ A copy of shipping advice indicating _____.
☐ Beneficiary's certificate certifying that one set of non-negotiable documents including 1/3 set of original B/L has been sent to the applicant directly by courier/speed post and the postal receipt is required for negotiation.
☐ Beneficiary's certificate addressed to issuing bank confirming their acceptance and or non-acceptance of all amendments made under this credit quoting relevant amendment no. If the credit has not be amended, such certificate is not required.

(19) Special terms and Additional conditions:
☐ __ percent more or less are allowed on both credit amount and quantity.
☐ Third party as shipper is acceptable.
☐ Third party as shipper is not acceptable.
☐ All documents must be made in English.
☐ All documents must be mailed by courier in one lot.
☐ All documents must be mailed by courier in two lots.
☐ Documents bearing a date prior to that of the credit are not acceptable.
☐ Charter party bill of lading acceptable.
☐ Original Cargo Receipt issued and stamped by applicant (whose stamp must be in conformity with the record held in the issuing bank's file).
☐ To be packed in strong wooden cases, suitable for long distance ocean transportation.

Account No.: with _____ (name of bank)
Transacted by: ___ (Applicant: name, signature of authorized person)
Telephone No.: _____ (with seal) (20)
This page is an integral part of the application which consists of the first page, the second page and attachment(s), if any.

图 2-9 开证申请书（续）

实训项目二：分析信用证

请根据提供的、如图 2 – 10 所示的信用证资料，补充填写信用证分析单（图 2 – 11）。

LETTER OF CREDIT

TO：INDUSTRIAL BANK CO.，LTD XIAMEN BRANCH
FROM：BANK OF NOVA SCOTIA，CANADA

TELEGRAPHIC ADDRESS "CHUNGKUO" TELEX NO RS23046 BK CHINA SWIFT CODE：BKCHSGSGA	Irrevocable Documentary Credit Number：LC14 – 695
Place and Date of Issue：TORONTO，140827	
Applicant： Bump Creative Partners Inc #5 Adrian Ave. Suite 205 Toronto, Ontario, Canada	Expiry Date and place for presentation of Documents Expiry Date：141105 Place for Presentation：XIAMEN
Beneficiary： TOPSOUND（XIAMEN）CO.，LTD RM2001，NO. 11 HUBIN EAST ROAD XIAMEN CHINA	
Advising Bank： INDUSTRIAL BANK CO.，LTD XIAMEN BRANCH	CURRENCY AMOUNT USD128,700.00
Partial shipments： allowed	Credit available with Nominated Bank： By payment at sight
Transshipment： allowed	By deferred payment at
Insurance covered byseller	By acceptance of drafts at
Shipment as defined in UCP500 Article 46 From Xiamen For transportation to To ronto Not later than 131010	By negotiation Against the documents detailed herein And beneficiary's draft(s) drawn on BANK OF NOVA SCOTIA，CANADA AT SIGHT

DESCRIPTION OF GOODS：
NAME OF COMMODITY：A4072 TROLLEY SETS
QUANTITY：10,000SETS
UNIT PRICE：12.87 USD/SET
PRICE TERM：FOB XIAMEN
PACKING：TEN SETS TO BE PACKED INTO ONE CARTON
Sales confirmation No：EF94SP – 71 – 023 dated Aug. 15, 2014.

Documents required (in three – fold unless otherwise specified)：
Signed commercial invoice
Signed packing list
Insurance Policy or Certificate, endorsed in blank, covering All Risks and War Risks as per CIC DATED 1/1/81
Full set clean on board Bill(s) of Lading made out to order and endorsed in blank, marked freight collect and notifying applicant
BENEFICIARY'S CERTIFICATE CERTIFYING THAT ONE FULL SET OF N/N COPIES OF DOCUMENTS HAS BEEN SENT TO APPLICANT BY FAX WITHIN 5 DAYS AFTER THE SHIPMENT DATE.

图 2 – 10 信用证范本

续表

Documents to be presented within 15 days after the date of shipment but within the validity of the Credit

We hereby issue the irrevocable documentary credit in your favour. It is subject to the Uniform Customs and Practice for Documentary Credits (1993 Revision international Chamber of Commerce Paris France Publication name of our bank must be quoted on all drafts required). If the Credit is available by negotiation, each presentation must be on the reverse side of this advice by the bank where the Credit is available.
INSTRUCTIONS TO THE NEGOTLATING BANK： 　　　　　　Yours Faithfully,
1. All documents to be dispatched to us in one lot. 　　　For BANK OF NOVA SCOTIA, CANADA
2. In reimbursement, we shall reimburse you in accordance with your instructions. This document consists of I signed page(s) 　　　　Authorized Signatures
相关说明：
发票号码：TS13235A　　　　　　　发票日期：2014年10月06日
提单号码：CSA 2639　　　　　　　提单日期：2014年10月13日
保险单号码：IP765 - 14　　　　　　H. S. CODE：0996. 2330
船名：TUO HE　　V. 144　　　　　装运港：厦门港
毛重：13. 6KGS/CTN　　　　　　　净重：12. 6KGS/CTN
体积：60 * 30 * 40CM/CM　　　　　原产地证号：1439 - BM
CONTAINER NO.：COSU829234 - 2
SEAL NO.：0647248

图2 - 10　信用证范本（续）

信用证分析单

信用证本身的说明	信用证种类		到期时间	
	信用证号码		到期地点	
	信用证开证日期		有效期	
	币种、金额		交单期	
信用证当事人	开证行		通知行	
	开证申请人		受益人	
	付款行		议付行	
汇票条款	汇票的种类		出票依据	
	出票人		付款期限	
	付款人		付款金额	
	收款人			
货物条款	品名		包装	
	数量		贸易术语	
	规格		合同号	
	溢短装		唛头	
装运条款	装货港		分批装运	
	目的港		转船	
	最迟装运期			

图2 - 11　信用证分析单

单据条款	单据名称	份 数	备 注
	商业发票		
	提单		
	装箱单		
	受益人声明		
	保单		
	商检证书		
特殊条款			

图 2-11 信用证分析单（续）

实训项目三：信用证的审核与修改 1

一、背景资料

信用证如图 2-12 所示。

```
MT: 700 -------ISSUE OF A DOCUMENTARY CREDIT ------
TO:                                    BANK OF CHINA
FROM:                                  PUSAN BANK, KOREA
SQUENCE OF TOTAL:              27     1/1
FORM OF DOCUMENTARY CREDIT:    40A    IRREVOCABLE
DOCUMENTARY CREDIT NO.:        20     DMMDUP98776
DATE OF ISSUE:                 31C    150504
DATE AND PLACE OF EXPIRY:      31D    150720 PLACE CHINA
APPLICANT:                     50     DAXING IMPORT & EXPORT TRADE CORP.
                                      RATION564, SUNAM DONG, NAM KU, ULSAN, KOREA
                                      TEL: 052-288-5300 FAX: 052-288-5300
BENEFICIARY:                   59     XIAMEN PATER LTD.
                                      2/F, LIANFA BUILDING, HULI DISTRICT, XIAMEN,
361002, CHINA
CURRENCY CODE, AMOUNT:         32B    USD4,000.00
AVAILABLE WITH /. BY …:        41D    ANY BANK BY NEGOTIATION
DRAFTS AT:                     42C    SIGHT FOR 100% INVOICE VALUE
DRAWEE:                        42D    PUSAN BANK, KOREA
PARTIAL SHIPMENT:              43P    NOT ALLOWED
TRANSSHIPMENT:                 43T    ALLOWED
LOAD/DISPATCH/TAKING:          44A    XIAMEN
TRANSPORTATION TO…:            44B    PUSAN PORT KOREA
LATEST DATE OF SHIPMENT:       44C    150710
DESCRIPTION GOODS:             45A
DIN931-933 HEX HEAD BOLT 20,000PCS AT USD0.20/PC CIF PUSAN PORT USD40,000.00 PACKED
IN NEW CARTONS AND CASES, 1,250PCS PER CTN AND 8 CTNS PER CASE.
```

图 2-12 信用证范本

```
DOCUMENTS REQUIRED:        46 A
IN 3 COPIES UNLESS OTHERWISE STIPULATED:
1. SIGNED COMMERCIAL INVOICE.
2. SIGNED PACKING LIST/WEIGHT MEMO.
3. FULL SET OF CLEAN ON BOARD OCEAN BILLS OF LADING MADE OUT TO ORDER OF PUSAN BANK
AND MARKED "FREIGHT COLLECT" AND NOTIFY APPLICANT.
4. CERTIFICATE OF CHINESE ORIGIN.
5. INSURANCE POLICY OR CERTIFICATE IN DUPLICATE ENDORSED IN BLANK FOR 110 PERCENT OF
THE INVOICE VALUE.
ADDITIONAL INSTRUCTION:    47A
1. CHARTER PARTY B/L AND THIRD PARTY DOCUMENTS ARE NOT ACCEPTABLE.
2. SHIPMENT PRIOR TO L/C ISSUING DATE IS ACCEPTABLE.
3. BOTH QUANTITY AND AMOUNT 10 PERCENT MORE OR LESS ARE ALLOWED.
DETAILS OF CHARGES:        71B    ALL BANKING CHARGES AND COMMISSIONS OUTSIDE NEW YORK
                                  ARE FOR BENEFICIARY'S ACCOUNT.
PRESENTATION PERIOD:       48     DOCUMENTS MUST BE PRESENTED WITHIN 15 DAYS AFTER THE
                                  DATE OF ISSUANCE OF THE SHIPPING DOCUMENTS BUT WITHIN
                                  THE VALIDITY OF THE CREDIT.
CONFIRMATION:              49     WITHOUT
```

图 2-12　信用证范本（续）

二、实训要求

根据本章实训项目一的销售合同（图2-8）以及《UCP600》等国际惯例和有关法规，审核上述信用证。要求列出不符点与信用证本身的不妥之处，提出修改意见，并撰写一封英文的改证函，发送给开证申请人。

实训项目四：信用证的审核与修改2

请以单证员身份，根据图2-13所示的销售合同的背景资料以及《UCP600》等国际惯例和有关法规，审核图2-14所示的信用证。要求列出不符点以及信用证本身的不妥之处，提出修改意见，并撰写一封英文的改证函，发送给开证申请人。

```
                    销货合同 SALES CONTRACT
                                    NO.：17SGQ468001
                                    DATE：APR. 22，2017
                                    SIGNED AT：GUANGZHOU

    SELLER：GUANGZHOU LIGHT ELECTRICAL APPLIANCES CO.，LTD
    ADDRESS：52，DEZHENG ROAD SOUTH，GUANGZHOU，CHINA.
    TELEX：0853-5638517
    FAX：0853-5638518

    BUYER：A.B.C. CORP.
    ADDRESS：AKEDSANTERINK AUTO P.O. BOX. 9，FINLAND
```

图 2-13　销货合同

TELEX：+35861895246

FAX：+35861895259

THIS SALES CONTRACT IS MADE BY AND BETWEEN THE SELLERS AND BUYERS, WHEREBY THE BUYERS AGREE TO BUY THE UNDERMENTIONED GOODS ACCORDING TO THE TERMS AND CONDITIONS STIPULATED BELOW：

（1）货号、品名及规格、NAME OF COMMODITY AND SPECIFICATIONS	（2）数量 QUANTITY	（3）单位 UNIT	（4）单价 UNIT PRICE	（5）金额 AMOUNT
HALOGEN FITTING W500 10% MORE OR LESS BOTH IN AMOUNT AND QUANTITY ALLOWED	9600PCS	PC	CIF HELSINKL-USD3.80/PC	USD36,480.00
	TOTAL AMOUNT			USD36,480.00

(6) PACKING：CARTON

(7) DELIVERY FROM GUANGZHOU TO HELSINKI

(8) SHIPPING MARKS：N/M

(9) TIME OF SHIPMENT：WITHIN 30 DAYS AFTER RECEIPT OF L/C. ALLOWING TRANSSHIPMENT AND PARTIAL SHIPMENT.

(10) TERMS OF PAYMENT：BY 100% CONFIRMED IRREVOCABLE LETTER OF CREDIT IN FAVOUR OF THE SELLERS TO BE AVAILABLE BY SIGHT DRAFT TO BE OPENED AND TO REACH CHINA BEFORE MAY 1, 2017 AND TO REMAIN VALID FOR NEGOTIATION IN CHINA UNTIL THE 15TH DAY AFTER THE FORESAID TIME OF SHIPMENT. L/C MUST MENTION THIS CONTRACT NUMBER L/C ADVISED BY BANK OF CHINA GUANGZHOU BRANCH. TLX：444U4K GZBC.CN. ALL BANKING CHARGES OUTSIDE CHINA (THE MAINLAND OF CHINA) ARE ACCOUNT OF THE DRAWEE.

(11) INSURANCE：TO BE EFFECTED BY THE SELLERS FOR 110% OF FULL INVOICE VALUE COVERING F.P.A. UP TO HELSINKI TO BE EFFECTED BY THE BUYERS

(12) ARBITRATION：ALL DISPUTES ARISING FROM THE EXECUTION OF, OR IN CONNECTION WITH THIS CONTRACT SHALL BE SETTLED AMICABLY BY NEGOTIATION. IN CASE NO SETTLEMENT CAN BE REACHED THROUGH NEGOTIATION, THE CASE SHALL THEN BE SUBMITTED TO CHINA INTERNATIONAL ECONOMIC & TRADE ARBITRATION COMMISSION IN SHENZHEN (OR IN BEIJING) FOR ARBITRATION IN ACCORDANCE WITH ITS RULES OF PROCEDURES. THE ARBITRAL AWARD IS FINAL AND BINDING UPON BOTH PARTIES FOR SETTING THE DISPUTE. THE FEE FOR ARBITRATION SHALL BE BORNE BY THE LOSING PARTY UNLESS OTHERWISE AWARDED.

THE SELLER：刘宏　　　　　　　　　　　　　　THE BUYER：

图2-13　销货合同（续）

ISSUE OF DOCUMENTARY CREDIT
    ISSUING BANK   : METTA BANK LTD., FINLAND
    FORM OF DOC. CREDIT : REVOCABLE
    CREDIT NUMBER   : LRT9802457
    DATE OF ISSUE   : 170428
    EXPIRY   : DATE 170416 PLACE FINLAND
    APPLICANT   : A. B. C. CO.
                                AKEDSANTERINK AUTO P. O. BOX 9, FINLAND
    BENEFICIARY   : GUANGZHOU LIGHT ELECTRICAL APPLIANCES CO., LTD.
                                52, DEZHENG ROAD SOUTH, GUANGZHOU, CHINA
    AMOUNT   : USD 3, 648.00 (SAY U. S. DOLLARS THIRTY SIX HUNDRED AND EIGHT ONLY)
    AVAILABLE WITH/BY   : ANY BANK IN ADVISING COUNTRY BY NEGOTIATION
    DRAFT AT…   : DRAFT AT 20 DAYS'SIGHT FOR FULL INVOICE VALUE
    PARTIAL SHIPMENT   : NOT ALLOWED
    TRANSSHIPMENT   : ALLOWED
    LOADING IN CHARGE   : GUANGZHOU
    FOR TRANSPORT TO   : HELSINKI
    SHIPMENT PERIOD   : AT LEAST THE LASTEST MAY 30, 2017
    DESCRIPTION OF GOODS : 960PCS OF HALOGEN FITTING W500, USD6.80 PER PC AS PER SALES CONTRACT 17SG468001 DD 22, 4, 98 CIF HESINKI
    DOCUMENTS REQUIRED : * COMMERCIAL INVOICE 1 SIGNED ORIGINAL AND 5 COPIES
   * PACKING UST IN 2 COPIES
   * FULL SET OF CLEAN ON BOARD MARINE BILLS OF LADING, MADE OUT TO ORDER, MARKED "FREIGHT PREPAID" AND NOTIFY APPLICANT (AS INDICATED ABOVE)
   * GSP CERTIFIEATE OF ORIGIN FORM A, CERTIFYING GOODS OF ORIGIN IN CHINA, ISSUED BY COMPETENT AUTHORITIES
   * INSURANCE POLICY/CERTIFICATE COVERING ALL RISKS AND WAR RISKS OF PICC INCLUDING WAREHOUSE TO WAREHOUSE CLAUSE UP TO FINAL DESTINATION AT HELSINKI, FOR AT LEAST 120 PCT OF CIF VALUE.
   * SHIPPING ADVICE MUST BE SENT TO APPILICANT WITH 2 DAYS AFTER SHIPMENT ADVISING NUMBER OF PACKAGES, GROSS & NET WEIGHT, VESSEL NAME, BILL OF LADING NO., AND DATE, CONTRACT NO., VALUE.
    PRESENTATION PERIOD : 6 DAYS AFTER ISSUANCE DATE OF SHIPPING DOCUMENT
    CONFIRMATION   : WITHOUT
    INSTRUCTIONS   : THE NEGOTIATION BANK MUST FORWARD THE DRAFTS AND ALL DOCUMENTS BY REGISTERED AIRMAIL DIRECT TO US IN TWO CONSECUTIVE LOTS, UPON RECEIPT OF THE DRAFTS AND DOCUMENTS IN ORDER, WE WILL REMIT THE PROCEEDS AS INSTRUCTED BY THE NEGOTIATING BANK

图 2-14 信用证

实训项目五：信用证的审核与修改3

请以单证员身份，根据图2-15所示的销售合同的背景资料以及《UCP600》等国际惯例和有关法规，审核图2-16所示的信用证。在图2-17所示的表格内按照要求列出不符点和信用证本身的不妥之处，并提出修改意见。

	S/C NO.：SHHX98027				
	DATE：03 – APR – 16				
The Seller：HUAXIN TRADING CO.，LTD.	THE BUYER：JAMESBROWN & SONS				
ADDRESS： 14TH FLOOR KINGSTAR MANSION, 676 JINLIN RD.，SHANGHAI，CHINA	ADDRESS：# 304 – 301, JALAN STREET, TORONTO, CANADA				
ART. NO.	Commodity	Unit	Quantity	Unit Price (US $)	Amount (US $)
	CHINESE CERAMIC DINNERWARE				CIFC5% TORONTO
HX1115	35PCS DINNERWARE & Tea SET	SET	542	23.50	12,737.00
HX2012	20PCS DINNERWARE SET	SET	800	20.40	16,320.00
HX4405	47PCS DINNERWARE SET	SET	443	23.20	10,277.60
HX4510	95PCS DINNERWARE SET	SET	254	30.10	7,645.40
					46,980.00
TOTAL CONTRACT VALUE：SAY US DOLLARS FORTY SIX THROUSAND NINE HUNDRED AND EIGHTY ONLY.					
PACKING：	HX2012 IN CARTONS OF SETS EACH AND HX1115, HX4405 AND HX4510 TO BE PACKED IN CARTONS OF 1 SET EACH ONLY. TOTAL：1,639 CARTONS				
PORT OF LOADING & DESTINATION：	FROM：SHANGHAI TO：TORONTO				
TIME OF SHIPMENT：	TO BE EFFECTED BEFORE THE END OF APRIL, 2016 WITH PARTIAL SHIPMENT ALLOWED				
TERMS OF PAYMENT：	THE BUYER SHALL OPEN THROUGH A BANK ACCEPTABLE TO THE SELLER AN IRREVOCABLE L/C AT SIGHT TO REACH THE SELLER BEFORE APRIL 10, 2016 VALID FOR NEGOTIATION IN CHINA UNTIL THE 15TH DAY AFTER THE DATE OF SHIPMENT				
INSURANCE：	THE SELLER SHALL COVER INSURANCE AGAINST WPA AND CLASH & BREAKAGE & WAR RISKS FOR 110% OF THE TOTAL INVOICE VALUE AS PER THE RELEVANT OCEAN MARINE CARGO OF P.I.C.C. DATED 1/1/1981				
Confirmed by：					
	THE SELLER Huaxin Trading Co.，LTD （signature）		THE BUYER JAMESBROWN & SONS （signature）		

图2-15 合同

THE ROYAL BANK OF CANADA

BRITISH COLUMBIA INTERNATIONAL CENTRE

1055 WEST GEORGIA STREET. VANCOUVER, B. C. V6E 3P3, CANADA

CONFIRMATION OF TELEX/CABLE PRE-ADVISED		DATE: APR. 8, 2016
TELEX NO. 4720688 CA		PLACE: VANCOUVER
IRREVOCABLE DOCUMENTARY CREDIT	CREDIT NUMBER: 16/0501-FTC	ADVISING BANK'S REF. NO.
ADVISING BANK: SHANGHAI A J FINANCE CORPORATION 59 HONGKONG ROAD SHANGHAI 200002, CHINA	APPLICANT: JAMES BROWN & SONS #304-310 JALAN STREET, TORONTO, CANADA	
BENEFICARY: HUAXIN TRADING CO., LTD. 14TH FLOOR KINGSTAR MANSION, 676 JINLIN RD., SHANGHAI CHINA	AMOUNT: USD46,980.00 (US DOLLARS FORYT SIX THOUSAND NINE HUNDRED AND EIGHTEEN ONLY)	
EXPIRY DATE: MAY 15, 2016, FOR BEGOTIATION IN APPLICANTS COUNTRY		
GENTLEMEN: WE HEREBY OPEN OUR IRREVOCABLE LETTER OF CREDIT IN YOUR FAVOR WHICH IS AVAILABLE BY YOUR DRAFTS AT SIGHT FOR FULL INVOICE VALUE ON US ACCOMPANIED BY THE FOLLOWING DOCUMNETS: • SIGNED COMMERCIAL INVOICE AND 3 COPIES • PACKING LIST AND 3 COPIES SHOWING THE INDIVIDUAL WEIGHT AND MEASUREMENT OF EACH ITEM. • ORIGINAL CERTIFICATE OF ORIGIN AND 3 COPIES ISSUED BY THE CHAMBER OF COMMERCE. • FULL SET CLEAN ON BOARD OCEAN BILLS OF LADING SHOWING FREIGHT PREPAID CONSIGNED TO ORDER OF THE ROYAL BANK OF CANADA INDICATING THE ACTUAL DATE OF THE GOODS ON BOARD AND NOTIFY THE APPLICANT WITH FULL ADDRESS AND PHONE NO. 77009910 • INSURANCE POLICY OR CERTIFICATE FOR 130 PERCENT OF INVOICE VALUE COVERING: INSTITUTE CARGO CLAUSES (A) AS PER I. C. C. DATED 1/1/1982. • BENEFICIARY'S CERTIFICATE CERTIFYING THAT EACH COPY OF SHIPPING DOCUMENTS HAS BEEN FAXED TO THE APPLICANT WITHIN 48 HOURS AFTER SHIPMENT. COVERING SHIPMENT OF: 4 ITEMS TEMS OF CHINESE CERAMIC DINNERWARE INCLUDING: HX1115 544SETS, HX2012 800SETS, HX4405 443SETS AND HX4510 245SETS DETAILS IN ACCORDANCE WITH SALES CONFIRMATION SHHX98027 DATED APR. 3. 2016. [ ] FOB/, [ ] CFR/CIF/ [ ] FAS TORONTO CANADA		

SHIPMENT FROM SHANGHAI	TO VANCOUVER	LATEST APRIL 30, 2016	PARTIAL SHIPMENTS PROHIBITED	TRANSSHIPMENT PROHIBITED

DRAFTS TO BE PRESENTED FOR NEGOTIATION WITHIN 15 DAYS AFTER SHIPMENT, BUT WITHIN THE VALIDITY OF CREDIT. ALL DOCUMENTS TO BE FORWARDED IN ONE COVER, BY AIRMAIL, UNLESS OTHERWISE STATED UNDER SPECIAL INSTRUCTIONS.

图 2-16 信用证

SPECIAL INSTRUCTIONS: ALL BANKING CHARGES OUTSIDE CANADA ARE FOR ACCOUNT OF BENEFICIARY
- ALL GOODS MUST BE SHIPPED IN ONE 20'CY TO CY CONTAINER AND B/L SHOWING THE SAME
- THE VALUE OF FREIGHT PREPAID HAS TO BE SHOWN ON BILLS OF LADING
- DOCUMENTS WHICH FAIL TO COMPLY WITH THE TERMS AND CONDITIONS IN THE LETTER OF CREDIT SUBJECT TO A SPECIAL DISCREPANCY HANDLING FEE OF US $35.00 TO BE DEDUCTED FROM ANY PROCEEDS.

DRAFT MUST BE MARKED AS BEING DRAWN UNDER THIS CREDIT AND BEAR ITS NUMBER; THE AMOUNTS ARE TO BE ENDORSED ON THE REVERSE HEREOF BY NEG. BANK. WE HEREBY AGREE WITH THE DRAWERS, ENDORSERS AND BONA FIDE HOLDERS THAT ALL DRAFTS DRAWN UNDER AND IN COMPLIANCE WITH THE TERMS OF THIS CREDIT SHALL BE DULY HONORED UPON PRESENTATION.
THIS CREDIT IS SUBJECT TO THE UNIFORM CUSTOMS AND PRACTICE FOR DOCUMENTARY CREDITS (1993 REVISION) BY THE INTERNATIONAL CHAMBER OF COMMERCE PUBLICATION NO. 500.
Yours Very Truly,

David Fone   Foanne Susan
AUTHORIZED SIGNATRUE   AUTHORIZED SIGNATRUE

图 2-16 信用证（续）

信用证存在的问题	应当如何进行修改	要求修改的理由

图 2-17 经审核后信用证需要修改的条款

第三章

进出口商品的托运、报关、检验与检疫及其单证

学习目标

通过本章的学习，要求学生了解进出口业务中运输托运、报关、报检等环节的相关知识，掌握托运单、报关单及商检证书的缮制及商品检验的相关知识。

案例导入

某年10月，我国A公司从美国B公司进口一批美国东部黄松，共计6 942千板英尺（约16 381立方米），价值数百万美元，目的港为上海。原合同中规定"按美国西部标准检验"。但是在开立信用证前，美国B公司提出另一个标准，即美国东部标准也可以作为验证标准。最后，A公司同意修改合同检验条款，将"美国西部标准检验"改为"美国西部标准或东部标准检验"，并开出了信用证。

货抵上海港后，上海进出口商品检验局按我国进口美国黄松通用的美国西部标准检验，检验结果共短少材积3 948千板英尺（约9 316立方米），短少率达到57%，价值100多万美元。进口美国黄松大量短少的主要原因是美国西部标准与美国东部标准计算材积的方法是完全不同的，两种标准计算材积之差可在40%以上。B公司正是钻了这个空子，使A公司遭受重大损失。

分析：

本案中造成A公司巨额损失的原因是国际贸易中货物检验标准的临时变更。在国际货物买卖中，卖方交货是否符合合同约定，是通过商品检验判明的。国际贸易商品检验是国际货物买卖合同的必备条款，也是国际货物买卖的一个重要环节。商品检验是买卖双方交付货物、结算货款、索赔及理赔的重要依据，对于保障买卖双方的利益、避免争议的发生以及发生争议后分清责任并妥善处理具有十分重要的意义。

第一节 托 运

货物托运（货物的委托运输）是指托运人（货主）以自己的名义或者委托货运代理人向实际承运人或其代理人办理货物运输业务的行为。在实际业务中，则是托运人根据买卖合

同和信用证的要求,就其货物运输的需要向承运人提交一份书面凭证,即托运书,以确定双方的货物运输业务关系。货物托运当事人包括托运人、承运人、货运代理人和收货人。

一、海运出口托运的业务流程

海运出口托运的业务流程,如图3-1所示。

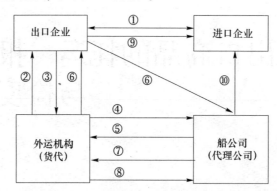

图3-1 海运出口托运的业务流程

① 进出口双方签订贸易合同。
② 外运机构按月编制出口船期表,分发给各出口公司。
③ 出口企业根据贸易合同和信用证的情况,查看船期表,填写出口托运单。
④ 外运机构收到出口托运单后,以出口企业的代理身份,向船公司或代理公司办理订舱手续。
⑤ 船公司或(外轮)代理公司,根据配载原则,安排船只和舱位,签发装货单。
⑥ 外运机构完成货物报关手续后,到出口企业的仓库提货,送进码头装船。
⑦ 船上的大副签发大副收据。
⑧ 外运机构代出口企业向船公司或(外轮)代理公司支付运费,用大副收据向船公司或其代理换取提单。
⑨ 货物装船后,出口企业应向国外进口企业发出装运通知。
⑩ 船公司或(外轮)代理公司通过货轮将货物运到国外进口企业所要求的目的港口。

二、托运单的缮制

托运单(BOOKING NOTE OF EXPORT CARGO/SHIPPING ORDER),是出口商(发货人/托运人)在报关前向船方或其代理人(承运人)申请租船订舱的单据。实务中,托运单一般是以传真的方式送达承运人。它是缮制提单的主要背景资料,是船公司制作提单的依据,如果托运单缮制有差错、延误等,就会影响到其他单证的流转。因此,须正确、快速制单,从而保证安全收汇。

出口托运单的内容设置与海运提单基本相同,但具体格式不固定,所以在实务中可以采用由发货人、船务公司、货代公司任何一方提供的格式。根据选择的不同运输方式,托运单可分为:海运托运单、陆运托运单和空运托运单。

本书主要介绍海运出口托运单。海运出口托运单(以第二章信用证范本二为背景材料)的缮制,如图3-2所示。

(1) 发货人（SHIPPER），亦称为托运人，一般情况下，填写出口公司的名称和地址。

(2) 收货人（CONSIGNEE），在信用证支付的条件下，对收货人的规定常有两种表示方法：记名收货人和指示收货人。

① 记名收货人是直接将收货人名称、地址完整地表示出来。这时，收货人就是合同买方。但是记名收货人的单据不能直接转让，这给单据的转让流通设下了障碍。故记名收货人的表示方法不常使用。

② 指示收货人是将收货人以广义的形式表示出来。常用空白指示和记名指示两种表达方法。指示收货人掩饰了具体的收货人名称和地址，使单据可以转让。在空白指示（不记名指示）的情况下，单据的持有人可以自由转让单据。在记名指示情况下，记名人有权控制和转让单据。指示收货人的方法补充了记名收货人方法的缺陷，但也给船方通知收货方提货带来了麻烦，对此须在被通知人栏目作出补充。

(3) 被通知人（NOTIFY PARTY），此栏填写信用证中规定的被通知人。被通知人的职责是及时接收船方发出的到货通知并将该通知转送真实收货人，被通知人无权提货。

(4) 船名/航次（VESSEL/VOY），此栏填写承运货物的船名及航次。

(5) 装货港（PORT OF LOADING），此栏填写货物实际装运的港口全称。

(6) 目的港（PORT OF DISCHARGE），此栏填写货物实际被卸离船舶的最终港口全称。对于信用证方式结算的交易，按信用证中规定的目的港填写。填写时注意重名港口的现象，一般将目的港所在国家名称填写在这一栏目中。

(7) 箱量（VOLUME），此栏填写集装箱型号。

(8) 唛头及号码（MARKS AND NUMBERS），此栏填写信用证或合同都规定的唛头。若买卖合同或信用证中没有规定唛头，可填写 N/M。

(9) 件数（PACKAGES），此栏填写最大包装的实际件数，应与唛头中的件数一致。

(10) 货物名称（DESCRIPTION OF GOODS），对这一栏的内容只允许写大类名称或统称，与发票或信用证中的货物名称一致。

(11) 毛重（KGS），此栏填写整批货物的毛重实数。

(12) 体积（CBM），此栏填写整批货物的体积实数，一般单位为立方米，是计算运费的主要依据之一。

(13) 运费结算（PAYMENT TERMS），一般不显示具体运费，根据承运人收到运费的实际地点划分，在启始地收到，则为预付；在目的地收到，则为到付；也可在第三地收取运费。所以本栏目只填写"运费预付"（FREIGHT PREPAID）或"运费到付"（FREIGHT COLLECT）。

(14) 发票类型（INVOICE TYPE），此栏只填写"货运税票"（TAXABLE INVOICE）或"普通发票"（DEBT NOTE）。

(15) 提单类型，此栏只填写提单的类型。其类型有船东单（MASTER B/L）、代理公司单（AGENT B/L）、电放单（TELEX RELEASE）、同行货代单（HOUSE B/L）。

(16) 拖车方式，此栏只填写"自行拖车"（SELF-TRUCKING）或"委托拖车"（ASSIGNED-TRUCKING）。

(17) 联系人/电话/传真，此栏填写出口公司联系人姓名/电话号码/传真号码。

(18) 装货地点（PLACE OF RECEIPT），此栏填写货物实际装运的地点。

（19）装货时间、电话确认（APPOINTED DATE）。

（20）报关方式（CUSTOMS CLEARANCE），此栏填写货物实际的报关方式。常见的报关方式有自行报关（SELF-CUSTOMS CLEARANCE）、委托报关（ASSIGNED）、一般贸易（GENERAL TRADING）、转关（CUSTOMS TRANSIT）及手册报关（CUSTOMS HAND-BOOK）。

（21）特别要求（SPECIAL REQUIREMENT），根据信用证要求或合同中有关运输方面的特殊要求读写。

（22）托运人签字盖章［SHIPPER（SEAL）］，此栏填写经办人签字，出口企业盖章。

BOOKING FORM

发货人 Shipper RELIANCE M AND N INDUSTRIES LIMITED HEX6/788, NORTH JIMEI ROAD, GUANKOU TOWN, JIMEI DIST, XIAMEN, CHINA 361022	厦门 M. N. 工贸有限公司 RELIANCE M AND N INDUSTRIES LIMITED HEX6/788, NORTH JIMEI ROAD, GUANKOU TOWN, JIMEI DIST, XIAMEN, CHINA 361022 Tel：+86-592-6290280 Fax：+86-592-6290260
收货人 Consignee TO ORDER	
被通知人 Notify Party HARAPANSUKSES JAYA PT JL. DAAN MOGOT KM 11/45 JAKARTA BARAT NPWP：01.656.706.7-038.000	
船名/航次 Vessel/Voy. CHANGMING V. 5299	

装货港 Port of Loading	目的港 Port of Discharge	箱量 Volume
XIAMEN, CHINA	JAKARTA, INDONESIA	20'（ ）　　　　　　　　　　40'（√） CFS（ ）　　　　　　　　　　40' HQ（ ）

唛头及号码 Marks and Numbers	件数 Packages	货品名称 Description of Goods	毛重 （KGS.）	体积 （CBM）
MN16EXP01-003 JAKARTA NO.：1-500 MADE IN CHINA	500CTNS	COLD ROLLING MILLS	8,500.00 KGS	36.00CBMS

运费结算　　Payment Terms ☑ 预付金额　　　□ 到付金额 Freight Prepaid　　Freight Collect	提单类型 ☑ 船东单 Master B/L　　□ 代理公司单 Agent B/L □ 电放单 Telex Release　　□ 同行货代单 House B/L
发票类型　　Invoice Type ☑ 货运税票　　Taxable Invoice □ 普通发票　　Debt note	

图 3-2　出口货物托运单范本

拖车方式 ☑ 自行拖车　SELF-Trucking ☐ 委托拖车　Assigned–Trucking	联系人/电话/传真 Contact/Tel/Fax　Tina Zhang Tel：+86–592–6290280　Fax：+86–21–6290260
装货地点 Place of Receipt	装货时间　电话确认 Appointed Date
报关方式 Customs Clearance	☑ 自行报关 SELF-Customs Clearance
	☐ 委托报关 Assigned	☑ 一般贸易 General Trading	☐ 转关 Customs Transit	☐ 手册报关 Customs Hand–book
特别要求 Special　Requirement	托运人签字盖章 Shipper（Seal） 托运日期 Date AUG. 20, 2016

图 3-2　出口货物托运单范本（续）

第二节　报　　关

按照《中华人民共和国海关法》规定，进出口货物必须通过设立海关的地点进出境并办理相关手续，这是货物进出境的基本原则，也是货物的收发货人应履行的一项基本义务。

一、报关概述

报关是指进出口货物收发货人、进出境运输工具负责人、进出境物品的所有人或者其代理人向海关办理货物、物品或运输工具进出境手续及相关海关事务的过程。

根据所涉及的报关对象、报关目的及报关行为性质的不同，可将报关分为以下三类。

（1）根据报关对象的不同，可分为运输工具报关、货物报关和物品报关。

（2）根据报关目的的不同，可分为进境报关和出境报关。

（3）根据报关行为性质的不同，可分为自理报关和代理报关。

自理报关就是指进出口货物收发货人自行办理报关业务。根据我国海关目前的规定，进出口货物收发货人必须依法向海关注册登记后方能办理报关业务。代理报关是指接受进出口货物收发货人的委托，代理其办理报关业务的行为。报关企业必须依法取得报关企业注册登记许可证，并向海关注册登记后方能从事代理报关业务。

二、出入境货物报关的基本环节

一般来说，出入境货物报关时，报关单位及报关人员要做好以下几方面的工作：

（1）进出口货物收发货人接到运输公司或邮递公司寄交的提货通知单，或根据合同规定备齐出口货物后，应当做好向海关办理货物报关的准备工作，或者签署委托代理协议，委托报关企业向海关报关。

(2) 准备好报关单证,在海关规定的报关地点和报关时限内,以书面和电子数据方式向海关申报。报关单位需要准备与进出口货物直接相关的商业单据和货运单证,如报关单申请表、发票、装箱单、提单等;对属于国家限制性的进出口货物,应准备有关国家法律法规规定的许可证件,如进出口货物许可证等;还要准备好其他海关可能需要查阅或收取的资料、证件,如贸易合同、原产地证明等。报关单证准备完毕后,报关人员要把报关单上的数据以电子方式传送给海关,并在海关规定的时间、地点向海关递交书面报关单据。

　　(3) 经海关对报关电子数据和书面报关单证进行审核后,在海关认为必需时,报关人员要配合海关进行货物的查验。对于属于应缴纳税费范围的进出口货物,报关单位应在海关规定的期限内缴纳进出口税费。进出口货物经海关放行后,报关单位可以安排提取或装运货物。

　　根据报关作业的不同角度,可分为出入境货物收、发货人报关环节(如图3-3所示)和海关报关环节(如图3-4所示)。

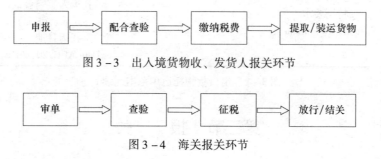

图3-3　出入境货物收、发货人报关环节

图3-4　海关报关环节

三、进出口货物报关单及缮制

　　进出口货物报关单是由海关总署规定统一格式和填制规范,由进出口货物收发货人或其代理人填制并向海关提交的申报货物状况的法律文书,是海关依法监管货物进出口、征收关税及其他税费、编制海关统计以及处理其他海关业务的重要凭证。

　　为规范进出口货物收发货人的申报行为,统一进出口货物报关单填制要求,海关总署对《中华人民共和国海关进出口货物报关单填制规范》(海关总署2008年第52号公告)再次进行了修订。修订后的《中华人民共和国海关进出口货物报关单填制规范》(海关总署2016年第20号公告)自2016年3月30日起执行,海关总署2008年第52号公告、2013年第30号公告同时废止。纸质版"中华人民共和国海关进(出)口货物报关单"也将进行调整。本次修订后的规范文本及有关内容公告如下:

　　(1) 本次修订补充了2008年以来散落在相关文件中的关于报关单填制的内容。主要根据海关总署2010年第22号公告,海关总署2014年第15号公告,海关总署2014年第33号公告,海关总署、国家发展改革委、财政部、商务部联合令第125号,海关总署、国家发展改革委、财政部、商务部联合令第185号,海关总署令第213号,海关总署令第218号,海关总署令第219号等对"中华人民共和国海关进(出)口货物报关单"中的"合同协议号""申报单位""运输方式""提运单号""监管方式""备案号""许可证号""运费""保费""随附单证""标记唛码及备注""项号""商品编号""数量及单位""版本号""货号""海关批注及签章"等相关栏目的填制要求作了相应调整。

　　(2) 新增"贸易国(地区)"、出口"原产国(地区)"、进口"最终目的国(地区)"

的填制要求；为报关人员准确填写"其他说明事项"栏目，增加"特殊关系确认""价格影响确认""支付特许权使用费确认"等项目的填制规范。

（3）删除"结汇证号/批准文号"、出口"结汇方式""用途/生产厂家""税费征收情况""海关审单批注及放行日期""报关单打印日期/时间""报关员联系方式"等已失去法律依据或不具备监管意义的申报指标。

（4）为与相关法律表述一致，调整相关项栏目名称：将原"经营单位"改为"收发货人"，将原"收货单位"改为"消费使用单位"，将原"发货单位"修改为"生产销售单位"，将"贸易方式（监管方式）"改为"监管方式"，并对调整项目的填制要求进行规范。

（5）为解决部分因商品项数限制导致的物流凭证拆分问题，报关单商品项指标组上限由20调整为50。

（6）海关特殊监管区域（以下简称特殊区域）企业向海关申报货物进出境、进出区，以及在同一特殊区域内或者不同特殊区域之间流转货物的双方企业，应填制"中华人民共和国海关进（出）境货物备案清单"，特殊区域与境内（区外）之间进出的货物，区外企业应同时填制"中华人民共和国海关进（出）口货物报关单"，向特殊区域主管海关办理进出口报关手续。货物流转应按照"先报进，后报出"的原则，在同一特殊区域企业之间、不同特殊区域企业之间流转的，先办理进境备案手续，后办理出境备案手续，在特殊区域与区外之间流转的，由区内企业、区外企业分别办理备案和报关手续。"中华人民共和国海关进（出）境货物备案清单"原则上按《中华人民共和国海关进出口货物报关单填制规范》的要求填制。

根据贸易性质和海关监管的要求不同，进出口货物报关单可分为进口货物报关单（如图3-5所示）、出口货物报关单（如图3-6所示）、进料加工专用进口货物报关单、进料加工专用出口货物报关单、来料加工补偿贸易专用进口货物报关单、来料加工补偿贸易专用出口货物报关单、外商投资企业专用进口货物报关单、外商投资企业专用出口货物报关单等不同类别。

上述各种不同类别的报关单，有的采用不同的颜色，有的在报关单右上角加盖贸易性质的图章等方法加以区别，但报关单的各项申报栏目基本上是相同的。与此同时，出口货物纸质报关单为一式六联，分别是：海关作业联、海关留存联、企业留存联、海关核销联、证明联（出口收汇用）、证明联（出口退税用）；进口货物纸质报关单为一式五联，分别是：海关作业联、海关留存联、企业留存联、海关核销联、证明联（进口付汇用）。

进出口货物报关单各栏目的填制范本，如图3-5及图3-6（背景材料为第二章信用证范本二）所示。

（一）预录入编号

预录入编号指申报单位或预录入单位对该单位填制录入的报关单的编号，用于该单位与海关之间引用其申报后尚未批准放行的报关单。

报关单录入凭单的编号规则由申报单位自行决定。预录入报关单及EDI报关单的预录入编号由接受申报的海关决定编号规则，计算机自动打印。

（二）海关编号

海关编号指海关接受申报时给予报关单的编号。本栏目填报海关接受申报时给予报关单的编号，一份报关单对应一个海关编号。

报关单海关编号为18位,其中第1~4位为接受申报海关的编号(海关规定的"关区代码表"中相应海关代码),第5~8位为海关接受申报的公历年份,第9位为进出口标志("1"为进口,"0"为出口;集中申报清单"I"为进口,"E"为出口),后9位为顺序编号。各直属海关对进口报关单和出口报关单应分别编号,并确保在同一公历年度内,能按进口和出口唯一地标识本关区的每一份报关单。

各直属海关的理单岗位可以对归档的报关单另行编制理单归档编号。理单归档编号不得在部门以外用于报关单标识。

(三) 收发货人

本栏目填报在海关注册的对外签订并执行进出口贸易合同的中国境内法人、其他组织或个人的名称及编码。编码可选填18位法人和其他组织统一社会信用代码或10位海关注册编码。

特殊情况下填制要求如下:

(1) 进出口货物合同的签订者和执行者非同一企业的,填报执行合同的企业。

(2) 外商投资企业委托进出口企业进口投资设备、物品的,填报外商投资企业,并在标记唛码及备注栏注明"委托某进出口企业进口",同时注明被委托企业的18位法人和其他组织统一社会信用代码。

(3) 有代理报关资格的报关企业代理其他进出口企业办理进出口报关手续时,填报委托的进出口企业的。

(4) 使用海关核发的《中华人民共和国海关加工贸易手册》、电子账册及其分册(以下统称《加工贸易手册》)管理的货物,收发货人应与《加工贸易手册》的"经营企业"一致。

(四) 进口口岸/出口口岸

进(出)口口岸指货物实际进(出)我国关境口岸海关的名称。

本栏目应根据货物实际进(出)口的口岸海关选择填报"关区代码表"中相应的口岸海关名称及代码。

知识链接

部分关区代码及关区名称(部分)			
关区代码 关区名称	关区代码 关区名称	关区代码 关区名称	关区代码 关区名称
3500 福州关区	3507 福关机办	3702 泉州海关	3711 东渡海关
3501 马尾海关	3508 福榕通办	3703 漳州海关	3712 厦海沧办
3502 福清海关	3509 福关邮办	3704 东山海关	3713 厦驻邮办
3503 宁德海关	3510 南平海关	3705 石狮海关	3714 象屿保税
3504 三明海关	3511 武夷山关	3706 龙岩海关	3715 机场海关
3505 福保税区	3700 厦门关区	3707 厦肖厝关	3716 厦同安办
3506 莆田海关	3701 厦门海关	3710 厦高崎办	3717 厦物流园

加工贸易合同项下货物必须在海关核发的《登记手册》限定或指定的口岸海关办理报关手续。《登记手册》限定或指定的口岸与货物实际进出境口岸不符的,应向合同备案主管

海关办理《登记手册》的变更手续后填报。

进口转关运输货物应填报货物进境地海关名称及代码，出口转关运输货物应填报货物出境地海关名称及代码。按转关运输方式监管的跨关区深加工结转货物，出口报关单填报转出地海关名称及代码，进口报关单应填报转入地海关名称及代码。

在不同出口加工区之间转让的货物，填报对方出口加工区海关名称及代码。

其他无实际进出境的货物，填报接受申报的海关名称及代码。

（五）进口日期/出口日期

进口日期指运载所申报货物的运输工具申报入境的日期。本栏目填报的日期必须与运载所申报货物的运输工具申报入境的实际日期一致。

进口货物收货人或其代理人在进口申报时无法确认相应运输工具的实际入境日期时，允许该栏目为空。进口货物收货人或其代理人未申报进口日期或申报的进口日期与运输工具负责人或其代理人向海关申报的入境日期不符的，应以运输工具申报入境的日期为准，由海关予以更正。

出口日期指运载所申报货物的运输工具办结出境手续的日期。本栏目供海关签发打印报关单证明联用，在申报时免予填报或预录入报关单及 EDI 报关单均免予填报。

无实际进出境的报关单填报办理申报手续的日期，以海关接受申报的日期为准。

本栏目用 8 位阿拉伯数字表示，顺序为年（4 位）、月（2 位）、日（2 位），如 20160908。

（六）申报日期

申报日期指海关接受进（出）口货物的收、发货人或其代理人申请办理货物进（出）口手续的日期。

预录入及 EDI 报关单填报向海关申报的日期，与实际情况不符时，由审单员按实际日期修改批注。

以电子数据报关单方式申报的，申报日期为海关计算机系统接受申报数据时记录的日期。以纸质报关单方式申报的，申报日期为海关接受纸质报关单并对报关单进行登记处理的日期。

申报日期为 8 位数字，顺序为年（4 位）、月（2 位）、日（2 位）。如 20160901。本栏目在申报时免予填报。

（七）消费使用单位/生产销售单位

（1）消费使用单位填报已知的进口货物在境内的最终消费、使用单位的名称，包括：

① 自行从境外进口货物的单位。

② 委托进出口企业进口货物的单位。

（2）生产销售单位填报出口货物在境内的生产或销售单位的名称，包括：

① 自行出口货物的单位。

② 委托进出口企业出口货物的单位。

本栏目可选填 18 位法人和其他组织统一社会信用代码或 10 位海关注册编码或 9 位组织机构代码任一项。没有代码的应填"NO"。

（3）有 10 位海关注册编码或 18 位法人和其他组织统一社会信用代码或加工企业编码的

消费使用单位/生产销售单位，本栏目应填报其中文名称及编码；没有编码的应填报其中文名称。

使用《加工贸易手册》管理的货物，消费使用单位/生产销售单位应与《加工贸易手册》的"加工企业"一致；减免税货物报关单的消费使用单位/生产销售单位应与《中华人民共和国海关进出口货物征免税证明》（以下简称《征免税证明》）的"减免税申请人"一致。

海关注册编码为十位数字，指进出口企业在所在地主管海关办理注册登记手续时，海关给企业设置的注册登记编码。例如，上海华尔有限公司（4401913400），4401 是公司所属的行政区代码，9 为公司所属市内经济区划代码，1 为公司所属的经济类型代码，3400 为顺序代码。

知识链接

消费使用单位/生产销售单位代码表（部分）

第1~4位行政区划分代码	第5位 市内经济区划代码	第6位 企业经济类型代码	第7~10位 顺序代码
	1. 经济特区	1. 有进出口经营权的国有企业	
	2. 经济技术开发区	2. 中外合作企业	
	3. 高新技术产业开发区	3. 中外合资企业	
	4. 保税区	4. 外商独资企业	
	5. 出口加工区	5. 有进出口经营权的集体企业	
	6. 保税港区	6. 有进出口经营权的私营企业	
	7. 保税物流园区	7. 有进出口经营权的个体工商户	
	———	8. 有报关权没有进出口权的企业	
	9. 其他	9. 其他（包括外商企业驻华机构、外国驻华使领馆等机构和临时有进出口经营权的单位）	

（八）运输方式

运输方式指载运货物进出关境所使用的运输工具的分类。运输方式包括实际运输方式和海关规定的特殊运输方式，前者指货物实际进出境的运输方式，按进出境所使用的运输工具分类；后者指货物无实际进出境的运输方式，按货物在境内的流向分类。

本栏目应根据货物实际进出境的运输方式或货物在境内流向的类别，按照海关规定的"运输方式代码表"选择填报相应的运输方式。

1. 特殊情况填报要求

（1）非邮件方式进出境的快递货物，按实际运输方式填报。

（2）进出境旅客随身携带的货物，按旅客所乘运输工具填报。

（3）进口转关运输货物，按载运货物抵达进境地的运输工具填报；出口转关运输货物，按载运货物驶离出境地的运输工具填报。

（4）不复运出（入）境而留在境内（外）销售的进出境展览品、留赠转卖物品等，填报"其他运输"（即代码9）。

2. 无实际进出境货物在境内流转时填报要求

（1）境内非保税区运入保税区货物和保税区退区货物，填报"非保税区"（代码0）。

（2）保税区运往境内非保税区货物，填报"保税区"（代码7）。

（3）境内存入出口监管仓库和出口监管仓库退仓货物，填报"监管仓库"（代码1）。

（4）保税仓库转内销货物，填报"保税仓库"（代码8）。

（5）从境内保税物流中心外运入中心或从中心运往境内中心外的货物，填报"物流中心"（代码W）。

（6）从境内保税物流园区外运入园区或从园区内运往境内园区外的货物，填报"物流园区"（代码X）。

（7）保税港区、综合保税区、出口加工区、珠澳跨境工业区（珠海园区）、中哈霍尔果斯边境合作区（中方配套区）等特殊区域与境内（区外）（非特殊区域、保税监管场所）之间进出的货物，区内、区外企业应根据实际运输方式分别填报"保税港区/综合保税区"（代码Y）、"出口加工区"（代码Z）。

（8）境内运入深港西部通道港方口岸区的货物，填报"边境特殊海关作业区"（代码H）。

（9）经横琴新区和平潭综合实验区（以下简称综合试验区）二线指定申报通道运往境内区外或从境内经二线制定申报通道进入综合试验区的货物，以及综合试验区内按选择性征收关税申报的货物，填报"综合试验区"（代码T）。

（10）其他境内流转货物，填报"其他运输"（代码9），包括特殊监管区域内货物之间的流转、调拨货物，特殊监管区域、保税监管场所之间相互流转货物；特殊监管区域外的加工贸易余料结转、深加工结转、内销等货物。

> **知识链接**
>
> 运输方式代码表
>
> | 2 | 3 | 4 | 5 | 6 |
> | --- | --- | --- | --- | --- |
> | 水路运输 | 铁路运输 | 公路运输 | 航空运输 | 邮件运输 |

（九）运输工具名称

运输工具名称指载运货物进出境的运输工具的名称或运输工具编号。

本栏目填报载运货物进出境的运输工具名称或编号。填报内容应与运输部门向海关申报的舱单（载货清单）所列相应内容一致。具体填报要求如下：

1. 直接在进出境地或采用区域通关一体化通关模式办理报关手续的报关单填报要求

（1）水路运输：填报船舶编号（来往港澳小型船舶为监管簿编号）或者船舶英文名称。

（2）公路运输：启用公路舱单前，填报该跨境运输车辆的国内行驶车牌号，深圳提前报关模式的报关单填报国内行驶车牌号"/""提前报关"。启用公路舱单后，免予填报。

（3）铁路运输：填报车厢编号或交接单号。

（4）航空运输：填报航班号。

（5）邮件运输：填报邮政包裹单号。
（6）其他运输：填报具体运输方式名称，例如：管道、驮畜等。

2. 转关运输货物的报关单填报要求

1）进口

（1）水路运输：直转、提前报关填报"@"16位转关申报单预录入号（或13位载货清单号）；中转填报进境英文船名。

（2）铁路运输：直转、提前报关填报"@"16位转关申报单预录入号；中转填报车厢编号。

（3）航空运输：直转、提前报关填报"@"16位转关申报单预录入号（或13位载货清单号）；中转填报"@"。

（4）公路及其他运输：填报"@"16位转关申报单预录入号（或13位载货清单号）。

（5）以上各种运输方式，使用广东地区载货清单转关的提前报关货物填报"@"13位载货清单号。

2）出口

（1）水路运输：非中转填报"@"16位转关申报单预录入号（或13位载货清单号）。如多张报关单需要通过一张转关单转关的，运输工具名称字段填报"@"。

中转货物，境内水路运输填报驳船船名；境内铁路运输填报车名（主管海关4位关区代码"TRAIN"）；境内公路运输填报车名（主管海关4位关区代码"TRUCK"）。

（2）铁路运输：填报"@"16位转关申报单预录入号（或13位载货清单号），如多张报关单需要通过一张转关单转关的，填报"@"。

（3）航空运输：填报"@"16位转关申报单预录入号（或13位载货清单号），如多张报关单需要通过一张转关单转关的，填报"@"。

（4）其他运输方式：填报"@"16位转关申报单预录入号（或13位载货清单号）。

3. 采用"集中申报"通关方式办理报关手续的，报关单本栏目应填报"集中申报"

4. 无实际进出境的报关单，本栏目免予填报

（十）航次号

本栏目填报载运货物进出境的运输工具的航次编号。

具体填报要求如下：

1. 直接在进出境地或采用区域通关一体化通关模式办理报关手续的报关单

（1）水路运输：填报船舶的航次号。

（2）公路运输：启用公路舱单前，填报运输车辆的8位进出境日期[顺序为年（4位）、月（2位）、日（2位），下同]。启用公路舱单后，填报货物运输批次号。

（3）铁路运输：填报列车的进出境日期。

（4）航空运输：免予填报。

（5）邮件运输：填报运输工具的进出境日期。

（6）其他运输方式：免予填报。

2. 转关运输货物的报关单

1）进口

（1）水路运输：中转转关方式填报"@"进境干线船舶航次。直转、提前报关免予填报。

(2) 公路运输：免予填报。

(3) 铁路运输："@" 8 位进境日期。

(4) 航空运输：免予填报。

(5) 其他运输方式：免予填报。

2）出口

(1) 水路运输：非中转货物免予填报。中转货物：境内水路运输填报驳船航次号；境内铁路、公路运输填报 6 位启运日期 [顺序为年（2 位）、月（2 位）、日（2 位）]。

(2) 铁路拼车拼箱捆绑出口：免予填报。

(3) 航空运输：免予填报。

(4) 其他运输方式：免予填报。

3. 无实际进出境的报关单，本栏目免予填报

（十一）提运单号

提运单号指进出口货物提单或运单的编号。

本栏目填报进出口货物提单或运单的编号。本栏目填报的内容应与运输部门向海关申报的载货清单所列内容一致。

一份报关单只允许填报一个提单或运单号，一票货物对应多个提单或运单时，应分单填报。具体填报要求如下：

1. 直接在进出境地或采用区域通关一体化通关模式办理报关手续的

(1) 水路运输：填报进出口提单号。如有分提单的，填报进出口提单号"*"分提单号。

(2) 公路运输：启用公路舱单前，免予填报；启用公路舱单后，填报进出口总运单号。

(3) 铁路运输：填报运单号。

(4) 航空运输：填报总运单号"_"分运单号，无分运单的填报总运单号。

(5) 邮件运输：填报邮运包裹单号。

2. 转关运输货物的报关单

1）进口

(1) 水路运输：直转、中转填报提单号。提前报关免予填报。

(2) 铁路运输：直转、中转填报铁路运单号。提前报关免予填报。

(3) 航空运输：直转、中转货物填报总运单号"_"分运单号。提前报关免予填报。

(4) 其他运输方式：免予填报。

(5) 以上运输方式进境货物，在广东省内用公路运输转关的，填报车牌号。

2）出口

(1) 水路运输：中转货物填报提单号；非中转货物免予填报；广东省内汽车运输提前报关的转关货物，填报承运车辆的车牌号。

(2) 其他运输方式：免予填报。广东省内汽车运输提前报关的转关货物，填报承运车辆的车牌号。

3. 采用"集中申报"通关方式办理报关手续的，报关单填报归并的集中申报清单的进

出口起止日期［按年（4位）月（2位）日（2位）年（4位）月（2位）日（2位）］
　　4. 无实际进出境的，本栏目免予填报
　　（十二）申报单位
　　自理报关的，本栏目填报进出口企业的名称及编码；委托代理报关的，本栏目填报报关企业名称及编码。
　　本栏目可选填18位法人和其他组织统一社会信用代码或10位海关注册编码任一项。
　　本栏目还包括报关单左下方用于填报申报单位有关情况的相关栏目，包括报关人员、申报单位签章。
　　（十三）监管方式
　　监管方式是以国际贸易中进出口货物的交易方式为基础，结合海关对进出口货物的征税、统计及监管条件综合设定的海关对进出口货物的管理方式。其代码由4位数字构成，前两位是按照海关监管要求和计算机管理需要划分的分类代码，后两位是参照国际标准编制的贸易方式代码。
　　本栏目应根据实际对外贸易情况按海关规定的"监管方式代码表"选择填报相应的监管方式简称及代码。一份报关单只允许填报一种监管方式。
　　特殊情况下加工贸易货物监管方式填报要求如下：
　　（1）进口少量低值辅料（即5 000美元以下，78种以内的低值辅料）按规定不使用《加工贸易手册》的，填报"低值辅料"。使用《加工贸易手册》的，按《加工贸易手册》上的监管方式填报。
　　（2）外商投资企业为加工内销产品而进口的料件，属非保税加工的，填报"一般贸易"。外商投资企业全部使用国内料件加工的出口成品，填报"一般贸易"。
　　（3）加工贸易料件结转或深加工结转货物，按批准的监管方式填报。
　　（4）加工贸易料件转内销货物以及按料件办理进口手续的转内销制成品、残次品、未完成品，应填制进口报关单，填报"来料料件内销"或"进料料件内销"；加工贸易成品凭"征免税证明"转为减免税进口货物的，应分别填制进、出口报关单，出口报关单本栏目填报"来料成品减免"或"进料成品减免"，进口报关单本栏目按照实际监管方式填报。
　　（5）加工贸易出口成品因故退运进口及复运出口的，填报"来料成品退换"或"进料成品退换"；加工贸易进口料件因换料退运出口及复运进口的，填报"来料料件退换"或"进料料件退换"；加工贸易过程中产生的剩余料件、边角料退运出口，以及进口料件因品质、规格等原因退运出口且不再更换同类货物进口的，分别填报"来料料件复出""来料边角料复出""进料料件复出""进料边角料复出"。
　　（6）备料《加工贸易手册》中的料件结转转入加工出口《加工贸易手册》的，填报"来料加工"或"进料加工"。
　　（7）保税工厂的加工贸易进出口货物，根据《加工贸易手册》填报"来料加工"或"进料加工"。
　　（8）加工贸易边角料内销和副产品内销，应填制进口报关单，填报"来料边角料内销"或"进料边角料内销"。

(9) 企业销毁处置加工贸易货物未获得收入，销毁处置货物为料件、残次品的，填报"料件销毁"；销毁处置货物为边角料、副产品的，填报"边角料销毁"。

企业销毁处置加工贸易货物获得收入的，填报"进料边角料内销"或"来料边角料内销"。

知识链接

贸易方式代码表（部分）		
代码	简称	全　　称
0110	一般贸易	一般贸易
0130	易货贸易	易货贸易
0214	来料加工	来料加工装配贸易进口料件及加工出口货物
0300	来料料件退换	来料加工料件退换
0420	加工贸易设备	加工贸易项下外商提供的进口设备
0513	补偿贸易	补偿贸易
0615	进料对口	进料加工（对口合同）
0700	进料料件退换	进料加工料件退换
0844	进料边角料内销	进料加工项下边角料转内销
1110	对台贸易	对台直接贸易
1139	国轮油物料	中国籍运输工具境内添加的保税油料、物料
1215	保税工厂	保税工厂
1300	修理物品	进出境修理物品
1427	出料加工	出料加工
1500	租赁不满一年	租期不满一年的租赁贸易货物
1616	寄售代销	寄售、代销贸易
1741	免税品	免税品
1831	外汇商品	免税外汇商品
2025	合资合作设备	合资合作企业作为投资进口设备物品
2215	三资进料加工	三资企业为履行出口合同进口料件和出口成品
2439	常驻机构公用	外国常驻机构进口办公用品
2600	暂时进出货物	暂时进出口货物
2700	展览品	进出境展览品
2939	陈列样品	驻华商业机构不复运出口的进口陈列样品
3010	货样广告品A	有经营权单位进出口的货样广告品
3100	无代价抵偿	无代价抵偿货物
3339	其他进口免费	其他进口免费提供货物
3410	承包工程进口	对外承包工程进口物资

续表

代码	简称	全 称
3511	援助物资	国家和国际组织无偿援助物资
3611	无偿军援	无偿军援
3910	有权军事装备	直接军事装备
4019	边境小额	边境小额贸易（边民互市贸易除外）
4239	驻外机构购进	我驻外机构境外购买运回国的公务用品
4400	来料成品退换	来料加工成品退换
4539	进口溢误卸	进口溢卸、误卸货物
4561	退运货物	因质量不符、延误交货等原因退运进出境货物
4600	进料成品退换	进料成品退换
9639	海关处理货物	海关变卖处理的超期未报货物
9700	后续退补税	无原始报关单的后续退、补税
9800	租赁征税	租赁期一年及以上的租赁贸易货物的租金
9900	其他	其他

一般贸易：

（1）境内企业在境外投资作为实物投资运出的设备、物资。

（2）外商投资企业进口供加工内销产品的料件。

（3）外商投资企业用国产原材料加工产品出口或经批准自行收购国内产品出口的货物。

（4）经营保税仓库业务的企业购进的自用货物。

（5）外商投资企业在投资总额以外用自有资金进口的自用机器设备。

（十四）征免性质

征免性质指海关对进出口货物实施征、减、免税管理的性质类别。

本栏目应根据实际情况按海关规定的"征免性质代码表"选择填报相应的征免性质的简称及代码，持有海关核发的"征免税证明"的，应按照"征免税证明"中批注的征免性质填报。一份报关单只允许填报一种征免性质。

加工贸易货物报关单应按照海关核发的《加工贸易手册》中批注的征免性质的简称及代码填报。特殊情况填报要求如下：

（1）保税工厂经营的加工贸易，根据《加工贸易手册》填报"进料加工"或"来料加工"。

（2）外商投资企业为加工内销产品而进口的料件，属非保税加工的，填报"一般征税"或其他相应征免性质。

（3）加工贸易转内销货物，按实际情况填报（如一般征税、科教用品、其他法定等）。

（4）料件退运出口、成品退运进口货物填报"其他法定"（代码0299）。

（5）加工贸易结转货物，本栏目免予填报。

知识链接

免征性质代码表

代码	简称	全称
101	一般征税	一般征税进出口货物
201	无偿援助	无偿援助进出口物资
299	其他法定	其他法定减免税进出口货物
301	特定区域	特定区域进口自用物资及出口货物
307	保税区	保税区进口自用物资
399	其他地区	其他执行特殊政策地区出口货物
401	科教用品	大专院校及科研机构进口科教用品
403	技术改造	企业技术改造进口货物
406	重大项目	国家重大项目进口货物
412	基础设施	通信、港口、铁路、公路、机场建设进口设备
413	残疾人	残疾人组织和企业进出口货物
417	远洋渔业	远洋渔业自捕水产品
418	国产化	国家定点生产小轿车和摄录机企业进口散件
420	远洋船舶	远洋船舶及设备部件
421	内销设备	内销远洋船用设备及关键部件
422	集成电路	集成电路生产企业进口货物
501	加工设备	加工贸易外商提供的不作价进口设备
502	来料加工	来料加工装配和补偿贸易进口料件及出口成品
503	进料加工	进料加工贸易进口料件及出口成品
506	边境小额	边境小额贸易进口货物
601	中外合资	中外合资经营企业进出口货物
602	中外合作	中外合作经营企业进出口货物
603	外资企业	外商独资企业进出口货物
606	海上石油	勘探、开发海上石油进口货物
608	陆地石油	勘探、开发陆地石油进口货物
609	贷款项目	利用贷款进口货物
611	贷款中标	国际金融组织贷款、外国政府贷款中标机电设备零部件
789	鼓励项目	国家鼓励发展的内外资项目进口设备
799	自有资金	外商投资额度外利用自有资金进口设备、备件、配件
801	救灾捐赠	救灾捐赠进口物资
802	扶贫慈善	境外向我境内无偿捐赠用于扶贫慈善的免税进口物资

续表

代码	简 称	全 称
898	国批减免	国务院特准减免税的进出口货物
998	内部暂定	享受内部暂定税率的进出口货物
999	例外减免	例外减免税进出口货物

（十五）备案号

本栏目填报进出口货物收发货人、消费使用单位、生产销售单位在海关办理加工贸易合同备案或征、减、免税备案审批等手续时，海关核发的《加工贸易手册》、"征免税证明"或其他备案审批文件的编号。

一份报关单只允许填报一个备案号。具体填报要求如下：

（1）加工贸易项下货物，除少量低值辅料按规定不使用《加工贸易手册》及以后续补税监管方式办理内销征税的外，填报《加工贸易手册》编号。

使用异地直接报关分册和异地深加工结转出口分册在异地口岸报关的，本栏目应填报分册号；本地直接报关分册和本地深加工结转分册限制在本地报关，本栏目应填报总册号。

加工贸易成品凭"征免税证明"转为减免税进口货物的，进口报关单填报"征免税证明"编号，出口报关单填报《加工贸易手册》编号。

对加工贸易设备之间的结转，转入和转出企业分别填制进、出口报关单，在报关单"备案号"栏目填报《加工贸易手册》编号。

（2）涉及征、减、免税备案审批的报关单，填报"征免税证明"编号。

（3）涉及优惠贸易协定项下实行原产地证书联网管理（如香港CEPA、澳门CEPA）的报关单，填报原产地证书代码"Y"和原产地证书编号。

（4）减免税货物退运出口，填报"中华人民共和国海关进口减免税货物准予退运证明"的编号；减免税货物补税进口，填报"减免税货物补税通知书"的编号；减免税货物进口或结转进口（转入），填报"征免税证明"的编号；相应的结转出口（转出），填报"中华人民共和国海关进口减免税货物结转联系函"的编号。

（十六）贸易国（地区）

本栏目填报对外贸易中与境内企业签订贸易合同的外方所属的国家（地区）。进口填报购自国，出口填报售予国。未发生商业性交易的，填报货物所有权拥有者所属的国家（地区）。

本栏目应按海关规定的"国别（地区）代码表"选择填报相应的贸易国（地区）或贸易国（地区）中文名称及代码。

无实际进出境的，填报"中国"（代码142）。

（十七）启运国（地区）/运抵国（地区）

启运国（地区）填报进口货物启始发出后直接运抵我国，或者在运输中转国（地）未发生任何商业性交易的情况下运抵我国（地区）。

运抵国（地区）填报出口货物离开我国关境直接运抵或者在运输中转国（地区）未发生任何商业性交易的情况下最后运抵的国家（地区）。

不经过第三国（地区）转运的直接运输进出口货物，以进口货物的装货港所在国（地区）为启运国（地区），以出口货物的启运港所在国（地区）为运抵国（地区）。

经过第三国（地区）转运的进出口货物，如在中转国（地区）发生商业性交易，则以中转国（地区）作为启运/运抵国（地区）。

本栏目应按海关规定的"国别（地区）代码表"选择填报相应的启运国（地区）或运抵国（地区）的中文名称及代码。

无实际进出境的，填报"中国"（代码142）。

知识链接

启运国（地区）/运抵国（地区）代码表（部分）

110	中国香港	303	英国
116	日本	304	德国
133	韩国	305	法国
142	中国	502	美国

（十八）装货港/指运港

装货港填报进口货物在运抵我国关境前的最后一个境外装运港。

指运港填报出口货物运往境外的最终目的港；最终目的港不可预知的，尽可能按预知的目的港填报。

本栏目应根据实际情况按海关规定的"港口代码表"选择填报相应的港口中文名称及代码。装货港/指运港在"港口代码表"中无港口中文名称及代码的，可选择填报相应的国家中文名称或代码。

无实际进出境的，本栏目填报"中国境内"（代码142）。

（十九）境内目的地/境内货源地

境内目的地填报已知的进口货物在国内的消费、使用地或最终运抵地，其中最终运抵地为最终使用单位所在的地区。最终使用单位难以确定的，填报货物进口时预知的最终收货单位所在地。

境内货源地填报出口货物在国内的产地或原始发货地。出口货物产地难以确定的，填报最早发运该出口货物的单位所在地。

本栏目按海关规定的"国内地区代码表"选择填报相应的国内地区名称及代码。

（二十）许可证号

本栏目填报以下许可证的编号：进（出）口许可证、两用物项和技术进（出）口许可证、两用物项和技术出口许可证（定向）、纺织品临时出口许可证。

一份报关单只允许填报一个许可证号。

（二十一）成交方式

本栏目应根据进出口货物实际成交价格条款，按海关规定的"成交方式代码表"选择填报相应的成交方式代码。

无实际进出境的报关单，进口填报CIF，出口填报FOB。

知识链接

成交方式代码表

成交方式代码	成交方式名称	成交方式代码	成交方式名称
1	CIF	4	C&I
2	CFR（C&F）	5	市场价
3	FOB	6	垫仓

（二十二）运费

本栏目填报进口货物运抵我国境内输入地点起卸前的运输费用，出口货物运至我国境内输出地点装载后的运输费用。

运费可按运费单价、总价或运费率三种方式之一填报，注明运费标记（运费标记"1"表示运费率，"2"表示每吨货物的运费单价，"3"表示运费总价），并按海关规定的"货币代码表"选择填报相应的币种代码。

知识链接

运费标记表

运费标记	表示项目	填报方式	举例说明
1	运费率	运费率的数值	5%的保费率填报"5"
2	运费单价	货币代码/单价数值/2	24美元的保费单价填报502/24/2
3	运费总价	货币代码/运费总价/3	7 000美元的保费总价填报502/7000/3

（二十三）保费

本栏目填报进口货物运抵我国境内输入地点起卸前的保险费用，出口货物运至我国境内输出地点装载后的保险费用。

保费可按保险费总价或保险费率两种方式之一填报，同时注明保险费标记（保险费标记"1"表示保险费率，"3"表示保险费总价），并按海关规定的"货币代码表"选择填报相应的币种代码。

运保费合并计算的，应填报在"运费"栏目中。

知识链接

保险费标记表

保险费标记	表示项目	填报方式	举例说明
1	保险费率	保险费率的数值	3‰的保险费率填报"0.3"
3	保险费总价	货币代码/保险费总价/3	10 000港元的保险费总价填报110/10000/3
注：运保费合并计算的，填报在"运费"栏目中。			

(二十四) 杂费

本栏目填报成交价格以外的、按照《中华人民共和国进出口关税条例》相关规定应计入完税价格或应从完税价格中扣除的费用，如手续费、佣金、回扣等。可按杂费总价或杂费率两种方式之一填报，注明杂费标记（杂费标记"1"表示杂费率，"3"表示杂费总价），并按海关规定的"货币代码表"选择填报相应的币种代码。

应计入完税价格的杂费填报为正值或正率，应从完税价格中扣除的杂费填报为负值或负率。

杂费标记"1"表示杂费率，"3"表示杂费总价。例如：应计入完税价格的1.5%的杂费率填报为1.5，应从完税价格中扣除的1%的回扣率填报为−1，应计入完税价格的500英镑杂费总价填报为303/500/3。

(二十五) 合同协议号

本栏目填报进出口货物合同（包括协议或订单）编号。未发生商业性交易的免予填报。

(二十六) 件数

本栏目填报有外包装的进出口货物的实际件数。特殊情况填报要求如下：
(1) 舱单件数为集装箱（TEU）的，填报集装箱个数。
(2) 舱单件数为托盘的，填报托盘数。
本栏目不得填报为零，裸装货物填报"1"。

(二十七) 包装种类

本栏目应根据进出口货物的实际外包装种类，按海关规定的"包装种类代码表"选择填报相应的包装种类代码。

知识链接

包装种类代码表

包装种类代码	表示项目	包装种类代码	表示项目	包装种类代码	表示项目
1	木箱	3	桶	5	托盘
2	纸箱	4	散货	6	包

(二十八) 毛重 (公斤)

毛重指货物及其包装材料的重量之和。本栏目填报进出口货物及其包装材料的重量之和，计量单位为公斤，不足一公斤的填报"1"。

(二十九) 净重 (公斤)

净重指货物的毛重减去外包装材料后的重量，即商品本身的实际重量。本栏目填报进出口货物的毛重减去外包装材料后的重量，即货物本身的实际重量，计量单位为公斤，不足一公斤的填报"1"。

（三十）集装箱号

集装箱号是在每个集装箱箱体两侧标示的全球唯一编号。本栏目填报装载进出口货物（包括拼箱货物）集装箱的箱体信息。一个集装箱填一条记录，分别填报集装箱号（在集装箱箱体上标示的全球唯一编号）、集装箱的规格和集装箱的自重。非集装箱货物填报"0"。

例如：

TEXU3605231＊1（1）表示1个标准集装箱；TEXU3605231＊2（3）表示2个集装箱，折合为3个标准集装箱，其中一个箱号为TEXU3605231。在多于一个集装箱的情况下，其余集装箱编号打印在备注栏或随附清单上。

（三十一）随附单证

随附单证指随进（出）口货物报关单一并向海关递交的单证或文件。合同、发票、装箱单、许可证等必备的随附单证不在本栏目填报。

本栏目根据海关规定的"监管证件代码表"选择填报除本规范第十八条规定的许可证件以外的其他进出口许可证件或监管证件代码及编号。

本栏目分为随附单证代码和随附单证编号两栏，其中代码栏应按海关规定的"监管证件名称代码表"选择填报相应的证件代码；编号栏应填报证件编号。

（1）加工贸易内销征税报关单，随附单证代码栏填写"c"，随附单证编号栏填写海关审核通过的内销征税联系单号。

（2）优惠贸易协定项下进出口货物

有关优惠贸易协定项下报关单填制要求将另行公告。

知识链接

监管证件名称代码表			
许可证或批文代码	许可证或批文名称	许可证或批文代码	许可证或批文名称
1	进口许可证	I	精神药物进（出）口准许证
4	出口许可证	J	金产品出口证或人总行进口批件
5	定向出口商品许可证	N	机电产品进口证明
6	旧机电产品禁止进口	O	机电产品进口登记表
7	重要工业品证明或自动登记证明	P	进口废物批准证书
8	禁止出口商品	Q	进口药品通关单
9	禁止进口商品	S	进出口农药登记证明
A	检验检疫入境货物通关单	T	银行调运外币现钞进出境许可证
B	检验检疫出境货物通关单	U	白银进口准许证
D	关税进口配额	W	麻醉药品进出口准许证
F	濒危物种进出口允许证	X	有毒化学品环境管理放行通知单
G	被动出口配额证	Z	音像制品发行许可证或样带提取单

(三十二) 标记唛码及备注

本栏目填报要求如下：

(1) 标记唛码中除图形以外的文字、数字。

(2) 受外商投资企业委托代理其进口投资设备、物品的进出口企业名称。

(3) 与本报关单有关联关系的，同时在业务管理规范方面又要求填报的备案号，填报在电子数据报关单中"关联备案"栏。

加工贸易结转货物及凭《征免税证明》转内销货物，其对应的备案号应填报在"关联备案"栏。

减免税货物结转进口（转入），报关单"关联备案"栏应填写本次减免税货物结转所申请的《中华人民共和国海关进口减免税货物结转联系函》的编号。

减免税货物结转出口（转出），报关单"关联备案"栏应填写与其相对应的进口（转入）报关单"备案号"栏中《征免税证明》的编号。

(4) 与本报关单有关联关系的，同时在业务管理规范方面又要求填报的报关单号，填报在电子数据报关单中"关联报关单"栏。

加工贸易结转类的报关单，应先办理进口报关，并将进口报关单号填入出口报关单的"关联报关单"栏。

办理进口货物直接退运手续的，除另有规定外，应当先填写出口报关单，再填写进口报关单，并将出口报关单号填入进口报关单的"关联报关单"栏。

减免税货物结转出口（转出），应先办理进口报关，并将进口（转入）报关单号填入出口（转出）报关单的"关联报关单"栏。

(5) 办理进口货物直接退运手续的，本栏目填报"进口货物直接退运表"或者《海关责令进口货物直接退运通知书》的编号。

(6) 保税监管场所进出货物，在"保税/监管场所"栏填写本保税监管场所编码，其中涉及货物在保税监管场所间流转的，在本栏填写对方保税监管场所代码。

(7) 涉及加工贸易货物销毁处置的，填写海关加工贸易货物销毁处置的申报表编号。

(8) 当监管方式为"暂时进出货物"（2600）和"展览品"（2700）时，如果为复运进出境货物，在进出口货物报关单的本栏内分别填报"复运进境""复运出境"。

(9) 跨境电子商务进出口货物，在本栏内填报"跨境电子商务"。

(10) 加工贸易副产品内销，在本栏内填报"加工贸易副产品内销"。

(11) 公式定价进口货物应在报关单备注栏内填写公式定价备案号，格式为："公式定价"备案编号"@"。对于同一报关单下有多项商品的，如需要指明某项或某几项商品为公式定价备案的，则备注栏内填写："公式定价"备案编号"#"商品序号"@"。

(12) 获得《预审价决定书》的进出口货物，应在报关单备注栏内填报《预审价决定书》的编号，格式为预审价（P 2 位商品项号 决定书编号），若报关单中有多项商品为预审价，需依次写入括号中，如：预审价（P01VD511500018P02VD511500019）。

(13) 含预归类商品报关单，应在报关单备注栏内填写预归类 R－3－关区代码－年份－顺序编号，其中关区代码、年份、顺序编号均为 4 位数字，例如 R－3－0100－2016－0001。

(14) 含归类裁定报关单，应在报关单备注栏内填写归类裁定编号，格式为"c"四位数字编号,例如 c0001。

(15) 申报时其他必须说明的事项应填报在本栏目。

本栏目下部供填报随附单证栏中监管证件的编号,具体填报要求为:监管证件代码+":"+监管证件号码。一份报关单有多个监管证件的,应连续填写。一票货物分装多个集装箱的,在本栏目打印其余的集装箱号(最多160字节,其余集装箱号手工抄写)。

凡申报采用协定税率的商品,必须在报关单本栏目填报原产地证明标记,具体填报方法为:在一对"< >"内以"协"字开头,依次填入该份报关单内企业能提供原产地证明的申报商品项号,各商品项号之间以","隔开;如果商品项号是连续的,则填报"起始商品项号"+"-"+"终止商品项号",例如:某份报关单的第2、5、16项商品,企业能够提供原产地证明,则填报"<协2,5,16>";某份报关单的第4、9、10、11、12、17项商品,企业能够提供原产地证明,则填报"<协4,9-12,17>"。

上述尖括号(< >)、逗号(,)、连接符(-)及数字都必须使用非中文状态下的半角字符。

例如:

Marks & No. HAMBURG IN TRANSIT TO ZURICH SWITZERLAND C/NO. 1-1533 MADE IN CHINA	中转港:汉堡 目的国/港:瑞士/苏黎世 件数:1 533 件 原产国:中国

(三十三) 项号

本栏目分两行填报及打印。第一行填报报关单中的商品顺序编号;第二行专用于加工贸易、减免税等已备案、审批的货物,填报和打印该项货物在《加工贸易手册》或"征免税证明"等备案、审批单证中的顺序编号。

有关优惠贸易协定项下报关单填制要求将另行公告。

加工贸易项下进出口货物的报关单,第一行填报报关单中的商品顺序编号,第二行填报该项商品在《加工贸易手册》中的商品项号,用于核销对应项号下的料件或成品数量。其中第二行特殊情况填报要求如下:

(1) 深加工结转货物,分别按照《加工贸易手册》中的进口料件项号和出口成品项号填报。

(2) 料件结转货物(包括料件、制成品和未完成品折料),出口报关单按照转出《加工贸易手册》中进口料件的项号填报;进口报关单按照转进《加工贸易手册》中进口料件的项号填报。

(3) 料件复出货物(包括料件、边角料),出口报关单按照《加工贸易手册》中进口料件的项号填报;当边角料对应一个以上料件项号时,填报主要料件项号。料件退换货物(包括料件、不包括未完成品),进出口报关单按照《加工贸易手册》中进口料件的项号填报。

(4) 成品退换货物,退运进境报关单和复运出境报关单按照《加工贸易手册》原出口成品的项号填报。

（5）加工贸易料件转内销货物（以及按料件办理进口手续的转内销制成品、残次品、未完成品）应填制进口报关单，填报《加工贸易手册》进口料件的项号；加工贸易边角料、副产品内销，填报《加工贸易手册》中对应的进口料件项号。当边角料或副产品对应一个以上料件项号时，填报主要料件项号。

（6）加工贸易成品凭"征免税证明"转为减免税货物进口的，应先办理进口报关手续。进口报关单填报"征免税证明"中的项号，出口报关单填报《加工贸易手册》原出口成品项号。进、出口报关单货物数量应一致。

（7）加工贸易货物销毁，本栏目应填报《加工贸易手册》中相应的进口料件项号。

（8）加工贸易副产品退运出口、结转出口，本栏目应填报《加工贸易手册》中新增的变更副产品的出口项号。

（9）经海关批准实行加工贸易联网监管的企业，按海关联网监管要求，企业需申报报关清单的，应在向海关申报进出口（包括形式进出口）报关单前，向海关申报"清单"。一份报关清单对应一份报关单，报关单上的商品由报关清单归并而得。加工贸易电子账册报关单中项号、品名、规格等栏目的填制规范参照《加工贸易手册》。

（三十四）商品编号

商品编号指按海关规定的商品分类编码规则确定的进（出）口货物的商品编号。

本栏目填报的商品编号由10位数字组成。前8位为《中华人民共和国进出口税则》确定的进出口货物的税则号列，同时也是《中华人民共和国海关统计商品目录》确定的商品编码，后2位为符合海关监管要求的附加编号。

加工贸易《登记手册》中商品编号与实际商品编号不符的，应按实际商品编号填报。

（三十五）商品名称、规格型号

本栏目分两行填报及打印。第一行填报进出口货物规范的中文商品名称，第二行填报规格型号。

具体填报要求如下：

（1）商品名称及规格型号应据实填报，并与进出口货物的收发货人或受委托的报关企业所提交的合同、发票等相关单证相符。

（2）商品名称应当规范，规格型号应当足够详细，以能满足海关归类、审价及许可证件管理要求为准，可参照《中华人民共和国海关进出口商品规范申报目录》中对商品名称、规格型号的要求进行填报。

（3）加工贸易等已备案的货物，填报的内容必须与备案登记中同项号下货物的商品名称一致。

（4）对需要海关签发《货物进口证明书》的车辆，商品名称栏应填报"车辆品牌 排气量（注明cc）车型（如越野车、小轿车等）"。进口汽车底盘不填报排气量。车辆品牌应按照"进口机动车辆制造厂名称和车辆品牌中英文对照表"中"签注名称"一栏的要求填报。规格型号栏可填报"汽油型"等。

（5）由同一运输工具同时运抵同一口岸并且属于同一收货人、使用同一提单的多种进口货物，按照商品归类规则应当归入同一商品编号的，应当将有关商品一并归入该商品编号。商品名称填报一并归类后的商品名称；规格型号填报一并归类后的商品规格型号。

(6) 对于加工贸易边角料和副产品内销、边角料复出口，本栏目填报其报验状态的名称和规格型号。

(7) 进口货物的收货人以一般贸易方式申报进口属于《需要详细列名申报的汽车零部件清单》（海关总署 2006 年第 64 号公告）范围内的汽车生产件的，应按以下要求填报：

① 商品名称填报进口汽车零部件的详细中文商品名称和品牌，中文商品名称与品牌之间用"/"相隔，必要时加注英文商业名称；进口的成套散件或者毛坯件应在品牌后加注"成套散件""毛坯"等字样，并与品牌之间用"/"相隔。

② 规格型号填报汽车零部件的完整编号。在零部件编号前应当加注"S"字样，并与零部件编号之间用"/"相隔，零部件编号之后应当依次加注该零部件适用的汽车品牌和车型。

汽车零部件属于可以适用于多种汽车车型的通用零部件的，零部件编号后应当加注"TY"字样，并用"/"与零部件编号相隔。

与进口汽车零部件规格型号相关的其他需要申报的要素，或者海关规定的其他需要申报的要素，如"功率""排气量"等，应当在车型或"TY"之后填报，并用"/"与之相隔。

汽车零部件报验状态是成套散件的，应当在"标记唛码及备注"栏内填报该成套散件装配后的最终完整品的零部件编号。

(8) 进口货物的收货人以一般贸易方式申报进口属于《需要详细列名申报的汽车零部件清单》（海关总署 2006 年第 64 号公告）范围内的汽车维修件的，填报规格型号时，应当在零部件编号前加注"W"，并与零部件编号之间用"/"相隔；进口维修件的品牌与该零部件适用的整车厂牌不一致的，应当在零部件编号前加注"WF"，并与零部件编号之间用"/"相隔。其余申报要求同上条执行。

（三十六）数量及单位

数量及单位指进（出）口商品的实际数量及计量单位。

本栏目分三行填报及打印。

(1) 第一行应按进出口货物的法定第一计量单位填报数量及单位，法定计量单位以《中华人民共和国海关统计商品目录》中的计量单位为准。

(2) 凡列明有法定第二计量单位的，应在第二行按照法定第二计量单位填报数量及单位。无法定第二计量单位的，本栏目第二行为空。

(3) 成交计量单位及数量应填报并打印在第三行。

(4) 法定计量单位为"公斤"的数量填报，特殊情况下填报要求如下：

① 装入可重复使用的包装容器的货物，应按货物扣除包装容器后的重量填报，如罐装同位素、罐装氧气及类似品等。

② 使用不可分割的包装材料和包装容器的货物，应按货物的净重填报（即包括内层直接包装的净重重量），如采用供零售包装的罐头、化妆品、药品及类似品等。

③ 按照商业惯例以公量重计价的商品，应按公量重填报，如未脱脂羊毛、羊毛条等。

④ 采用以毛重作为净重计价的货物，可按毛重填报，如粮食、饲料等大宗散装货物。

⑤ 采用零售包装的酒类、饮料，应按照液体部分的重量填报。

(5) 成套设备、减免税货物如需分批进口，货物实际进口时，应按照实际报验状态确定数量。

(6) 具有完整品或制成品基本特征的不完整品、未制成品，根据《商品名称及编码协调制度》归类规则应按完整品归类的，按照构成完整品的实际数量填报。

(7) 加工贸易等已备案的货物，成交计量单位必须与《加工贸易手册》中同项号下货物的计量单位一致，加工贸易边角料和副产品内销、边角料复出口，本栏目填报其报验状态的计量单位。

(8) 优惠贸易协定项下进出口商品的成交计量单位必须与原产地证书上对应商品的计量单位一致。

(9) 法定计量单位为立方米的气体货物，应折算成标准状况（即摄氏零度及1个标准大气压）下的体积进行填报。

(三十七) 原产国（地区）

原产国（地区）应依据《中华人民共和国进出口货物原产地条例》《中华人民共和国海关关于执行〈非优惠原产地规则中实质性改变标准〉的规定》以及海关总署关于各项优惠贸易协定原产地管理规章规定的原产地确定标准填报。同一批进出口货物的原产地不同的，应分别填报原产国（地区）。进出口货物原产国（地区）无法确定的，填报"国别不详"（代码701）。

本栏目应按海关规定的"国别（地区）代码表"选择填报相应的国家（地区）名称及代码。

(三十八) 最终目的国（地区）

最终目的国（地区）填报已知进出口货物的最终实际消费、使用或进一步加工制造的国家（地区）。不经过第三国（地区）转运的直接运输货物，以运抵国（地区）为最终目的国（地区）；经过第三国（地区）转运的货物，以最后运往国（地区）为最终目的国（地区）。同一批进出口货物的最终目的国（地区）不同的，应分别填报最终目的国（地区）。进出口货物不能确定最终目的国（地区）时，以尽可能预知的最后运往国（地区）为最终目的国（地区）。

本栏目应按海关规定的"国别（地区）代码表"选择填报相应的国家（地区）名称及代码。

(三十九) 单价

本栏目填报同一项号下进出口货物实际成交的商品单位价格。无实际成交价格的，本栏目填报单位货值。

(四十) 总价

本栏目填报同一项号下进出口货物实际成交的商品总价格。无实际成交价格的，本栏目填报货值。

(四十一) 币制

币制指进出口货物实际成交价格的币种。

本栏目应按海关规定的"货币代码表"选择相应的货币名称及代码填报，如"货币代码表"中无实际成交币种，则需将实际成交货币按申报日外汇折算率折算成"货币代码表"列明的货币填报。

知识链接

货币代码表

110	142	502	116	303	300
港币	人民币	美元	日元	英镑	欧元
HKD	CNY	USD	JPY	GBP	EUR

（四十二）征免

征免指进（出）口货物进行征税、减税、免税或特案处理的实际操作方式。

本栏目应按照海关核发的"征免税证明"或有关政策规定，对报关单所列每项商品选择海关规定的"征减免税方式代码表"中相应的征减免税方式填报。

加工贸易货物报关单应根据《加工贸易手册》中备案的征免规定填报；《加工贸易手册》中备案的征免规定为"保金"或"保函"的，应填报"全免"。

知识链接

征减免税方式代码表

征减免税方式代码	征减免税方式名称	征减免税方式代码	征减免税方式名称
1	照章征税	6	保证金
2	折半征税	7	保函
3	全免	8	折半补税
4	特案	9	全额退税
5	征免性质		

（四十三）特殊关系确认

本栏目根据《中华人民共和国海关审定进出口货物完税价格办法》（以下简称《审价办法》）第十六条，填报确认进出口行为中买卖双方是否存在特殊关系，有下列情形之一的，应当认为买卖双方存在特殊关系，在本栏目应填报"是"，反之则填报"否"：

（1）买卖双方为同一家族成员的。
（2）买卖双方互为商业上的高级职员或者董事的。
（3）一方直接或者间接地受另一方控制的。
（4）买卖双方都直接或者间接地受第三方控制的。
（5）买卖双方共同直接或间接地控制第三方的。
（6）一方直接或者间接地拥有、控制或者持有对方5%以上（含5%）公开发行的有表决权的股票或者股份的。
（7）一方是另一方的雇员、高级职员或者董事的。
（8）买卖双方是同一合伙的成员的。

买卖双方在经营上相互有联系，一方是另一方的独家代理、独家经销或者独家受让人，如果符合前款的规定，也应当视为存在特殊关系。

（四十四）价格影响确认

本栏目根据《审价办法》第十七条，填报确认进出口行为中买卖双方存在的特殊关系是否影响成交价格，纳税义务人如不能证明其成交价格与同时或者大约同时发生的下列任何一款价格相近的，应当视为特殊关系对进出口货物的成交价格产生影响，在本栏目应填报"是"，反之则填报"否"：

（1）向境内无特殊关系的买方出售的相同或者类似进出口货物的成交价格。

（2）按照《审价办法》倒扣价格估价方法的规定所确定的相同或者类似进出口货物的完税价格。

（3）按照《审价办法》计算价格估价方法的规定所确定的相同或者类似进出口货物的完税价格。

（四十五）支付特权使用费确认

本栏目根据《审价办法》第十三条，填报确认进出口行为中买方是否存在向卖方或者有关方直接或者间接支付特权使用费。特权使用费是指进出口货物的买方为取得知识产权权利人及权利人有效授权人关于专利权、商标权、专有技术、著作权、分销权或者销售权的许可或转让而支付的费用。如果进出口行为中买方存在向卖方或者有关方直接或者间接支付特权使用费的，在本栏目应填报"是"，反之则填报"否"。

（四十六）版本号

本栏目适用加工贸易货物出口报关单。本栏目应与《加工贸易手册》中备案的成品单号版本一致，通过《加工贸易手册》备案数据或企业出口报关清单提取。

（四十七）货号

本栏目适用加工贸易货物进出口报关单。本栏目应与《加工贸易手册》中备案的料件、成品货号一致，通过《加工贸易手册》备案数据或企业出口报关清单提取。

（四十八）录入员

本栏目用于记录预录入操作人员的姓名。

（四十九）录入单位

本栏目用于记录预录入单位名称。

（五十）海关批注及签章

本栏目供海关作业时签注。

本规范所述尖括号（< >）、逗号（,）、连接符（-）、冒号（;）等标点符号及数字，填报时都必须使用非中文状态下的半角字符。

相关用语的含义：

报关单录入凭单：指申报单位按报关单的格式填写的凭单，用作报关单预录入的依据。该凭单的编号规则由申报单位自行决定。

预录入报关单：指预录入单位按照申报单位填写的报关单凭单录入、打印由申报单位向海关申报，海关尚未接受申报的报关单。

报关单证明联：指海关在核实货物实际进出境后按报关单格式提供的，用作进出口货物收发货人向国税、外汇管理部门办理退税和外汇核销手续的证明文件。

中华人民共和国海关进口货物报关单

预录入编号：　　　　　　　　海关编号：

收发货人 印尼丹蒙特进出口有限公司 6459320864324879H1	进口口岸 雅加达 1105	进口日期 20161020	申报日期 20161022
消费使用单位 印尼丹蒙特进出口有限公司 75483195B3	运输方式 水路运输	运输工具名称 CHANGMING V. 5299	提运单号 CHANG52791
申报单位 印尼丹蒙特进出口有限公司 75483195B3	监管方式 一般贸易 （0110）	征免性质 一般征税 101	备案号
贸易国（地区） 中国 142	启运国（地区） 中国 142	装货港 中国厦门 CNXMN	境内目的地 印度尼西亚 112
许可证号	成交方式 CIF	运费 502/1350/3	保费 502/671.88/3	杂费
合同协议号 MN16EXP01-003	件数 500	包装种类 纸箱	毛重（公斤） 8,500.000	净重（公斤） 7,500.000
集装箱号 VGHKU9563	随附单证			
标记唛码及备注 MN16EXP01-003 JAKARTA NO.：1-500 MADE IN CHINA				

项号	商品编号	商品名称、规格型号	数量及单位	原产国（地区）	单价	总价	币制	征免
1	84481100.90	穿孔机	5,000 台	印度尼西亚 INDONESIA	15.27	76,350.00	美元	照章征免

税费征收情况
申报要素：
用途：无缝钢管穿孔机
特殊关系确认：否　　价格影响确认：否　　支付特权使用费确认：否

录入员　录入单位	兹声明以上内容承担如实申报、依法纳税之法律责任	海关批注及签章
报关人员	申请单位（签章）	

图 3-5　中华人民共和国海关进口货物报关单范本

中华人民共和国海关出口货物报关单

预录入编号： 　　　　　海关编号：

收发货人厦门 M.N.工贸有限公司 9135021585113257R0	出口口岸 厦门海关 3701	出口日期 20160902	申报日期 20160830	
生产销售单位 厦门M.N.工贸有限公司 35021568U0	运输方式 水路运输	运输工具名称 CHANGMING V.5299	提运单号 CHANG52791	
申报单位 厦门M.N.工贸有限公司 35021568U0	监管方式 一般贸易 （0110）	征免性质 一般征税101	备案号	
贸易国（地区） 印度尼西亚 112	运抵国（地区） 印度尼西亚 112	指运港 雅加达 IDJKT	境内货源地 厦门特区 CNXMN	
许可证号	成交方式 CIF	运费 502/1350/3	保费 502/671.88/3	杂费
合同协议号 MN16EXP01-003	件数 500	包装种类 纸箱	毛重 8,500.000	净重 7,500.000
集装箱号 VGHKU9563	随附单证			
标记唛码及备注 MN16EXP01-003 JAKARTA NO.：1-500 MADE IN CHINA				

项号	商品编号	商品名称、规格型号	数量及单位	最终目的国（地区）	单价	总价	币制	征免
1	84481100.90	穿孔机	5,000 台	印度尼西亚 INDONESIA	15.27	76,350.00	美元	照章征免

税费征收情况
申报要素：
用途：无缝钢管穿孔机
特殊关系确认：否　　价格影响确认：否　　支付特权使用费确认：否

录入员　录入单位 报关人员	兹声明以上内容承担如实申报、依法纳税之法律责任 申请单位（签章）	海关批注及签章

图3-6　中华人民共和国海关出口货物报关单范本

四、填写进出口报关单的注意事项

（1）报关企业和报关员必须真实、准确地填写报关单，不能虚报；须认真核对信息，进出口公司将严格按照此确认件申报，申报后无法更改（除非退单重报）。

（2）不同合同的出口货物，不准填写在同一份报关单上；报关单应做到与合同、发票和装箱单等内容相同；涉及品牌、型号的货物一定申报准确，否则造成扣货、退单以及所产生的费用由货主承担。

（3）无纸化通关一定确认好是否已在相应关区备案。如没有备案，则产生退单后，费用由货主承担。

（4）报关单请务必于到货前填制完整并确认好，否则很可能延误清关，产生仓储费等额外费用。

（5）一定注意申报金额，要和实际成交价格一致并且要合理。如果存在低报，则被海关退单、补税等一切费用皆由货主承担。

（6）请务必提前确认买卖双方是否存在特殊关系、是否影响价格。

（7）确认货物是否有品牌、是否需要品牌授权或者可能存在的侵权问题。

第三节　进出口商品的检验与检疫

进出口商品检验是对外贸易的一个重要组成部分，更是买卖双方交接货物过程中必不可少的业务环节。

一、商品检验的概述

国际货物买卖中的商品检验是指在货物离开或进入一个国家时，要由合同中约定或法律规定的商品检验机构（以下简称商检机构），对商品的品质、数量（重量）、包装、卫生指标、安全性能、残损情况、货物装运技术条件以及对涉及人员和动植物的传染病、病虫害、疫情等项目进行检验、检疫和监督管理的工作，从而确定货物的品质、数量（重量）和包装等是否与合同规定相一致，是否符合交易双方国家有关法律和法规规定的工作。

《联合国国际货物销售合同公约》（以下简称为公约）第38条明确规定："卖方必须在按实际情况可行的最短时间内检验货物或由他人检验货物。如果合同涉及货物的运输，检验可推迟到货物到达目的地后进行。"

商品检验是国际贸易发展的产物。它随着国际贸易的发展成为商品买卖合同中一项重要环节。对此，有关国家法律或政府法令已有所肯定。

（1）《中华人民共和国进出口商品检验法》规定：商检机构和国家商检部门，依法对进出口商品实施检验。凡未经检验的进口商品，不准销售、使用；凡未经检验合格的出口商品，不准出口。

（2）英国《1893年货物买卖法案》规定：当货物交付买方时，除非另有协议外，买方有权要求合理的机构检验货物，以便确定它们是否与合同的规定相符。

（3）《公约》规定买方必须按实际情况可行的最短时间内检验货物或由他人检验货物；还规定，如果合同涉及货物的运输，检验可推迟到货物到达目的地后进行。

二、检验机构及检验地点

（一）检验机构

检验机构的选定关系到交易双方的利益，故交易双方应商定检验机构，并在买卖合同中订明。检验机构有官方检验检疫机构,如中国质量监督检验检疫总局(GENERAL ADMINISTRATION OF QUALITY SUPERVISION INSPECTION AND QUARANTINE OF PEOPLE'S REPUBLIC OF CHINA,AQSIO)及其直属的各地出入境检验检疫局(ENTRY - EXIT INSPECTION AND QUARANTINE BUREAU,CIQ)、美国食品药物管理局等机构;非官方检验检疫机构,如中国商品检验公司(CCIC)、英国劳合社公证行等;由私人或同业公会(协会)等开设的民间检验检疫机构、工业工厂,如瑞士通用公正行(SGS)、美国安全试验所(UL)、英国英之杰检验集团(IITS)、法国船级社(B.V)、日本海外货物检验株式会社(OMIC)、中国香港天祥公正化验行(ITS)等机构。

知识链接

根据我国有关法律、行政法规的规定,国家质检总局及其指定的检验机构对特定的进出口商品和有关的检验事项实施强制性检验。未经检验或检验不合格的商品,一律不准进口或出口。目前国家质检总局实施法定检验的范围包括:

① 对列入"商检机构实施检验的进出口商品种类表"中的进出口商品进行检验。
② 对出口食品进行卫生检验。
③ 对出口危险货物包装容器进行性能鉴定和使用鉴定。
④ 对装运出口易腐烂变质食品、冷冻品的船舱、集装箱等运载工具进行适载检验。
⑤ 对有关国际条约规定须经商检机构检验的进出口商品进行检验。
⑥ 对其他法律、行政法规规定必须经商检机构检验的进出口商品进行检验。

检验机构根据证明内容或检验方式的不同,提供不同的商检证书。商检证书分为若干种类,现对几种主要的证书分述如下。

1. 品质检验证书(INSPECTION CERTIFICATE OF QUALITY)

品质检验证书亦称质量检验证书。证明进出口商品品质、规格、等级、成分、性能等,检验证书包括抽样过程、检验依据、检验结果和评定意见等四项基本内容。

对评定合格的出口商品所签发的品质检验证书,是交接货物、银行结汇和进口国通关输入的主要单证之一;对评定不合格的进口商品所签发的品质检验证书,作为订货公司对外办理索赔的重要证件。对进口商品,如合同订明"凭中国商品检验局的检验证书所列的检验结果作为结算货款的依据",也可签发品质检验证书。有时成交合同或信用证要求的商检机构签发的规格证书、分析证书或成分证书等,实际上也属品质检验证书。

2. 兽医检验证书(VETERINARY INSPECTION CERTIFICATE)

兽医检验证书是证明出口动物产品经过检疫合格的检验证书。其证明的内容一般为产品所采用的畜、禽系来自安全非疫区,经过宰前、宰后检验,未发现检疫对象等。证书由主任兽医签发,是对外交货、银行结汇和进口国通关输入的重要证件。

3. 卫生检验证书(SANITARY INSPECTION CERTIFICATE)

卫生检验证书亦称健康机构证书(INSPECTION CERTIFICATE OF HEALTH),是证明出口动物产品、食品及人发等经过卫生检验或检疫合格的证件。证书上一般证明产品符合卫生要求,适合于人类食用或使用。肉类食品的卫生证书由主任兽医签发,其他食品由主任检验员签发。它是对外交货、银行结汇和通关验放的有效证件。

4. 消毒检验证书(INSPECTION CERTIFICATE OF DISINFECTION)

它是证明出口动物产品已经过消毒处理的检验证书,适用于猪鬃、马尾、皮张、人发等。除人发外,其他均由主任兽医签发。它是对外交货、银行结汇、国外通关的凭证。

5. 温度检验证书(INSPECTION CERTIFICATE OF TEMPERATURE)

它是证明出口冷冻商品温度的检验证书,是交货、结汇、通关的依据。

6. 重(质)量检验证书(INSPECTION CERTIFICATE OF WEIGHT)

它是根据不同的计量方式证明商品的重(质)量的书面证明文件。证明的内容为货物经何种计重方法得出的实际重量或数量,是对外贸易关系人交接货物、报关纳税、结算货款和运费、装卸费,以及索赔的有效证件。

7. 价值证明书(CERTIFICATE OF VALUE)

它是证明发票所列商品的价格真实、正确的书面证明文件,作为进口国外汇管理和关税征收的依据。L/C要求出具产地证明书包括价值证明时,须了解买方是否需海关发票,如不需要,可在产地证明书上加具"VALUE"字样(CERTIFICATE OF ORIGIN AND VALUE),并填上数量、单价和金额。

8. 熏蒸检验证书(INSPECTION CERTIFICATE OF FUMIGATION)

它是证明出口谷物、油籽、豆类、皮张等商品以及包装用木材与植物性填充物等已经过熏蒸杀虫,达到出口要求的书面证明文件,其中记载使用何种药物熏蒸和熏蒸时间。主要证明使用的药物、熏蒸的时间等情况,是交货、结汇、通关的凭证。如国外不需单独出证,可将熏蒸内容列入品质证书中。

9. 衡量检验证书(INSPECTION CERTIFICATE ON CARGO WEIGHT & MEASUREMENT)

它是证明出口商品的重量吨位和体积吨位的书面证明文件,是托运人和承运人据以计算运费,承运人制订装船计划和港口计算栈租、装卸、理算费用的依据。

10. 残损检验证书(INSPECTION CERTIFICATE ON DAMAGED CARGO)

它是证明进口商品残损情况、估定残损贬值程度和判断残损原因,以供索赔时使用的书面证明文件。

11. 船舱检验证书(INSPECTION CERTIFICATE ON TANK/HOLD)

它主要是证明装载前的船舱清洁或消毒情况、有否异味、能否装载某种货物等,如散装食用油,装船前对船舱检验后出具的证明文件内容,是承运人履行运输契约及对外贸易关系人进行货物交接和处理货损事故的依据。

此外,还有一些其他种类的商检证书是贸易双方针对特殊货物而在合同和信用证中规定需要出具的,例如植物检疫证书(图3-7)。

植 物 检 疫 证 书
PHYTOSANITARY CERTIFICATE

发货人名称及地址
Name and address of Consignor   XIAMEN FOR-TUNE IMPORT & EXPORT CO., LTD.
　　　　　　　　　　　　　　　　6H, NO. 392, JIAHE RD., (GUOTAI BLDG.) XIAMEN, CHINA
收货人名称及地址   TRUONG KHANH COMPANY LTD.
　　　　　　　　　　NO. 1B HAMLET, AN PHU COMMUNE, THUAN AN DISTRICT BINH DUONG PROVINCE, VIETNAM
Name and Address of Consignee
品名　　　　　　　　　　　　　　　　　　　　植物学名
Description of Goods　INCENSE POWDER　　Botanical Name of Plants　　***
报检数量
Quantity Declared　-18000-KGS

图3-7　植物检疫证书范本

包装种类及数量
Number and Type of Packages ___-600-PKGS___

产地
Place of Origin ___XIAMEN，CHINA___

到达口岸
Port of Destination ___HOCHIMINH CITY（CAT LAI）___

运输工具   报检日期
Means of Conveyance ___BY SEA___   Date of Inspection ___NOV. 26. 2015___

标记及号码
Mark & No.
N/M

兹证明上述植物、植物产品或其他检疫物已经按照规定程序检查和/或检验，被认为不带有输入国或地区规定的检疫性有害生物，并且基本不带有其他的有害生物，因而符合输入国或地区现行的植物检疫要求。

　　This is to certify that the plants, plant products or other regulated articles described above have been inspected and/or tested according to appropriate procedures and are considered to be free from quarantine pests specified by the importing country / region, and practically free from other injurious pests; and that they are considered to conform with the current by phytosanitary requirements of the importing country/region.

杀虫和/或灭菌处理
DISINFESTATION AND/OR DISINFECTION TREATMENT

日期   药剂及浓度
Date ___***___   Chemical and Concentration ___***___

处理方法   持续时间及温度
Treatment ___***___   Duration and Temperature ___***___

附加声明 ADDITIONAL DECLARATION
___*** *** ***___

印章 签证地点 Place of Issue ___XIAMEN CHINA___ 签证日期 Date of Issue ___NOV. 27 . 2008___
Official Stamp 授权签字人 Authorized Officer _____ 签　名 Signature

图 3-7 植物检疫证书范本（续）

（二）检验地点

检验地点可分为在出口国检验，在进口国检验和在出口国检验、在进口国复验三种。在当前的国际贸易中，广泛采用在出口国检验、在进口国复验的检验方法。

案例1

某公司从国外采购一批特殊器材，该器材指定由国外某检验机构负责检验合格后才能收货。后来接到此检验机构的报告，报告称质量合格，但是在其报告附注内说明，此项报告的部分检验记录由制造商提供，在这种情况下，买方能否以质量合格为由接受货物？

分析：

买方不能接受货物，原因：买卖双方签订合同时指定由国外某检验机构负责检验并签发商检证书，目的在于让商品检验机构检验货物，避免因卖方自己出具发货单而可能出现不真实的问题，而且商检机构对其签发的商检证书负有保证其真实性的责任。而本案中商检部门所出具的证书，尽管说明质量合格，但又言明部分记录由制造商提供，说明商检机构未能尽到自己的责任。对于买方来说，接受这样的商检证书风险很大。因此，买方不能接受商检证书，也不能凭此证书接受货物。

三、检验与复验的时间、地点及索赔

按照国际上通行的做法，检验的时间由买卖双方在合同中约定。买方通常应在货物到达目的港或卸货后若干天内对货物进行检验，这个期限也就是买方的索赔期限。例如，在买卖合同中规定，双方同意以某制造厂或某公证行出具的品质与数量或重量检验证书作为有关信用证项下付款的单据之一。但货物的品质及数量或重量的检验按具体规定办理：如货到目的港30天内由出入境商品检验检疫局复验，如发现货损货差，买方凭商检证书提出索赔。

通常受损方可向第三方提出索赔：

（1）保险公司承保范围的损失，可向保险公司提出索赔。

（2）属于船公司或承运人责任范围的，可向船公司或承运人提出索赔。

（3）属于买卖当事人之间责任范围的，向责任方提出索赔。买方超过期限而不检验，则丧失复验权，也就丧失了可能的索赔权。

案例2

甲国公司与乙国商人签订一份食品出口合同，按乙国商人要求将该批食品运至某港并通知丙国商人。货到目的港后，经丙国卫生检疫部门抽样化验发现霉菌含量超过该国标准，决定禁止在丙国销售并建议就地销毁。丙国商人去电请示，并经乙国商人的许可将货就地销毁。事后，丙国商人凭丙国卫生检疫机构出具的证书及有关单据向乙国商人提出索赔。乙国商人理赔后，又凭丙国商人提供的理赔依据向甲国公司索赔。对此，你认为甲国公司应如何处理？

分析：

如果甲国公司与乙国商人签订的食品出口合同中规定：双方同意以出口商品检验局所签发的品质/数量检验证书作为合同以及信用证项下议付单据的一部分，同时买主有权对货物进行复检。若发现货物品质或数量与合同不符，买方有权向卖方索赔，但需提供经卖方同意的公证机构出具的检验报告。本案中，甲方需确认乙方提供的丙国卫生检疫证书是否是双方约定的机构出具的，是否在索赔期限内提出。

如果甲国公司与乙国商人签订的食品出口合同中规定：双方同意以进口国（含丙国）商品检验局所签发的品质/数量检验证书作为合同以及信用证项下议付单据的一部分，同时买主（含丙国商人）有权自行对货物进行处置，无须征得甲方同意，则本案中的甲方只能按要求理赔。

按照国际惯例，FOB、CIF、CFR合同的复验地点是在目的港；如目的地不是港口而是内地，或不适宜检验，则合同中应规定复验地点可延伸至内地；当货物存在用一般检验方法不能查出的瑕疵时，复验地点可延伸至可以有效进行检验的地方。

四、订立检验条款应注意的事项

在订立检验条款时除必须明确检验的时间、地点、检验机构名称以及证书的种类外，还必须注意以下三个方面的问题：

（1）检验条款的内容应与合同其他条款的内容相衔接，不能产生矛盾。检验证书的内容要与品质、数量、包装以及信用证的内容完全相同，否则不利于合同的履行及货款的支付。例如，在采用信用证支付方式时条款下有关商检机构、检验证书等规定必须与支付条款有关议付单据的规定相一致。若我方提交的商检证书与信用证的规定不符，就会遭到银行的拒付。

（2）应明确规定进出口商品复验地点、复验期限和复验机构。按照国际惯例，不管交货是实际性交货还是象征性交货，除非双方与当事人另行达成协议，货物复验的时间和地点都不是在交货地，而是在目的地。这种目的地通常是指最后目的地。对于国外复验机构的选定，应选择政治上对我方较友好，又有一定业务能力的机构。

（3）应明确进出口商品的检验方法。对于出口商品．应坚持由我国商品检验机构按我国有关检验标准及规定的方法进行检验。目前暂无统一标准的，可参照同类商品的标准或由我生产部门会同商检部门共同商定的标准及检验方法进行。同时，也不排除对个别商品采用国外标准及方法进行检验。对我国的进口商品检验，除按合同规定办理外，也可按生产国标准或国际通用标准进行。

五、进出口商品的检验程序

进出口商品的检验，归纳总结为报验→抽样→检验→签证或发行，进口商品应最迟不少于1/3的对外索赔期的时间内填写报验单，同时提交合同、发票、货运单据等相关资料。

凡属国家规定或协议规定必须经中华人民共和国出入境检验检疫局出证的商品，在货物备齐后，必须向出入境检验检疫局申请检验，取得商检局颁发的合格的检验证书后，海关才准予放行。凡经检验不合格的货物，一律不得出口。有些合同中已明确规定呈交检验证明，即使没有规定，在海运出口托运环节中，未经海关检验合格是不能装船出运的。因而在托运的同时，应办理报验。

出口商品检验总的来说分为法定检验和非法定检验两大部分，其中法定检验的范围包括"商检机构实施检验的进出口商品种类表"及其他法律、法规规定必须经过商检机构和国家商检部门、商检机构指定的检验机构检验的进出口商品。

1. 法定检验出口的检验工作程序

法定检验出口的检验工作程序如图3-8所示。

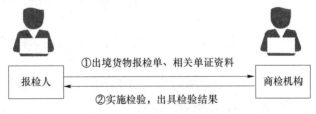

图3-8 法定检验出口的检验工作程序

① 报检人填写"出境货物报检单"，提供合同、信用证及有关单证资料。

② 商检机构对已报检的出口商品实施检验，并出具检验结果。

a. 直接出口的出口商品，经检验合格后出具"出境货物通关单"或商检证书。

b. 运往口岸或已出口的出口商品，经检验合格后出具"出口商品检验报检凭单"；经检验不合格的，出具"出口商品检验不合格通知单"。

2. 非法定检验出口的检验工作程序

非法定检验出口的检验工作程序，如图 3-9 所示。

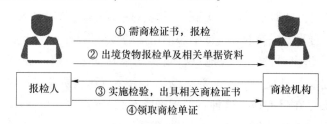

图 3-9 非法定检验出口的检验工作程序

① 据合同、信用证的规定或申请人的要求，需商检机构检验出具商检证书的，可向商检机构报检。

② 填写"出境货物报检单"，并提供有关单据及资料。

③ 商检机构根据申请人的申请，对出口商品实施检验。对合格的出具商检证书，对不合格的则出具"出口商品不合格通知单"。

④ 领取商检单证。

六、出境货物报检单的填写

出境货物报检单所列各栏必须填写完整、准确、清晰，栏目内容确实无法填写的以"＊＊＊"表示，不得留空，如图 3-10 所示（背景材料为第二章信用证范本二）。

（1）报检单位：指向检验检疫机构申报检验、检疫、鉴定业务的单位，报检单位应写单位全称并加盖公章（已做报检专用章备案的企业可加盖报检专用章）。

（2）报检单位登记号：指在检验检疫机构的报检注册登记的十位数字代码。

（3）联系人：填写报检单位联系人姓名。

（4）电话：填写报检单位联系人的电话。

（5）报检日期：此栏不需填写。自动显示检验检疫机构电子平台系统日期。

（6）编号：此栏不需填写，由检验检疫机构电子平台系统自动生成 15 位数的报检流水号。

（7）发货人：指本批货物的贸易合同中卖方名称或信用证中的买方名称，如需要出具英文证书的，填写中英文。

（8）收货人：指本批出境货物贸易合同中或信用证中买方的名称，如需要出具英文证书的，填写中英文。

（9）货物名称：按贸易合同或发票所列货物名称所对应国家检验检疫机构制定公布的《检验检疫商品目录》所列的货物名称填写。

（10）H.S. 编码：指货物对应的海关《商品分类及编码协调制度》中的代码，填写 8 位或 10 位阿拉伯数字。以当年海关公布的商品税则编码分类为准。

（11）产地：指货物的实际生产/加工地的省（自治区、直辖市）以及地区（市）名称。无生产地的应填报货源地，国外进境货物需再次出口的填写"境外"。

（12）数量/重量：填写报检货物的数量/重量，重量一般以净重填写，如填写毛重，或以毛重做净重，则需注明。也可根据需要同时输入数量和重量。

（13）货物总值：按本批货物合同或发票上所列的总值填写（以美元计），如同一报检单报检多批货物，需列明每批货物的总值。预报检货物可以人民币为币种。（注：如申报货物总值与国内、国际市场价格有较大差异，检验检疫机构保留核价权力。）

（14）包装种类及数量：指本批货物运输包装的种类及数量。填写"其他"的应注明实际包装种类。

（15）运输工具名称号码：填写货物实际装载的运输工具类别名称（如船、飞机、货柜车、火车等）及运输工具编号（船名、飞机航班号、车牌号码、火车车次）。报检时，未能确定运输工具编号的，可只填写运输工具类别。

（16）贸易方式：填报货物的实际贸易方式，应与报关单一致。一般分为一般贸易、三来一补、边境贸易、来料加工、进料加工、补偿贸易、无偿援助等。如无对应的贸易方式，应填报"其他贸易性货物"或"其他非贸易性货物"。

（17）货物存放地点：指本批货物存放的具体地点位置。需与货物实施现场采样货监督查验时的地址一致。

（18）合同号：指贸易双方就本批货物出境而签订的贸易合同编号。

（19）信用证号：指本批货物所对应的信用证编号。对于不以信用证方式结汇的，应注明结汇方式，如"T/T"。

（20）用途：指本批货物出境后的实际用途，如商用、种用、食用、奶用、观赏或演艺、伴侣动物、实验、药用、饲用、加工等。

（21）发货日期：按本批货物信用证或合同所列的出境日期填写。预报检此栏可不填。

（22）输往国家（地区）：指贸易合同中买方（进口方）所在国家或地区，或合同注明的最终输往国家和地区。对发生运输中转的货物，如中转地未发生任何商业性交易或再加工，则填写最终输往国家（地区）。如中转地发生商业性交易或再加工，则以中转地为输往国家（地区）进行填报。

（23）许可证/审批单号：对国家出入境检验检疫局已实施《出口商品质量许可证制度目录》下的出口货物和其他已实行许可制度、审批制度管理的货物，报检时填写安全质量许可证编号或审批单编号。

（24）启运地：指装运本批货物离境的交通工具的启运口岸/地区城市名称。

（25）到达口岸：指装运本批货物的交通工具最终抵达目的地停靠的口岸名称。

（26）生产单位注册号：指生产/加工本批货物的单位在检验检疫机构的注册登记编号。

（27）集装箱规格、数量及号码：填写装载本批货物的集装箱规格（如40英尺、20英尺等）以及分别对应的数量和集装箱号码全称。若集装箱太多，可用附单形式填报。当单一报检批有两种或两种以上规格时，应按规格分别录入。装载易腐烂变质货物时应录入集装箱号码。

（28）合同订立的特殊条款以及其他要求：指贸易合同或信用证中贸易双方对本批货物特别约定而订立的质量、卫生等条款和报检单位对本批出境货物的检验检疫的其他特别要求。对于展览品回运出境，报检单位应在本栏内注明"展品（国内展会）"的字样。

（29）标记及号码：按出境货物实际运输包装标记填写，如没有标记，填写"N/M"，标记填写不下时可用附页填报。该栏内不得填报任何无关内容。

（30）随附单据：按实际提供的单据，在对应的窗口打"√"。

(31) 需要单证名称：按需要检验检疫机构出具的单证，在对应的窗口打"√"，并应注明所需单证的正副本的数量。

(32) 检验检疫计费：由检验检疫工作人员填写实际的检验检疫费用。

(33) 报检人郑重声明：必须有报检人的亲笔签名。

(34) 领取证单：报检人在领取证单时填写领证日期并签名。

中华人民共和国出入境检验检疫
出境货物报检单

报检单位（加盖公章）： *编　　号：

报检单位登记号：　　联系人：　　电话：　　报检日期：16 年 08 月 25 日

发货人	（中文）厦门 M.N. 工贸有限公司				
	（外文）RELIANCE M AND N INDUSTRIES LIMITED				
收货人	（中文）印尼丹蒙特进出口有限公司				
	（外文）HARAPANSUKSES JAYA PT L. DAAN MOGOT KM 11/45 JAKARTA BARAT				
货物名称（中/外文）	H.S. 编码	产地	数量/重量	货物总值	包装种类及数量
穿孔机	84481100.90	中国厦门	5,000 SETS/ 8,500.00KGS	USD76,350.00	纸箱　500
运输工具名称号码	CHANGMING V.5299	贸易方式	一般贸易	货物存放地点	厦门
合同号	MN16EXP01-003	信用证号	014ITSY060397	用途	无缝钢管穿孔机
发货日期	2016.09.02	输往国家（地区）	印度尼西亚	许可证/审批单号	*****
启运地	厦门	到达口岸	雅加达	生产单位注册号	35021568U0

集装箱规格、数量及号码　VGHKU9563/ 1X40'GP

合同订立的特殊条款以及其他要求	标记及号码	随附单据（画"√"或补填）	
	MN16EXP01-003 JAKARTA NO.: 1-500 MADE IN CHINA	☑合同	□包装性能结果单
		☑信用证	□许可/审批文件
		☑发票	□
		☑换证凭单	□
		☑装箱单	□
		□厂检单	□
需要单证名称（画"√"或补填）		检验检疫计费	

图 3-10　出境货物报检单范本

□品质证书	正　副	□植物检疫证书	正　副	总金额	
□重量证书	正　副	☑熏蒸/消毒证书	正　副	（人民币元）	
□数量证书	正　副	□出境货物换证凭单		计费人	
□兽医卫生证书	正　副	☑通关单			
□健康证书	正　副	□		收费人	
□卫生证书	正　副	□			
□动物卫生证书	正　副	□			
报检人郑重声明： 1. 本人被授权报检。 2. 上列填写内容正确属实，货物无伪造或冒用他人的厂名、标志、认证标志，并承担货物质量责任。 　　　　　　　　　　　　签名：＿＿＿＿＿				领取证单	
				日期	
				签名	
注：有 * 号栏由出入境检验检疫机关填写。					

图 3-10　出境货物报检单范本（续）

七、出境货物通关单

办理报检时，应根据信用证或进口商要求，在出境货物报检单的"需要单证名称"栏下，选择所需商检证书。若商品为监管条件有 B 的出口法检商品，则"通关单"为必选单证。报检等待 1 小时后，出口商即可在"单据中心"查收到由商检部门签发的"出境货物通关单"及其他商检证书。出境货物通关单由国家质量监督检验检疫机构（THE ADMINISTRATIONS OF QUALITY SUPERVISION）签发，该文件通常加盖出入境口岸出入境检验检疫局专用章。

（一）定义

出境货物通关单（CUSTOMS CLEARANCE OF EXIT COMMODITIES），是指国家质量监督检验检疫总局授权的出入境检验检疫机构依法对列入《检验检疫法检目录》，以及虽未列入《检验检疫法检目录》，但国家有关法律、行政法规明确由出入境检验检疫机构实施检验检疫的出境货物及特殊物品等签发的出口货物发货人或其代理人已办理报检手续的证明文件。

出境货物通关单监管证件代码为"B"；监管证件代码"D"专指《金伯利进程国际证书制度》规定的毛坯钻石进出境需提交的入/出境货物通关单。

（二）管理规定

（1）列入《检验检疫法检目录》的出境货物，企业应持出口货物报关地出入境检验检疫机构签发的出境货物通关单向海关办理申报手续。

（2）对外经济技术援助出口物资（不论是否列入《检验检疫法检目录》），海关验核商务部出具的援外项目任务通知函以及报关地口岸出入境检验检疫机构签发的加注"援外出口物资"字样的出境货物通关单，并按规定办理通关手续。

我国政府对外人道主义紧急救灾援助物资，海关验核商务部出具的援外项目任务通知函以及报关地口岸出入境检验检疫机构出具的加注"援外出口物资"字样的出境货物通关单，并按规定办理口岸验放手续。

（3）从金伯利进程成员国进口毛坯钻石实行检验检疫管理。

① 不分贸易方式和运输方式，以及保税区、保税仓库、出口加工区和出口监管仓库出境毛坯钻石，海关验核检验检疫机构签发的出境货物通关单，并按规定办理出境手续；

② 加工贸易深加工结转不需提交出境货物通关单。

（4）出口以非CFCs为制冷剂的工业、商业用压缩机时，出口经营者应向检验检疫机构提供产品为以非CFCs为制冷剂的书面保证，海关验核检验检疫机构出具的出境货物通关单，并按规定办理通关手续。

出口以氯氟烃物质（简称CFCs）为制冷剂、发泡剂的家用电器产品，海关验核检验检疫机构出具的出境货物通关单，并按规定办理通关手续。

（5）出口罂粟籽（商品编码：12079100），海关验核检验检疫机构注明"已经检验检疫机构灭活处理"或"经检验鉴定发芽率0%"的出境货物通关单，并按规定办理出口验放手续。

出口大麻籽（商品编号：12079999），海关验核检验检疫机构签发的出境货物通关单，并按规定办理出口验放手续。

（6）出口牙膏列入进出口商品监督抽查计划，批批检验，海关验核检验检疫机构出具的出境货物通关单，并按规定办理通关手续。

（7）自2007年8月30日起，对塑料餐具及厨房用具、塑料制其他家庭用具及卫生或盥洗用具、铝制高压锅、全地形车等产品进行强制出口检验管理。

（8）自2008年1月1日起，对出境货物通关单实施联网核查，通关单只能有效使用一次，纸质单证信息与电子数据必须一致，否则将做退单处理，与报关单相关申报内容也须一致，具体要求为：

① 报关单的经营单位与通关单的收/发货人一致。

② 报关单的运抵国（或地区）和通关单的输往国家（或地区）一致。

③ 报关单上法检商品的项数和次序与通关单上货物的项数和次序一致。

④ 报关单上法检商品与通关单上对应商品的HS编码一致。

⑤ 报关单上每项法检商品的以法定第一计量单位计量的数量/重量不允许超过通关单上对应商品的数量/重量。

⑥ 报关单上法检商品的第一计量单位与通关单上货物数量/重量计量单位相一致。

⑦ 出口货物报关单上的"申报日期"必须在出境货物通关单的有效期内。

⑧ 申报法检商品必须录入通关单编号，并且一票报关单只允许填报一个通关单编号。

⑨ 涉及《加工贸易手册》、电子账册的出口货物，企业选择海关备案数据填制报关单，报关单上法检商品的项号应与通关单项号一致。

⑩ 报关单涉及法检商品与非法检商品的，必须先录入法检商品，后录入非法检商品。

⑪ 商品归类以海关认定为准，报关单上法检商品的HS编码经海关确认归类有误的，企业需向出入境检验检疫机构申请修改通关单。

（9）出口加工区实行检验检疫管理的货物，在加工区内实施检验检疫，海关验核入境货物通关单，并按规定办理通关手续。

（10）出入境检验检疫机构对中亚油气合作项目下出口的施工器械（含配件）和人员自用的办公、生活物资等，免于检验检疫，不出具货物通关单，海关不验核货物通关单。对出口的施工材料（包括安装设备），出入境检验检疫机构按有关规定实施产地检验，无法落实产地检验的，由口岸检验检疫机构落实检验，海关验核货物通关单。出入境检验检疫机构对中亚油气合作项目完工后需返回的物资做好登记。对完工后属从国内运出返回的物资（不得含有食品）免于检验，不出具货物通关单，海关不验核货物通关单。

（11）自 2010 年 7 月 1 日起，对从境内区外进入出口加工区、保税港区、综合保税区、驻澳跨境工业区珠海园区、中哈霍尔果斯国际边境合作中心中方配套区域的货物，海关不验核出境货物通关单。

（12）出境货物通关单在报关单"随附单据"代码栏填报相应的监管证件代码"B"或"D"，在编号栏填报出境货物通关单编号。

出境货物通关单范本如图 3 - 11 所示。

中华人民共和国出入境检验检疫
出境货物通关单

编号：

1.发货人		5.标记及号码
2.收货人		
3.合同/信用证号	4.输往国家或地区	
6.运输工具名称及号码	7.发货日期	8.集装箱规格及数量
9.货物名称及规格	10.H.S.编码	11.申报总值	12.数/重量、包装数量及种类

13.证明

上述货物业经检验检疫，请海关予以放行。

本通关单有效期至　　年　月　日

签字：　　　　　　日期：　年　月　日

14.备注

图 3 - 11　出境货物通关单

实训项目一:缮制出口货物订舱委托书

请以单证员身份,根据图 3-12 所示合同资料,在货物出口前缮制出口货物订舱委托书(图 3-13)。

		S/C NO.:SHHX98027			
		DATE:03-APR-16			
The Seller:HUAXIN TRADING CO.,LTD.		THE BUYER:JAMESBROWN & SONS			
ADDRESS:14TH FLOOR KINGSTAR MANSION,676 JINLIN RD.,SHANGHAI,CHINA		ADDRESS:#304-301,JALAN STREET,TORONTO,CANADA			
ART. NO.	Commodity	Unit	Quantity	Unit Price (US $)	Amount (US $)
HX1115 HX2012 HX4405 HX4510	CHINESE CERAMIC DINNERWARE 35PCS DINNERWEAR&Tea SET 20PCS DINNERWARE SET 47PCS DINNERWARE SET 95PCS DINNERWARE SET	SET SET SET SET	542 800 443 254	23.50 20.40 23.20 30.10	CIFC5% TORONTO 12,737.00 16,320.00 10,277.60 7,645.40 46,980.00
TOTAL CONTRACT VALUE:SAY US DOLLARS FORTY SIX THOUSAND NINE HUNDRED AND EIGHTY ONLY.					
PACKING:	HX2012 IN CARTONS OF SETS EACH AND HX1115,HX4405 AND HX4510 TO BE PACKED IN CARTONS OF 1 SET EACH ONLY. TOTAL:1,639 CARTONS				
PORT OF LOADING & DESTINATION:	FROM:SHANGHAI TO:TORONTO				
TIME OF SHIPMENT:	TO BE EFFECTED BEFORE THE END OF APRIL,2016 WITH PARTIAL SHIPMENT ALLOWED				
TERMS OF PAYMENT:	THE BUYER SHALL OPEN THOUGH A BANK ACCEPTABLE TO THE SELLER AN IRREVOCABLE L/C AT SIGHT TO REACH THE SELLER BEFORE APRIL 10,2016 VALID FOR NEGOTIATION IN CHINA UNTIL THE 15TH DAY AFTER THE DATE OF SHIPMENT.				
INSURANCE:	THE SELLER SHALL COVER INSURANCE AGAINST WPA AND CLASH & BREAKAGE & WAR RISKS FOR 110% OF THE TOTAL INVOICE VALUE AS PER THE RELEVANT OCEAN MARINE CARGO OF P.I.C.C. DATED 1/1/1981.				
Confirmed by:					
	THE SELLER HUAXIN TRADING CO.,LTD (signature)		THE BUYER JAMESBROWN & SONS (signature)		

图 3-12 合同范本

BOOKING FORM

发货人 Shipper	
收货人 Consignee	
被通知人 Notified Party	
船名/航次 Vessel/Voy	

装货港 Port of Loading	目的港 Port of Discharge	箱量 Volume	
		20'（　）	40'（　）
		CFS（　）	40' HQ（　）

唛头及号码 Marks and Numbers	件数 Packages	货品名称 Description of Goods	毛重 (KGS.)	体积 (CBM.)

运费结算　Payment Terms　　　　　　　　　提单类型
☐预付金额　　　　☐到付金额　　　　　　　☑船东单 Master B/L　☐代理公司单 Agent B/L
Freight Prepaid　Freight Collect　　　　　☐电放单 Telex Release　☐同行货代单 House B/L

发票类型　Invoice Type
☑货运税票　Taxable Invoice
☐普通发票　Debt note

拖车方式　　　　　　　　　　　　　联系人/电话/传真
☑自行拖车　SELF-Trucking　　　　　Contact/Tel/Fax
☐委托拖车　Assigned-Trucking　　　Tel：+86-21-2860789　Fax：+86-21-2860788

装货地点　　　　　　　　　　　　　装货时间　电话确认
Place of Receipt　　　　　　　　　　Appointed Date

报关方式 Customs Clearance	☑自行报关 SELF-Customs Clearance			
	☐委托报关 Assigned	☑一般贸易 General Trading	☐转关 Customs Transit	☐手册报关 Customs Hand-book

特别要求　　　　　　　　　　　　　托运人签字盖章
Special Requirement　　　　　　　　Shipper（Seal）
　　　　　　　　　　　　　　　　　托运日期
　　　　　　　　　　　　　　　　　Date

图 3-13　委托书（续）

实训项目二：缮制出口货物报关单

一、背景材料

我国某出口公司——广东纺织进出口广通贸易有限公司（4401913490，GUANGDONG TEXTILE IMP & EXP CO.，LTD）向阿联酋买商：THE NORWICH WINTERTHUR INSURANCE (GULF) LTD. P.O. BOX. 290. DUBAI 出口货物一批，以一般贸易出口运输，细节如下：

合同协议号：C215-98-GD
品名及规格：女尼龙长裤（LADIES LYCRA LONG PANT）
产地：中国广东东莞
品名 HS 编码：6140.6300
批准文号：2918306，一般征税
数量：4 000 条
包装：400 箱
重量：毛重：2 400KGS，净重：2 200KGS
运输标志：MAHALAJA DEIRA/GD/DUBAI/NO. 1-400
价格：每条 2.3 美金 CIF 迪拜
装运：启运港：广州（口岸及代码：新风罗冲 5102）；目的港 DUBAI，运费 USD780
船名：JI CHANG V. 312

二、实训要求

根据上述条件草拟一份出口报关单，将图 3-14 所示报关单（部分）的内容补充完整。

中华人民共和国海关出口货物报关单

预录入编号：　　　　　　海关编号：

收发货人	出口口岸	出口日期	申报日期
生产销售单位	运输方式	运输工具名称	提运单号
申报单位	监管方式	征免性质	备案号
贸易国（地区）	运抵国（地区）	指运港	境内货源地
许可证号	成交方式	运费	保费	杂费
合同协议号	件数	包装种类	毛重	净重

图 3-14 货物报关单

续表

集装箱号		随附单证						
标记唛码及备注								
项号	商品编号	商品名称、规格型号	数量及单位	最终目的国（地区）	单价	总价	币制	征免

税费征收情况
申报要素：
用途：
特殊关系确认：是/否　　价格影响确认：是/否　　支付特权使用费确认：是/否

录入员	录入单位	兹声明以上内容承担如实申报、依法纳税之法律责任	海关批注及签章
报关人员		申请单位（签章）	

图 3-14　货物报关单（续）

实训项目三：填制出口货物报检单

一、背景材料

参照实训项目一。

二、实训要求

根据上述条件草拟一份出口货物报检单，将图 3-15 所示报检单（部分）的内容补充完整。

中华人民共和国出入境检验检疫
出境货物报检单

报检单位（加盖公章）：　　　　　　　　　　　　　＊编　　号：
报检单位登记号：　　联系人：　　电话：　　报检日期：

发货人	（中文）
	（外文）
收货人	（中文）
	（外文）

图 3-15　货物报检单

续表

货物名称 （中/外文）	H.S. 编码	产地	数量/重量	货物总值	包装种类 及数量
运输工具 名称号码		贸易方式		货物存放地点	
合同号		信用证号	DG6107805	用途	
发货日期		输往国家 （地区）		许可证/审批号	*****
启运地		到达口岸		生产单位注册号	
集装箱规格、数量及号码	EMCU9745296/1X20'GP				

图3-15　货物报检单（续）

第四章

主要出口结汇单证

学习目标

本章重点讲授主要出口结汇单证下汇票、商业发票、装箱单、海运提单、保险单的制作。通过学习与实践，使学生了解各种国际贸易单证的格式及填制方法，掌握各种单证的缮制技能。

案例导入

出口托运货物单证

湖州正新贸易有限公司在收到信用证后，就开始安排货物生产，在货、证齐备后，填制订舱委托书，随附商业发票、装箱单等其他必要单据，委托上海远运代理公司代为订舱。上海远运代理公司接受订舱委托后，缮制集装箱货物托运单，随同商业发票、装箱单等其他必要单证一同向船公司办理订舱。

船公司根据具体情况，在接受订舱后，在托运单的几联单据上编上与 B/L 号码一致的编号，填上船名、航次，并签署，即表示已确认湖州正新贸易有限公司的订舱，同时把配舱回单、装货单（SHIPPING ORDER：S/O）等与湖州正新贸易有限公司有关的单据退还给湖州正新贸易有限公司。至此完成订舱工作。

思考：在整个出口托运过程中，卖方即发货人主要制作哪几张单据？

第一节　汇　　票

一、概述

据《中华人民共和国票据法》第二章第 19 条中的定义：汇票（BILL OF EXCHANGE，简称 BILL 或 DRAFT）是出票人签发的，委托付款人在见票时或者在指定日期无条件支付确定金额给收款人或持票人的票据。按照各国广泛引用或参照的《英国票据法》对汇票的定义：汇票是由一人向另一人签发的，要求即期或定期或在可以确定的将来的时间，对某人或其指定人或持票人支付一定金额的无条件书面支付命令。

汇票是一种支付工具，多作为国际结算、押汇工具使用，也可以作为信贷工具。在以信用证为支付方式下，一般用汇票作为可以支取信用证金额的凭证，是主要的支付工具。汇票在本质上是一种票据，而不是单据。但它作为信用证交易单证的组成部分，因此汇票的所载内容也必须符合信用证条款及《UCP600》的相关规定。可见，对于一个合格的单证员来说，汇票的填制也是极其重要的。

那么，在本节中主要是把信用证和汇票结合起来说明。

二、汇票的当事人

汇票有三个基本当事人，即出票人、付款人和收款人。

出票人（DRAWER）写成汇票并将汇票交付给收款人。在进出口业务中，通常是出口商。

付款人（DRAWEE/PAYER）是出票人在汇票中指定的，在收到汇票指示时进行付款的当事人。在进出口业务中，通常是进口商或其指定的银行。

收款人（PAYEE）即受款人，是从出票人手中获得汇票的当事人，也是基本当事人中唯一的债权人。在进出口业务中，若信用证没有特殊指定，受款人通常是出口商本人或其指定的银行。

三、汇票的种类

汇票可从不同的角度进行分类：

1. 商业汇票和银行汇票（COMMERCIAL DRAFT AND BANKER'S DRAFT）

这是以出票人的不同来划分的。商业汇票是由工商企业或个人签发的汇票；银行汇票则是由银行或其他金融机构签发的汇票。

2. 光票和跟单汇票（CLEAN DRAFT AND DOCUMENTARY DRAFT）

这是以汇票是否随附货运单据来划分的。光票是指不附货运单据的汇票；跟单汇票是指附有提单、发票等货运单据的汇票。

3. 即期汇票和远期汇票（SIGHT DRAFT/DEMAND DRAFT AND TIME DRAFT/USANCE DRAFT）

这是以付款期限来划分的。即期汇票是规定付款人见票时立即付款的汇票；远期汇票是规定付款人在见票后某一个将来的日期付款的汇票。

对于远期汇票的付款时间有以下几种规定：

（1）见票后若干天付款（AT ... DAYS AFTER SIGHT）；

（2）出票日后若干天付款（AT ... DAYS AFTER DATE）；

（3）提单签发日后若干天付款（AT ... DAYS AFTER DATE OF B/L）；

（4）指定日期付款（AT A FIXED DATE IN FUTURE）。

4. 商业承兑汇票和银行承兑汇票（COMMERCIAL ACCEPTANCE DRAFT AND BANKER'S ACCEPTANCE DRAFT）

这是以承兑人的不同划分的。商业承兑汇票是由工商企业或个人承兑的远期汇票；银行承兑汇票是由银行承兑的远期汇票。

四、汇票的内容

汇票必须要式齐全，即应当具备必要的内容。如果汇票上所记载的必备项目不全，则汇票无效。各国票据法对票据必要项目的规定并不完全一样，但基本内容是相同的。我国票据法第 22 条明确规定汇票必须记载下列事项：

（1）应注明"汇票"字样（BILL OF EXCHANGE）。
（2）无条件支付命令（UNCONDITIONAL ORDER TO PAY）。
（3）确定的金额（THE SUM CERTAIN IN MONEY）。
（4）付款人名称和地址（DRAWEE/PAYER AND PLACE）。
（5）收款人名称（PAYEE）。
（6）出票日期（DATE OF ISSUE）。
（7）出票人签章（DRAWER）。

五、汇票的使用

汇票的使用通常须经过出票、提示、承兑、付款、背书、贴现等环节。如须流通转让，还须通过背书；遭到拒付时，还要做成拒付证书，以便依法追索等。

1. 出票（DRAW/ISSUE）

出票是指出票人签发票据并将其交给收款人的行为。出票行为由两个具体动作构成：一是做成汇票；二是将其交付给收款人。由于出票是设立债权债务的行为，因此，交付行为是出票的关键。只有经过交付，汇票的各种票据行为才开始生效且不可撤销。

在出票时，对汇票受款人通常有三种写法：

（1）限制式抬头。
（2）指示式抬头。
（3）来人式抬头，又称持票人抬头。

2. 提示（PRESENTATION）

提示是指持票人向付款人出示汇票并要求承兑或付款的行为。付款人看到汇票叫作"见票"（SIGHT）。提示分为承兑提示和付款提示两种。远期汇票通常应先向付款人作承兑提示，然后于汇票到期日再作付款提示，即期汇票则只须作付款提示。

3. 承兑（ACCEPTANCE）

承兑是指付款人承诺在汇票到期日支付汇票金额的行为。

4. 付款（PAYMENT）

付款是指付款人或承兑人向持票人清偿汇票金额的行为。付款人付清款额后，持票人应在汇票上记载收讫字样并签名，将汇票交给付款人作为收据存查。

5. 背书（ENDORSEMENT/INDORSEMENT）

背书是指由汇票持有人在汇票背面或粘单上记载有关事项并签章的行为。这一行为的目的是将全部或部分汇票权利转让给他人。通过背书，汇票可以不断转让下去。对受让人而言,所有在他以前的背书人及原出票人都是他的"前手";对出让人而言,凡是在他以后的受让人都是他的"后手"。"前手"对"后手"负有保证汇票必定被承兑或付款的担保责任。

如出票人在汇票上记载了"不得转让"字样或以其他文字限定收款人名称的,则汇票不得转让。

6. 贴现(DISCOUNT)

贴现是指持票人将汇票背书转让给银行,银行扣除贴现息后将余款付给持票人的行为。银行贴现后,就成为汇票的持有人,可将汇票在市场上继续转让或到期向付款人索取票款。

7. 拒付(DISHONOR)

拒付也称退票,是指汇票在提示付款或提示承兑时遭到拒绝。值得注意的是汇票的拒付行为不局限于付款人正式表示不付款或不承兑,在付款人或承兑人拒不见票、死亡、宣告破产或因违法被责令停止业务活动等情况下,使付款在事实上已不可能,也构成拒付。当付款人拒付时,出票人应根据原契约与其进行交涉。

8. 追索(RECOURSE)

追索是指汇票被拒付后,持票人要求其前手背书人、出票人、承兑人清偿汇票金额及有关费用的行为。追索金额为票据金额加利息和做成拒绝证书等费用。

六、汇票的缮制

汇票属于资金单据,它可以代替货币进行转让或流通。因此,汇票是一种很重要的有价证券。为了防止丢失,一般汇票都有两张正本,即 FIRST EXCHANGE 和 SECOND EXCHANGE。根据票据法的规定,两张正本汇票具有同等效力,但付款人付一不付二,付二不付一,先到先付,后到无效。银行在寄送单据时,一般也要将两张正本汇票分为两个邮次向国外寄发,以防在邮程中丢失。汇票的使用方式有顺汇法和逆汇法两种。逆汇法是指出口商开出汇票,要求付款。顺汇法是指进口商向其本地银行购买银行汇票,寄给出口商,出口商凭此向汇票上指定的银行取款。

信用证结算方式下的汇票缮制,不仅要严格符合信用证的要求,还要符合汇票的规范制法。汇票每栏具体填制方法如下:

(一)汇票名称

汇票上应明确标明"BILL OF EXCHANGE"(汇票)字样。也可使用"EXCHANGE"或"BILL",一般已印妥。

(二)出票依据(DRAWN UNDER)

"出票依据"表明汇票起源。一般内容有三项:开证行名称、信用证号码和开证日期。出票依据是说明开证行在一定的期限内对汇票的金额履行保证付款责任的法律根据,是信用证项下汇票不可缺少的重要内容之一。

(三)利息(INTEREST)

此栏填写合同或信用证规定的利息率。若没有规定,此栏留空。

(四)号码(NUMBER/NO.)

填写商业发票的号码。实务中也可留空不填。

（五）小写金额（AMOUNT IN FIGURES）

汇票单据中 EXCHANGE FOR 后一般填写确切的金额数目，使用货币缩写和用阿拉伯数字表示的金额小写数字。例如 USD364.08。

除非信用证另有规定，汇票金额所使用的货币应与信用证和发票所使用的货币一致。在通常的情况下，汇票金额为发票金额的 100%，但不得超过信用证规定的总金额或增减幅度范围。

（六）出票地点及日期（PLACE AND DATE）

填写出票的地点及日期。

汇票的出票地点一般为出口公司的所在地，汇票必须注明出票地点，因为汇票如在一个国家出票，在另外一个国家付款，则须确定以哪个国家的法律为依据，然后才能判断汇票所具备的必要项目是否齐全，从而使之有效。

汇票的出票日期不得迟于信用证的有效日期，也不得迟于信用证的最后交单期。

（七）付款期限（TENOR）

付款期限在汇票中用"AT…SIGHT"表示。

汇票的付款期限主要有两种：即期和远期。

信用证项下即期付款的汇票在本栏印就的"AT…SIGHT"之间空白处添上"------"或"******"即可，变成"AT SIGHT"，如图 4-1 所示，也可直接打上"AT SIGHT"（不留空），表示见票即付，即在汇票被提示时，付款人立即付款。

远期汇票的付款期限，主要有四种规定：

（1）见票后若干天付款（AT…DAYS AFTER SIGHT）。例如本栏表示为"AT 60 DAY AFTER SIGHT"，其意为持票人向付款人提示汇票时，付款人先承兑，从承兑日后第 60 天为到期日，付款人付款。

（2）出票日后若干天付款（AT…DAYS AFTER DATE）。例如本栏表示为"AT 60 DAY AFTER DATE"，同时将汇票上印就的"SIGHT"一词划掉，其意为以本汇票所记载的出票日期后第 60 天为付款到期日。

（3）提单签发日后若干天付款（AT…DAYS AFTER DATE OF B/L），例如本栏表示为"AT 60 DAYS AFTER DATE OF B/L"，同时将汇票上印就的"SIGHT"一词划掉，其意为以提单日后第 60 天为付款到期日。

（4）指定日期付款（AT A FIXED DATE IN FUTURE），即以固定×月×日为付款到期日。

其中第一种方式使用最多，第三种次之，而第二种和第四种比较少见。

如果信用证条款未明确规定汇票的付款期限，按惯例可视为即期付款。

汇票一般有两联，第一联与第二联除在付款期限后的一句话有不同外，其他内容都是一致的。第一联规定"AT…SIGHT OF THIS FIRST EXCHANGE（SECOND OF EXCHANGE BEING UNPAID）"第二联则规定"AT…SIGHT OF THIS SECOND EXCHANGE（FIRST OF EXCHANGE BEING UNPAID）."

（八）受款人（PAYEE）

受款人亦称收款人，是汇票的抬头人。在国际票据市场上，汇票常见抬头有三种分类：

（1）指示性抬头（DEMONSTRATIVE ORDER）：表示为"PAY TO THE ORDER OF…"或"PAY TO…OR ORDER"，意思是"付给……的指定人"或"付给……或其指定人"。通常，在信用证支付方式下填议付行名称。指示性抬头的汇票可经持票人背书后转让，在实际业务中最为常用，故一般汇票在印刷时会事先印就"PAY TO THE ORDER OF…"或"PAY TO…OR ORDER"。

（2）限制性抬头（RESTRICTIVE ORDER）：表示为"PAY TO ×××CO. ONLY"或"PAY TO ×××CO. NOT TRANSFERABLE"。此种抬头的汇票不可转让，只有指名公司才有权收取票款。

（3）持票人抬头（PAYABLE TO BEARER）：亦叫来人抬头。即将款付给来人（持票人）。表示为"PAY TO BEARER"或"PAY TO HOLDER"。制成这种抬头的汇票无须持票人背书即可转让，因此它风险很大，极少人使用它。我国《票据法》规定，此种抬头的汇票无效。

在我国对外贸易中，信用证下的汇票受款人，一般都是制成议付行指示性抬头。如果以出票人自己为受款人，则需出票人背书给议付行，议付行需再背书。这样做手续繁杂，所以现都直接以议付行为受款人。常见的信用证对汇票的受款人一般有以下3种做法：

（1）来证规定由中国银行指定或来证对汇票受款人未做明确规定，汇票的受款人应打印上："PAY TO THE ORDER OF BANK OF CHINA"（由中国银行指定）。

（2）来证规定由开证行指定时，汇票的受款人应打印上："PAY TO THE ORDER OF ××× BANK"（开证行的名称）。

（3）来证规定由偿付行指定时，汇票的受款人应打印上："PAY TO THE ORDER OF ××× BANK"（偿付行的名称）。

（九）汇票大写金额（AMOUNT IN WORDS）

汇票大写金额即以英文大写数字表示汇票金额。汇票大写金额须与汇票小写金额一致，大写金额前面冠以货币名称，句末加上"ONLY"。如图4－1所示。

（十）付款人（DRAWEE）

付款人也称受票人。此栏在汇票中一般用"TO"表示。汇票付款人的填写要按信用证的要求，通常填开证行或其指定银行（如偿付行或保兑行），以信用证规定为准。若信用证无规定，则填开证行名称。

付款人旁边的地点，就是付款地点。它是汇票金额支付地，也是请求付款地，或拒绝证书作出地。

（十一）出票人签字（SIGNATURE OF THE DRAWER）

一般情况下，出票人即信用证受益人。出票人必须在汇票右下角签字盖章（即企业法人代表及带企业全称的印章）才能生效，表示出票人对此票据承担责任。其签章必须与其他单据签章一致。

除非特别说明，本章所列单据的缮制都是以第二章的信用证范本二为背景材料。

```
                    厦门M.N.工贸有限公司
     M AND N    RELIANCE M AND N INDUSTRIES LIMITED
                HEX6/788, NORTH JIMEI ROAD, GUANKOU TOWN, JIMEI DIST, XIAMEN, CHINA
                     Tel: +86-592-6290280  Fax:+86-592-6290260

                           BILL   OF   EXCHANGE

     Drawn under    BANK CENTRAL ASIA

     L/C No.        014ITSY060397                       dated    JUL.13,2016

     Payable with Interest @_____% per annum

     No.       MN16003HPT        Exchange for   USD76,350.00     Xiamen,China     SEP.04,2016

     At           ******                      sight of the SECOND  Bill of exchange(FIRST being unpaid)

     pay to    BANK OF CHINA. XIAMEN BRANCH                              or order the sum of

               TOTAL:SAY U.S. DOLLARS SEVENTY SIX THREE HUNDRED FIFTY ONLY.
                                          (amount in words)

     To:       BANK CENTRAL ASIA
                                                         For and on behalf of

                                                         RELIANCE M AND N INDUSTRIES LIMITED
                                                                          (Signature)
```

图 4-1 汇票范本

第二节 发 票

  发票是出口商对进口商开立的销售货物价目清单,它是装运货物的总说明,也是进出口双方交接货物和结算货款的凭证。广义而言,发票主要包括商业发票、海关发票、领事发票、样品发票、厂商发票、收讫发票、详细发票和形式发票等。但狭义而言,一般所谓发票都是指商业发票,因为在单证实务中商业发票是核心单据,不管任何支付方式下的单据都须包括商业发票。

一、发票的常见种类

  (一) 商业发票(COMMERCIAL INVOICE)

  商业发票(COMMERCIAL INVOICE),简称为发票(INVOICE),是出口商(卖方)在发货时,向进口商(买方)开立的发货价目清单,是对所装运货物及整个交易的总说明,并凭以向买方收取货款、清算债权债务。它是进出口贸易结算中使用的最主要的中心单据之一。其内容包括编号、签发日期、买卖双方的名称和地址、商品名称、规格型号、单价、数量、金额等。

它全面反映合同内容,虽不是物权凭证,但是全套货运单据的中心。在制单工作程序中,一般应首先制作发票,其他单据均要与其在内容上保持一致。

一般来说,发票无正副本之分,如需正本,只要在制作的发票上加打"ORIGIN"即可。

(二) 海关发票(CUSTOMS INVOICE)

海关发票是出口商根据进口国海关规定的特定格式填制的,供进口商凭以报关用的一种特殊发票。其基本内容同普通的商业发票类似,其格式一般由进口国海关统一制定并提供。海关发票主要是供进口国海关核定货物的原产国,以便根据国别政策对进口商品采取不同的进口税率并决定是否允许进口;供进口国海关掌握进口商品在出口国国内市场的价格情况,以核定商品的成本价值,确定进口商品是否属低价倾销,以便征收反倾销税;同时是进口国海关对进口货物进行统计、海关估价和征税的依据。

因各国海关规定不同,各国各地区都有自己不同格式和名称的海关发票(具体内容略)。其名称有:CUSTOMS INVOICE、CERTIFIED INVOICE、COMBINED CERTIFICATE OF VALUE AND ORIGIN。

(三) 领事发票(CONSULAR INVOICE)

由进口国驻出口国的领事出具的一种特别印就的官方签署的发票。有些进口国为了了解进口货物的原产地、证明出口货物的详细情况、核定货物有无倾销等情况,规定进口货物必须领取进口国驻出口国的领事签证的发票,即领事发票,作为征收有关货物进口关税的前提条件。进口国用领事发票防止外国商品在本国的低价倾销,同时可用作计算进口税的依据,有助于货物顺利通过进口国海关。出具领事发票时,领事馆一般要根据进口货物价值收取一定费用。这种发票主要为拉美国家采用。

(四) 形式发票(PROFORMA INVOICE)

形式发票,也称预开发票,是出口商应进口商的请求出具的,供其向本国贸易或外汇管理当局等部门申请进口或批准给予支付外汇之用的非正式的参考性发票,一般规定有"出口商最后确认为准"的保留条件,不具有法律效力。一些发展中国家为管制进口,控制外汇支出及掌握进口来源地,要求进口商凭出口商提供的形式发票申请进口许可证。中国政府无此类规定。

形式发票只是一张报价单或意向书,不能用于托收和议付。其所标注的单价与商业发票一致,数量不一致。当信用证上有"依××形式发票开立商业发票"的条款时,发票上须注明"AS PER P/I NO. ×× DATED ××",出口商交单时,须有形式发票。

(五) 厂商发票(MANUFACTURER INVOICE)

厂商发票是由出口商品的制造厂商提供的,以其本国货币计算价格的,用以证明出口货物在本国国内市场出厂价格的发票。厂商发票是给出口商的销售货物的凭证。若进口方要求提供厂商发票,其目的是检查是否有削价倾销行为,以便确定是否应征收反倾销税。

国外进口商要求提供厂商发票,主要是供进口国海关进行估价之用,以确定该出口商品是否有低价倾销行为,并据此核定进口税率。

(六) 联合发票(COMBINED INVOICE)

联合发票是一种对港澳地区出口习惯使用的发票,其内容可包括商业发票、装箱单、产地证和保险单的内容。但商检证书不能包括在内。

二、商业发票的作用

(1) 发票是整套出口单据的核心,也是制作其他单据的依据。发票是出口商自行制作的单据,是装运货物的总说明,它可以帮助人们了解整笔交易的概况。制完发票后,其他单据应参照信用证和发票进行制作。

(2) 便于进口商按照合同条款核对装运货物是否符合规定。发票记载了一笔交易的主要项目,包括装运货物的名称、规格、数量、单价、总值、重量等内容,它能帮助进口商了解出口商的履约情况,核查出口商是否按照合同的规定装运所需货物。因此,发票是出口商向进口商发送货物的凭证,它基本体现了合同的精神。

(3) 作为出口商和进口商收付货款和记账的依据。发票是销售货物的凭证,进出口双方均需按照发票记载的内容,逐笔登记入账。对出口商而言,通过发票可了解销售收入,核算盈亏,按不同的支付方式记好外汇账,及时对外催收外汇;对进口商而言,也应根据发票逐笔记账,及时履行付款义务。

(4) 作为出口商和进口商在当地办理报关以及纳税的计算依据。货物出运前,出口商需向海关递交包括商业发票在内的一系列单据,凭以报关。而发票中有关货物的说明和记载的金额是海关确定税金、验关放行的凭据。在货物到达目的港后,进口商也需向当地海关提供发货人的发票通关,海关以此核定税金,使进口商能够清关提货。因此,发票的制作必须准确、清楚。

(5) 在不用汇票的情况下,发票替代汇票作为付款的依据。在国际贸易的 L/C 结算中,有时不要求使用跟单汇票,仅用发票就可代替汇票进行结算。

除以上几点外,商业发票还可在保险索赔时作为货物价值的证明,或作为统计的凭证等。

三、商业发票的缮制

(一) 商业发票的内容

商业发票由各公司根据信用证或合同条款要求自行制定,并无统一的格式,但基本栏目大致相同。必须同时符合合同和信用证的相关规定与《UCP600》及《ISBP》的解释,并且文字描述必须与信用证完全一致,大致包括以下主要项目:

1) 出口商名称和地址(EXPORTER NAME AND ADDRESS)

一般,出口商会使用自己预先设置好的、固定格式的发票,该发票的顶端印有醒目的出口商名称、地址。出口商的名称、地址必须与信用证上受益人的名称、地址完全一致。如果受益人的名称、地址有变更,发票也要随之做出相应更改。

2) 发票名称(DOCUMENT'S NAME)

出口商名称下面要用粗体字标出 COMMERCIAL INVOICE 或 INVOICE,以体现单据的性质和种类。发票的名称必须与信用证上的规定完全一致,不能随意更改。必须注意,在信用证中经常会出现一些限制性条款,例如"COMBINED DOCUMENTS ARE NOT ACCEPTED",为保证安全收汇,一般不采用将装箱单、重量单、尺码单合并在一起做成"联合发票"(COMBINED INVOICE) 格式。

3) 出票人名称与地址(SELLER/EXPORTER)

填写开立发票一方的英文名称和地址,一般填写出口商名称、地址,即合同中卖方名称、地址。在信用证业务中，根据《UCP600》第18条规定，除已转让的信用证外，发票必须由信用证的受益人出具。如果信用证已被转让，银行也可接受由第二受益人出具的发票。填写时名称和地址不应同行放置。对那些已更名或独立的国家，应使用新名称。

4) 发票的抬头人或收货人（BUYER/MESSRS）

一般填写进口商名称、地址，即合同中买方名称、地址。

当采用信用证支付货款时，如果信用证上有指定抬头人，则按来证规定制单。否则，根据《UCP600》第18条A款的规定，必须以申请人的名称为抬头。当采用托收方式支付货款时，应填写合同买方的名称和地址。填写时名称和地址不应同行放置，对那些已更名或独立的国家，应使用新名称。

5) 发票号码（INVOICE NO.）

发票号码一般由出口商按照顺序自行编制，这样做有利于今后的查对。发票号码代表了全套单据的号码，例如汇票的号码即按此号码填写。

6) 发票日期（INVOICE DATE）

即发票的出单日期。在所有结汇单据中，发票是签发日期最早的单据。信用证业务下，发票日期一般在信用证开证日期之后（也可以早于开证日期），提单签发日之前，且不能迟于信用证的交单期和有效期（EXPIRY DATE）。

7) 信用证号码（L/C NO.）

当采用信用证支付货款时，填写信用证号码。若信用证没有要求在发票上表明信用证号码，此项可以不填。采用其他支付方式时，此项不填。

8) 开证日期（DATE）

填写信用证的开证日期。

9) 开证行（ISSUED BY）

填写信用证的开证行。

10) 合同号码（S/C NO. 或 CONTRACT NO.）

合同号码应与信用证上列明的号码保持一致，如果一笔交易涉及几个合同号码，则都应在发票上打出来。

11) 合同日期（DATE）

填写该笔业务合同签订日期。

12) 装运港/地（FROM）

填写装运港。若信用证规定："FROM CHINESE PORT"，缮制时要在填上具体港口名称后，再加注"中国"字样以符合信用证要求，比如"SHANGHAI, CHINA"。

13) 目的港/地（TO）

填写目的港。

14) 运输方式（SHIPPED BY）

填写运输方式，比如空运 BY AIR，海运 BY SEA/OCEAN，陆运 BY TRUCK。

15) 价格术语（PRICE TERM/TRADE TERM），即交货条款（DELIVERY TERM）

价格术语涉及买卖双方的责任、费用和风险的划分问题，同时，也是进口地海关核定关税的依据，因此，商业发票必须标出价格术语。信用证中的价格术语一般在货物内容的单价中表示出来。

如果信用证的货物描述提供了贸易术语的来源，则发票必须使用相同的来源。如信用证条款规定"CIF ROTTERDAM（INCOTERMS 2000）"，那么"CIF ROTTERDAM（INCOTERMS）"或"CIF ROTTERDAM"就不符合信用证的要求。

16) 唛头及件号（MARKS AND NUMBER）

发票的唛头应按信用证或合同的规定填写，并与托运单、提单等单据唛头保持严格一致。若为裸装货或散装货，可填写 N/M（NO MARK 的缩写）。如信用证或合同没有指定唛头，出口商可自行设计唛头。唛头内容包括客户名称的缩写、合同号（或发票号）、目的港、件号等部分。如货物运至目的港后还要转运到内陆城市，则可在目的港下面加打 IN TRANSIT TO ××× 或 IN TRANSIT 字样。

件号即箱号（CASE NO./CARTON NO.），又称包装件号码。在单位包装货量或品种不固定的情况下，需注明每个包装件内的包装情况，因此包装件应编号。

例如：CARTON NO. 1-5
　　　　CARTON NO. 6-10

有的来证要求此处注明"CASE NO. 1-UP"，UP 是指总箱数。

17) 货物内容（DESCRIPTION OF GOODS）

货物内容一般包括货物的名称、规格、数量、单价、贸易术语、包装等项目，制单时应与信用证的内容保持严格一致，省略或增加货名的字或句，都会造成单证不符，此时开证银行则有权拖延或拒付货款。信用证引导货物内容的词或词组主要有：

(1) DESCRIPTION OF GOODS
(2) SHIPMENT OF GOODS
(3) COVERING VALUE OF
(4) COVERING THE FOLLOWING GOODS BY
(5) COVERING SHIPMENT OF
(6) DESCRIPTION OF MERCHANDISE

对成交商品规格较多的，信用证常规定"AS PER S/C NO."，制单时须分别详列各种规格和单价。

当使用其他支付方式（如托收）时，货物内容应与合同内容一致。

18) 商品的包装、件数（QUANTITY）

填写实际装运的数量及包装单位，并与其他单据相一致。凡是信用证数量前有"约""大概""大约"或类似词语的，交货时允许数量有10%的增减幅度。

19) 单价（UNIT PRICE）

完整的单价由计价货币、计量单位、单位金额、价格术语四个部分组成。凡信用证单价前有"约""大概""大约"或类似词语的，交货时允许单价有10%的增减幅度。

20) 总值（AMOUNT）

发票的总值不能超过信用证规定的最高金额。按照银行惯例的解释及《UCP600》的规定，开证银行可以拒绝接受超过信用证许可金额的商业发票，但如果信用证总值前有"约""大概""大约"或类似的词语，交货时允许总值有10%的增减幅度。

实际装运时，如信用证金额有余额，在开证人和开证行同意接受的情况下，可用发票金额制单结汇；如信用证金额不够，可作如下处理：

（1）发票金额比信用证金额多一点（如 8.02 美元），可在发票上加注"WRITTEN OFF USD8.02，NET PROCEED USD10,000.00"（实收货款 10 000 美元，少收 8.02 美元），以便保证发票金额与信用证金额一致。

（2）发票金额比信用证金额多一些（如 80.02 美元），可在发票上加注"LESS USD80.02 TO BE PAID BY D/D LATTER，NET PROCEED USD10 000.00"（实收货款 10 000 美元，80.02 美元通过以后的票汇收取），以便保证发票金额与信用证金额一致。

（3）发票金额比信用证金额多许多（如 400 美元），则须征得进口商和开证行同意后，按发票的实际金额制单。具体操作可通过议讨行电询开证行，得到开证行同意后制单结汇。

有时，来证要求成交价格为 CIF 时，分别列出运费、保险费，并显示 FOB 的价格。制单时可按照如下格式填写。

例如：TOTAL　FOB VALUE　　　　$ 20,000.00
　　　FREIGHT　　　　　　　　$ 1,200.00
　　　INSURANCE　　　　　　　$ 900.00
　　　TOTAL CIF VALUE　　　　$ 22,100.00

如来证上有过分苛刻的要求，可要求对方修改条款。

21）声明文句

信用证要求在发票内特别加列船名、原产地、进口许可证号码等声明文句，制单时必须一一详列。常用的声明字句有：

（1）证明所到货物与合同或订单所列货物相符。

如：WE CERTIFY THAT THE GOODS NAMED HAVE BEEN SUPPLIED IN CONFORMITY WITH ORDER NO. 123.

兹证明本发票所列货物与第 123 号合同相符。

（2）证明原产地。

如：WE HEREBY CERTIFY THAT THE ABOVE MENTIONED GOODS ARE OF KOREAN ORIGIN.

或者：THIS IS TO CERTIFY THAT THE GOODS NAMED HEREIN ARE OF KOREAN ORIGIN.

兹证明所列货物系韩国产。

（3）证明不装载于或停靠限制的船只或港口。

如：WE CERTIFY THAT THE GOODS MENTIONED IN THIS INVOICE HAVE NOT BEEN SHIPPED ON BOARD OF ANY VESSEL FLYING JAPANESE FLAG OR DUE TO CALL AT ANY JAPANESE PORT.

兹证明本发票所列货物不装载悬挂日本国旗或驶靠任何日本港口的船只。

（4）证明货真价实。

如：WE CERTIFY THAT THIS INVOICE IS IN ALL RESPECTS TRUE AND CORRECT BOTH AS REGARDS TO THE PRICE AND DESCRIPTION OF THE GOODS REFERRED HEREIN.

兹证明本发票所列货物在价格和品质规格等方面均真实无误。

（5）证明已经航邮有关单据。

如：THIS IS TO CERTIFY THAT TWO COPIES OF INVOICE AND PACKING LIST HAVE BEEN AIRMAILED DIRECTLY TO APPLICANT IMMEDIATELY AFTER SHIPMENT.

兹证明发票、装箱单各两份，已于装运后立即直接航邮开证人。

22）& 23）出单人签名或盖章

商业发票只能由信用证中规定的受益人出具。

除非信用证另有规定，如果用用影印、电脑处理或者复写方法制作出来的发票，应该在作为正本的发票上注明"正本"（ORIGINAL）的字样，并且由出单人签字。《UCP600》规定商业发票可不必签字，但有时来证规定发票需要手签的，则不能盖胶皮签字章，必须手签。对墨西哥、阿根廷出口商品，即使信用证没有规定，也必须手签。

商业发票范本如图4-2所示。

图4-2 商业发票范本

（二）信用证发票条款举例

（1）SIGNED COMMERCIAL INVOICE IN DUPLICATE.（已签署的商业发票一式两份。）

（2）SIGNED ORIGINAL COMMERCIAL INVOICE IN TRIPLICATE SHOWING A DEDUCTION OF USD500.00 BEING COMMISSION, FOB VALUE AND FREIGHT CHARGES.（已签署的商业发票一式三份，并在商业发票上声明扣除 USD500.00 作为佣金，显示 FOB 总金额和具体的运费。）

（3）MANUALLY SIGNED COMMERCIAL INVOICE IN 4 FOLDS INDICATING ISSUING BANK NAME, L/C NO. AND CONTRACT NO. 518N8.（手签的商业发票一式四份，并在商业发票上显示银行名称、信用证号码和合同号 518N8。）

（4）SIGNED COMMERCIAL INVOICE IN TWO COPIES, SHOWING MERCHANDISE TO BE OF CHINESE ORIGIN AND CERTIFIED BY COMPETENT AUTHORITY.（已签署的商业发票一式两份，并在商业发票上声明货物系中国原产并且有官方机构证明。）

（5）MANUALLY SIGNED COMMERCIAL INVOICE IN SIX COPIES QUOTING ORDER NO. MADE OUT IN NAME OF CONSIGNEE, IS TO BE DULY CERTIFIED BY THE CCIC.（已签署的商业发票一式六份，报价订单号填写收货人名称，由 CCIC 正式认证。）

（6）COMMERCIAL INVOICE CERTIFIES THAT SHIPMENT CONTAINS NO SOLID WOOD PACKING MATERIAL…（商业发票上必须证明装运的货物不含木制包装。）

受益人在缮制发票时，应根据信用证的相关规定，签署或手签商业发票。除此之外，用于报关、退税等国内管理环节的发票，也必须手签。

第三节　包装单据

国际贸易中的货物买卖数量较大，花色品种繁多，无法在商业发票上一一列明，必须使用包装单据加以说明。

包装单据（PACKING DOCUMENTS）是记载或描述商品包装情况的单据，是对商业发票内容的重要补充。除散装货物外，包装单据一般为不可或缺的货运单据，由出口公司根据具体要求缮制，目的是表明合同及/或信用证中有关货物包装的细节，以满足进出口双方及有关当局对已装箱货物详情的了解。

一、包装单据的种类

根据不同商品或信用证的规定有不同类型的包装单据，常见的包装单据主要有：

（1）PACKING LIST（NOTE）装箱单，用于说明货物包装形式、包装内容、数量、重量、体积及件数等细节的清单。

（2）WEIGHT LIST（MEMO/NOTE）重量单，也称磅码单，用于说明以重量计量的货物的毛净重清单。

（3）MEASUREMENT LIST 尺码单，用于说明货物单据包装的长、宽、高及总体积或总容积的毛净重清单。

（4）DETAILED PACKING LIST 详细装箱单，是说明不定量包装商品中每件包装细节的清单，是一种繁式装箱单。

除以上包装单据外，还有 PACKING SPECIFICATION（包装明细单）、PACKING MEMO

(包装提要)、SPECIFICATION LIST（规格单）、ASSORTMENT LIST（花色搭配单）、集装箱装箱单（分柜明细单）等。

出口公司按照信用证的规定以及进口商的要求，并根据不同货物的特点提供适当的包装单据。在单证实务中，常用的包装单据是装箱单，因此本节主要介绍装箱单的内容及缮制方法。

二、装箱单的作用

装箱单作用主要是补充商业发票内容之不足，阐明商品的包装情况。主要作用如下：
(1) 便于买家对进口商品包装和数量进行了解和掌握。
(2) 便于国外买家在货物到达目的港时，供海关和公证或商检机构检查及核对货物。

三、装箱单的缮制

（一）装箱单的内容
(1) 出口商名称和地址（EXPORTER NAME AND ADDRESS）
(2) 装箱单名称（PACKING LIST）

应按照信用证规定使用。通常用"PACKING LIST"　"PACKING SPECIFICATION" "DETAILED PACKING LIST"。如果来证要求用中性包装单（NEUTRAL PACKING LIST），则包装单名称打"PACKING LIST"，但包装单内不打卖方名称，不能签章。

(3) 出票人名称与地址（SELLER/EXPORTER）
(4) 装箱单的抬头人或收货人（BUYER/MESSRS）

填写进口商名称、地址。实务中，可以不显示进口商的情况。

(5) 发票号码（INVOICE NO.）
(6) 发票日期（INVOICE DATE）
(7) 信用证号码（L/C NO.）
(8) 开证日期（DATE）
(9) 开证行（ISSUED BY）
(10) 合同号码（S/C NO. 或 CONTRACT NO.）
(11) 合同日期（DATE）
(12) 装运港/地（FROM）
(13) 目的港/地（TO）
(14) 运输方式（SHIPPED BY）
(15) 价格术语（PRICE TERM/TRADE TERM），即交货条款（DELIVERY TERM）
(16) 唛头及件号（MARKS AND NUMBER）

与发票一致，有的注实际唛头，有时也可以只注"AS PER INVOICE NO. ×××"。

(17) 货物内容（DESCRIPTION OF GOODS）

一般使用统称，也可与信用证规定的一致，但不能与信用证抵触。

(18) 商品的数量（QUANTITY）

填写的数量为运输包装单位的数量，而不是计价单位的数量。

(19) 毛重（GROSS WEIGHT/G. W.）

填写每个包装件的毛重和此包装件内不同规格、品种、花色货物各自的总毛重,最后在合计栏处注总货量。如信用证或合同未要求,不注亦可。如为"DETAILED PACKING LIST",则此处应逐项列明。

(20) 净重(NET WEIGHT/N. W.)

填写每个包装件的净重和此包装件内不同规格、品种、花色货物各自的总净重(SUB TOTAL),最后在合计栏处注总货量。如信用证或合同未要求,不注亦可。如为"DETAILED PACKING LIST",则此处应逐项列明。

(21) 体积(MEASUREMENT/MEAS)

填写商品的单位体积和总体积。

(22) 大写包装件数汇总

(23) &(24) 出单人签名或盖章

装箱单范本如图 4-3 所示。

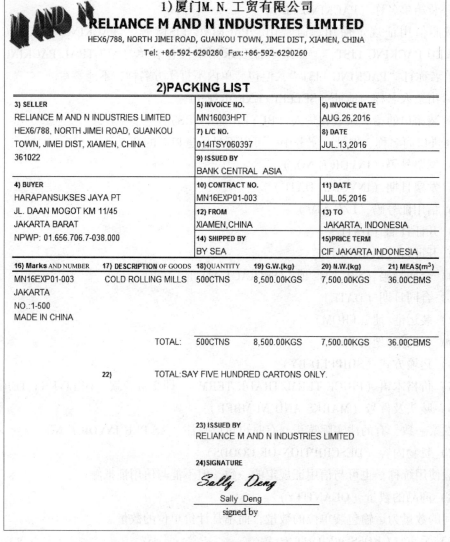

图 4-3 装箱单范本

（二）装箱单缮制中的注意事项

（1）有的出口公司将两种单据的名称印在一起，当来证仅要求出具其中一种时，应将另外一种单据的名称删去。单据的名称必须与来证要求相符。如信用证规定为"WEIGHT MEMO"，则单据名称不能用"WEIGHT LIST"。

（2）两种单据的各项内容应与发票和其他单据的内容一致。如装箱单上的总件数和重量单上的总重量，应与发票、提单上的总件数或总数量相一致。

（3）包装单所列的情况，应与货物的包装内容完全相符，例如，货物用纸箱装，每箱200盒，每盒4打。

（4）如来证要求这两种单据分别开列，应按来证办理，提供两套单据。

（5）如来证要求在这两种单据（或其中一种）上注明总尺码，应照办，此单据上的尺码，应与提单上注明的尺码一致。

（6）如来证要求提供"中性包装清单"（NEUTRAL PACKING LIST），应由第三方填制，不要注明受益人的名称。这是由于进口商在转让单据时，不愿将原始出口暴露给其买主，故才要求出口商出具中性单据。如来证要求用"空白纸张"（PLAIN PAPER）填制这两种单据，则不要在单据内表示出受益人及开证行名称，也不要加盖任何签章。

知识链接

电子装箱单的经济效益和社会效益

一、给港口码头带来的好处

以前纸质装箱单都是随车由司机带到码头道口，再由道口的工作人员输入各自计算机系统内。由于码头不能事先得到这方面资料，所以会影响箱子进场安排，也影响道口通行速度。采用 EDI 传输可使码头在车到之前及时得到装箱单信息，车到后道口只要作简单确认即可，便于码头安排进场作业，道口通行能力也大大加快，使码头获得极大的经济效益。

二、给货主带来的好处

电子装箱单的实施，推动了出口舱单电子化的顺利实现，提高了外贸运作效率，缩短了货主的出口时间，避免了因单证不符而造成货主出口退税的延误。

三、给船舶代理带来的好处

电子装箱单的实施，使船舶代理可以根据码头提供的已进电子装箱单、理货提供的反映箱子实际装船情况的装船舶报告和出口船图，及时缮制出口舱单并交给船公司。

四、改善了口岸的整体形象

电子装箱单的运作为出口部分提供了数据，可带动整个出口一条线的 EDI 运作，不但可以加速出口运输进程，更重要的是可以加快口岸与国际接轨的进程，改善了口岸形象。

四、信用证中包装单据条款举例

（1）PACKING LIST IN DUPLICATE ISSUED BY BENEFICIARY INDICATING QUANTITY, GROSS WEIGHT, NET WEIGHT AND MEASUREMENT OF EACH PACKAGE. （由受益人出具的装箱单一式两份，在装箱单上显示包装的具体数量、毛重、净重和体积。）

（2）PACKING LIST IN FOUR COPIES SHOWING THE TOTAL GROSS WEIGHT, TOTAL NET WEIGHT, NUMBERS OF PACKAGES. （装箱单一式四份，在装箱单上显示总包装件数，

包装的总毛重、总净重。)

(3) DETAILED PACKING LIST IN QUADRUPLICATE SHOWING THE CONTENTS AND QUANTITY OF EACH CASE. (详细装箱单一式四份, 并在装箱单上显示每个纸箱具体的装运数量。)

第四节　运输单据

国际贸易采用的运输方式有江海运输、航空运输、铁路运输、公路运输、国际多式联运等。不同运输方式所使用的运输单据不同。

一、运输单据的概念

运输单据（TRANSPORT DOCUMENTS），指的是在国际货物运输过程中，由承运人、进出口货物收发货人、货运代理人签发的，在组织货源、托运订舱、检验检疫、海关申报、货物装运、交货提货、银行结汇等业务环节中，用于货物运输操作、管理、证明国际货物运输的一切单证、收据、凭证和电子报文，同时也是交接货物、处理索赔与理赔的重要单据。运输单据具体反映了同货物运输有关的当事人（如发货人、承运人、收货人等）的责任与权利，是货物运输业务中重要的文件，也是结汇的主要单据。

运输单据主要包括海洋运输使用提单，铁路运输使用铁路运单，航空运输使用航空运单，邮包运输使用邮包收据，多式联合运输则使用联合运输提单或联合运输单据。

二、运输单据的分类

《UCP600》提及的运输单据分为七大类。

（一）海运提单（OCEAN BILL OF LADING，B/L）

海运提单，简称提单，是指是由船长或船公司或其代理人签发的，证明已收到特定货物，允诺将货物运到特定目的地并交付给收货人的凭证。同时，海运提单也是收货人在目的港据以向船公司或其代理提取货物的凭证，是运输契约或其证明。

（二）海运单（SEAWAY BILL）

海运单，又称"不可转让海运单"。它的形式与作用同海运提单相似，其主要特点在于收货人已明确指定，收货人并不需要提交正本单据，而仅需证明海上运输合同和货物由承运人接管或装船，以及承运人保证据以将货物交付给单证所载明的收货人的一种不可流通的单证。因此，海运单实质上是不可以转让的，它的应用范围比较窄，主要用于跨国公司成员之间的货物运输。

（三）公路、铁路或内陆水运单据（ROAD，RAIL OR INLAND WATERWAY TRANSPORT DOCUMENTS）

由公路、铁路或内陆水运运输承运人签发的货运单据。在货物发生损失时，可以用以向公路、铁路或内陆水运运输承运人进行索赔。

公路、铁路或内陆水运单据不是物权凭证，不能背书转让。

铁路运输单据是收、发货人同铁路之间的运输契约。其正本在签发后与货物同行，副本签发给托运人用于贸易双方结算货款，主要包括国际铁路联运运单和承运货物收据两类。

（四）空运单据（AIR TRANSPORT DOCUMENT）

空运单据是承运人与托运人之间签订的运输契约，也是承运人或其代理人签发的货物收据。空运单据主要分为航空主运单和航空分运单两类。

航空运单还可作为承运人核收运费的依据和海关查验放行的基本单据。但航空运单不是代表货物所有权的凭证，也不能通过背书转让和作为抵押品向银行融通资金。收货人提货不凭空运单据，而是凭航空公司的提货通知单。在空运单据的收货人栏内，必须详细填写收货人的全称和地址，而不能做成指示性抬头。

（五）租船合同提单（CHARTER PARTY BILL OF LADING）

租船合同提单是指用租船承运租船人的全部货物，船东签给租船人的提单，或者并非全部装运租船人的货物，而由船东或租船人所签发的提单。

（六）多式运输单据或联合运输单据（MULTIMODAL OR COMBINED TRANSPORT DOCUMENT）

多式运输单据即至少包括两种不同运输方式的运输单据，是指货物由海上、内河、铁路、公路、航空等两种或多种运输方式进行联合运输而签的适用于全程运输的提单。它是多式联运经营人收到货物后签发给托运人的单据和交付货物的凭证。

（七）快递收据、邮政收据或投邮证明（COURIER RECEIPT, POST RECEIPT OR CERTIFICATE OF POSTING）

证明货物收讫待运的快递收据。

三、海运提单

海洋运输是国际贸易货物运输中最主要的运输方式，具有运价低、运量大的特点。海运中使用的运输单据是海运提单（OCEAN BILL OF LADING 或 MARINE BILL OF LOADING, B/L）和海运单（SEAWAY BILL）。在实际业务中，使用最多的是海运提单。故本节主要介绍海运提单的内容和缮制方法。

海运提单是承运人接到发货人的货物后，向发货人开具的表示收到货物的凭证，负责将货物运到指定目的港交给收货人。海运提单既是承运人出具的货物收据，又是承运人与发货人之间运输契约的证明，也是代表货物所有权的凭证。

海运提单是出口结算单据中重要的单据之一，所以必须严格对待。海运提单的格式并不统一，每家船公司都有自己的格式，但其具体内容和项目基本一致。

（一）海运提单的种类

按不同的分类标准，海运提单可以划分为许多种类。

1. 按提单收货人的抬头划分

1）记名提单（STRAIGHT B/L）

记名提单又称收货人抬头提单，是指提单上的收货人栏中已具体填写收货人名称的提单。提单所记载的货物只能由提单上特定的收货人提取，或者承运人在卸货港只能把货物交给提单上所指定的收货人。如果承运人将货物交给提单指定的以外的人，即使该人占有提单，承运人也应负责。这种提单失去了代表货物可转让流通的便利，但同时也可以避免在转让过程中可能带来的风险。

使用记名提单,如果货物的交付不涉及贸易合同下的义务,则可不通过银行而由托运人将其邮寄收货人,或由船长随船带交。这样,提单就可以及时送达收货人,而不致延误。因此,记名提单一般只适用于运输展览品或贵重物品,特别是在短途运输中使用较有优势,而在国际贸易中较少使用。

2)指示提单(ORDER B/L)

在提单正面"收货人"一栏内填上"凭指示"(TO ORDER)或"凭某人指示"(TO ORDER OF…)字样的提单。这种提单按照表示指示人的方法不同,指示提单又分为托运人指示提单、记名指示人提单和选择指示人提单。

指示提单是一种可转让提单。提单的持有人可以通过背书的方式把它转让给第三者,而不须经过承运人认可,所以这种提单为买方所欢迎。而不记名指示(托运人指示)提单与记名指示提单不同,它没有经提单指定的人背书才能转让的限制,所以其流通性更大。指示提单在国际海运业务中使用较广泛。

3)不记名提单(BEARER B/L,或OPEN B/L,或BLANK B/L)

提单上收货人一栏内没有指明任何收货人,而注明"提单持有人"(BEARER)字样或将这一栏空白,不填写任何人的名称的提单。这种提单不需要任何背书手续即可转让或提取货物,极为简便。承运人应将货物交给提单持有人,谁持有提单,谁就可以提货,承运人交付货物只凭单,不凭人。这种提单丢失或被窃,风险极大,若转入不善意的第三者手中,则极易引起纠纷,故国际上较少使用这种提单。另外,根据有些班轮公会的规定,凡使用不记名提单,在给大副的提单副本中必须注明卸货港通知人的名称和地址。

《海商法》第七十九条规定:"记名提单:不得转让;指示提单:经过记名背书或者空白背书转让;不记名提单:无需背书,即可转让。"记名提单虽然安全,但不能转让,对贸易各方的交易不便,使用不多。一般认为:由于记名提单不能通过背书转让,因此从国际贸易的角度看,记名提单不具有物权凭证的性质。不记名提单无须背书即可转让,任何人持有提单便可要求承运人放货,对贸易各方不够安全,风险较大,很少采用。指示提单可以通过背书转让,适应了正常贸易需要,所以在实践中被广泛应用。背书分为记名背书(SPECIAL ENDORSEMENT)和空白背书(ENDORSEMENT IN BLANK)。前者是指背书人(指示人)在提单背面写上被背书人的名称,并由背书人签名。后者是指背书人在提单背面不写明被背书人的名称。在记名背书的场合,承运人应将货物交给被背书人。反之,则只需将货物交给提单持有人。

2. 按货物是否已装船划分

1)已装船提单(SHIPPED B/L,或ON BOARD B/L)

已装船提单是指货物装船后由承运人或其授权代理人根据大副收据签发给托运人的提单。如果承运人签发了已装船提单,就是确认货物已经装在货船上。这种提单除载明一般事项外,通常还必须注明装载货物的船舶名称和装船日期,即提单项下货物的装船日期。

由于已装船提单对于收货人及时收到货物有保障,所以在国际货物买卖合同中一般都要求卖方提供已装船提单。根据《UCP600》规定,如信用证要求海运提单作为运输单据,银行将接受注明货物已装船或已装指定船只的提单。

2)收货待运提单(RECEIVED FOR SHIPMENT B/L)

收货待运提单又称备运提单、待装提单,或简称待运提单。它是承运人在收到托运人交来的货物但还没有装船时,应托运人的要求而签发的提单。签发这种提单时,说明承运人确认货物已交由承运人保管并存在其所控制的仓库或场地,但还未装船。

当货物装船,承运人在这种提单上加注装运船名和装船日期并签字盖章后,待运提单即成为已装船提单。

3. 按提单上有无批注划分

1)清洁提单(CLEAN B/L)

在装船时,货物外表状况良好,承运人在签发提单时,未在提单上加注任何有关货物残损、包装不良、件数、重量和体积,或其他妨碍结汇的批注的提单称为清洁提单。

承运人一旦签发了清洁提单,货物在卸货港卸下后,如发现有残损,除非是由于承运人可以免责的原因所致,承运人必须负责赔偿。

2)不清洁提单(UNCLEAN B/L)

在货物装船时,承运人若发现货物存在包装不牢、破残、渗漏、玷污、标志不清等现象时,则大副应在收货单上对此加以批注,并将此批注转移到提单上,这种提单称为不清洁提单。

4. 根据运输方式的不同划分

1)直达提单(DIRECT B/L)

直达提单,又称直运提单,是指货物从装货港装船后,中途不经转船,直接运至目的港卸船交与收货人的提单。直达提单上不得有"转船"或"在某港转船"的批注。凡信用证规定不准转船者,必须使用这种直达提单。

2)转船提单(TRANSSHIPMENT B/L)

转船提单是指货物从启运港装载的船舶不直接驶往目的港,需要在中途港口换装其他船舶转运至目的港卸货,承运人签发的这种提单称为转船提单。在提单上注明"转运"或"在某某港转船"字样。转船提单往往由第一程船的承运人签发。

3)联运提单(THROUGH B/L)

联运提单是指货物运输需通过两种或两种以上的运输方式来完成,如海陆、海空或海海等联合运输所使用的提单。船船(海海)联运在航运界也称为转运,包括海船将货物送到一个港口后再由驳船从港口经内河运往内河目的港。

联运的范围超过了海上运输界限,货物由船舶运送经水域运到一个港口,再经其他运输工具将货物送至目的港,先海运后陆运或空运,或者先空运、陆运后海运。当船舶承运由陆路或飞机运来的货物继续运至目的港时,货方一般选择使用船方所签发的联运提单。

4)多式联运提单(MULTIMODAL TRANSPORT B/L)

这种提单主要用于集装箱运输,是指一批货物需要经过两种及以上不同运输方式,由一个承运人负责全程运输,负责将货物从接收地运至目的地交付收货人,并收取全程运费所签发的提单。提单内的项目不仅包括启运港和目的港,而且列明一程、二程等运输路线,以及收货地和交货地。

a. 多式联运是以两种或两种以上不同运输方式组成的,多式联运提单是参与运输的两种或两种以上运输工具协同完成所签发的提单。

b. 如果贸易双方同意,并在信用证中明确规定,多式联运提单可由承担海上区段运输的船公司、其他运输区段的承运人、多式联运经营人或无船承运人签发。

5. 按提单内容的简繁划分

1)全式提单(LONG FORM B/L)

全式提单是指提单除正面印就的提单格式所记载的事项,背面也列有关于承运人与托运人及收货人之间权利、义务等详细条款的提单。由于条款繁多,所以又称繁式提单。在海运的实际业务中大量使用的大都是这种全式提单。

2)简式提单(SHORT FORM B/L)

简式提单,又称短式提单、略式提单,是相对于全式提单而言的,是指提单背面没有关于承运人与托运人及收货人之间的权利义务等详细条款的提单。这种提单一般在正面印有"简式"(SHORT FORM)字样,以示区别。

6. 按签发提单的时间划分

1)倒签提单(ANTI – DATED B/L)

倒签提单是指承运人或其代理人应托运人的要求,在货物装船完毕后,以早于货物实际装船日期为签发日期的提单。当货物实际装船日期晚于信用证规定的装船日期,若仍按实际装船日期签发提单,托运人就无法结汇。为了使签发提单的日期与信用证规定的装运日期相符,以利于结汇,承运人应托运人的要求,在提单上仍以信用证的装运日期填写签发日期,以免违约。

签发这种提单,尤其当倒签时间过长时,有可能推断承运人没有使船舶尽快速遣,因而要承担货物运输延误的责任。特别是市场上货价下跌时,收货人可以以"伪造提单"为借口拒绝收货,并向法院起诉要求赔偿。承运人签发这种提单是要承担一定风险的。但是为了贸易需要,在一定条件下,比如在该票货物已装船完毕,而所签的提单日期是船舶开始装货,或尚未装船完毕的某一天;或签单的货物是零星货物而不是数量很大的大宗货;或倒签的时间与实际装船完毕时间的间隔不长等情况下,取得了托运人保证承担一切责任的保函后,承运人才可以考虑签发。

案例1

A公司于2008年11月30日与瑞士B公司签订了某种农产品合同,装期为2009年1月。B公司按时开来不可撤销的即期信用证。

A公司委托中国对外贸易运输公司租船装运。外运公司原洽定2008年12月受载的"东风"号轮船,因临时损坏,不能按时到达装货口岸。外运公司接到消息后,临时改派香港华夏公司管理的期租船"曲兰西克"号轮前来装货口岸装运。但该轮于2009年1月31日上午到达装货口岸,装船过程中又连日雨雪,迟至2月11日才装货完毕,2月13日开航。

A公司为了取得符合信用证所规定装船日期的提单,要求外轮代理公司按2009年1月31日的日期签发提单(倒签提单)。A公司凭上述提单等单据向中国银行办理议付手续,并于2月22日收清全部货款。

2009年4月23日"曲兰西克"号轮到达鹿特丹,瑞士B公司来电表示:提单的装船日期是伪造的,拒不提货,并提出索赔。A公司拒不承认。其后律师上船要求查看航行日志,经查实该船1月31日到达装运港直至2月11日才装完上述货物,并当场对航行日志的记载拍摄了照片,立即向当地法院起诉,控告船方伪造证件,要求法院扣留船只。4月25日当地法院发出通知扣留该船,致使该案复杂化,案情甚为严重。

当我A公司、外运公司、香港华夏公司得知"曲兰西克"号轮已被当地法院扣留,案情已十分复杂,从而引起了各方关注时,一方面,由香港华夏公司于4月29日委托的船舶代理公司出价三万英镑的银行担保,由当局先释放被扣留的船舶,另一方面,由我A公司与买方协商解决索赔问题,最后双方达成协议,共赔付买方20 600.00英镑,然后买方才撤回诉讼，了结此案。

分析：在西方各国的法律中，例如英国法律把合同中的装运日期视为合同的要件，违反合同要件，受损害方不仅可以拒绝收货，同时有索赔损失的权利。在一些国家的法律中，违反装运日期虽然不称为违反要件，但被称为严重违约行为，其法律后果同上述违反要件的后果是一致的。因此，"倒签提单"实际上是伪造装运日期，以掩盖出口人违反合同装运条件的非法行为，从而侵犯了买方的正当权利。受损害方对此可以撤销合同并索赔损失，以保障它的正当权益。目前，还有些从业人员对"倒签提单"的违法性及其可能引起严重法律后果认识不足，这些人员应从本案例吸取必要的教训。

2）预借提单（ADVANCED B/L）

预借提单是指货物尚未装船或尚未装船完毕的情况下，信用证规定的结汇期（即信用证的有效期）即将届满，托运人为了能及时结汇，而要求承运人或其代理人提前签发的已装船清洁提单，即托运人为了能及时结汇而从承运人那里借用的已装船清洁提单。

这种提单往往是当托运人未能及时备妥货物或船期延误，船舶不能按时到港接受货载，估计货物装船完毕的时间可能超过信用证规定的结汇期时，托运人采用从承运人那里借出提单用以结汇，当然必须出具保函。签发这种提单承运人要承担更大的风险，可能构成承、托双方合谋对善意的第三者收货人进行欺诈。签发这种提单的可能后果：

（1）因为货物尚未装船而签发提单，即货物未经大副检验而签发清洁提单，有可能增加承运人的赔偿责任。

（2）因签发提单后，可能因种种原因改变原定的装运船舶，或发生货物灭失、损坏或退关，这样就会很容易地使收货人掌握预借提单的事实，以欺诈为由拒绝收货，并向承运人提出索赔要求，甚至引起诉讼。

（3）不少国家的法律规定和判例表明，在签发预借提单的情况下，承运人不但要承担货损赔偿责任，而且会丧失责任限制和援引免责条款的权利，即使该票货物是因免责事项原因受损的，承运人也必须赔偿货物的全部损失。

签发倒签或预借提单，对承运人的风险很大，由此引起的责任承运人必须承担，尽管托运人往往向承运人出具保函，但这种保函同样不能约束收货人。比较而言，签发预借提单比签发倒签提单对承运人的风险更大，因为预借提单是承运人在货物尚未装船，或者装船还未完毕时签发的。在我国法院对承运人签发预借提单的判例中，承运人承担了由此而引起的一切后果，不但赔偿了货款损失和利息损失，还赔偿了包括收货人向第三人赔付的其他各项损失。

3）过期提单（STALE B/L）

过期提单有两种含义：一是指出口商在装船后延滞过久才交到银行议付的提单。按《UCP600》规定："如信用证无特殊规定，银行将拒受在运输单据签发日期后超过21天才提交的单据。在任何情况下，交单不得晚于信用证到期日。"二是指提单晚于货物到达目的港，这种提单也称为过期提单。因此，近洋国家的贸易合同一般都规定有"过期提单也可接受"的条款（STALE B/L IS ACCEPTABLE）。

7. 按收费方式划分

1）运费预付提单（FREIGHT PREPAID B/L）

成交 CIF、CFR 价格条件为运费预付，按规定货物托运时，必须预付运费。在运费预付情况下出具的提单称为运费预付提单。这种提单被正面载明"运费预付"字样，运费付后才能取得提单；付费后，若货物灭失，运费不退。

2）运费到付提单（FREIGHT COLLECT B/L）

以 FOB 条件成交的货物，不论是买方订舱还是买方委托卖方订舱，运费均为到付（FREIGHT PAYABLE AT DESTINATION），并在提单上载明"运费到付"字样，这种提单被称为运费到付提单。货物运到目的港后，只有付清运费，收货人才能提货。

3）最低运费提单（MINIMUM B/L）

最低运费提单是指对每一提单上的货物按起码收费标准收取运费所签发的提单。如果托运人托运的货物批量过少，按其数量计算的运费额低于运价表规定的起码收费标准，承运人均按起码收费标准收取运费，为这批货物所签发的提单就是最低运费提单，也可称为起码收费提单。

8. 其他各种特殊提单

1）运输代理行提单（HOUSE B/L）

运输代理行提单是指由运输代理人签发的提单。一般情况下，运输代理行提单不具有提单的法律地位，它只是运输代理人收到托运货物的收据，而不是一种可以转让的物权凭证，故不能凭此向承运人提货。

2）合并提单（OMNIBUS B/L）

合并提单是指根据托运人的要求，将同一船舶装运的同一装货港、同一卸货港、同一收货人的两批或两批以上相同或不同的货物合并签发一份提单。托运人或收货人为了节省运费，常要求承运人将本应属于最低运费提单的货物与其他另行签发提单的货物合并在一起只签发一份提单。

3）并装提单（COMBINED B/L）

这是将两批或两批以上品种、质量、装货港和卸货港相同，但分属于不同收货人的液体散装货物并装于同一液体货舱内，而分别为每批货物的收货人签发一份提单时，其上加盖有"并装条款"印章的提单，称为并装提单。在签发并装提单的情况下，应在几个收货人中确定一个主要收货人（通常是其中货物批量最大的收货人），并由这个主要收货人负责分摊各个收货人应分担的货物自然损耗和底脚损耗。

4）分提单（SEPARATE B/L）

这是指承运人依照托运人的要求托运人为了收货人在目的港提货方便，将本来属于同一装货单上其标志、货种、等级均相同的同一批货物，分开签多份提单，分属于几个收货人，这种提单称为分提单。只有标志、货种、等级均相同的同一批货物才能签发分提单，否则，会因在卸货港理货，增加承运人理货、分标志费用的负担。分提单一般除了散装油类最多不超过 5 套外，对其他货物并无限制。

5）交换提单（SWITCH B/L）

交换提单是指在直达运输的条件下，应托运人的要求，承运人承诺，在某一约定的中途港凭在启运港签发的提单换发另一套以该中途港为启运港，但仍以原来的托运人为托运人的提单，并注明"在中途港收回本提单，另换发以该中途港为启运港的提单"或"SWITCH B/L"字样的提单。

6）舱面货提单（ON DECK B/L）

舱面货提单又称甲板货提单。这是指货物装于露天甲板上承运时在提单上注明"装于舱面"（ON DECK）字样的提单。

7）包裹提单（PARCEL RECEIPT B/L）

包裹提单是指对以包裹形式托运的货物签发的提单。

8）集装箱提单（CONTAINER B/L）

集装箱提单是集装箱货物运输下主要的货运单据，负责集装箱运输的经营人或其代理人在收到集装箱货物后签发给托运人的提单。

另外，提单按船舶经营性质可划分为班轮提单和租船提单；按提单使用有效性可划分为正本提单和副本提单；按货物运输形式可划分为件杂货提单和集装箱运输提单；按货物进出口划分为进口货运提单和出口货运提单，等等。

（二）海运提单的内容

海运提单的内容分为正面内容和背面内容。海运提单正面内容为可变部分，主要是提单的基本信息，包括货物的描述、当事人、运输事项等。这些内容根据运输的货物、运输时间、托运人以及收货人的不同而变化；海运提单背面内容是固定部分，主要是各种条款，分为强制性条款和任意性条款。

（三）海运提单的缮制

填写海运提单是船公司或代理人经办的事，其填写后给出口公司确认后出具正本提单。不同的国家、不同的船公司使用的海运提单的格式不尽相同，但其内容基本一致，包括以下主要项目。

1）托运人（SHIPPER）

托运人也称发货人（CONSIGNOR），是指委托运输的当事人。如信用证无特殊规定，应以受益人为托运人。如果受益人是中间商，货物是从产地直接装运的，则以实际卖方为发货人，因为按《UCP600》规定，如信用证无特殊规定，银行将接受以第三者为发货人的提单。不过此时必须考虑各方面是否可行的问题。

2）收货人（CONSIGNEE）

这是海运提单的抬头，是银行审核的重点项目。应与托运单中"收货人"的填写完全一致，并符合信用证的规定。详情请参考表4－1。

表4－1　信用证和合同对提单的要求及提单"收货人"的填写方法

NO.	信用证和合同对提单的要求	提单"收货人"的填写
1	FULL SET OF B/L CONSIGNED TO ABC CO.（记名收货人）	CONSIGNED TO ABC CO.
2	FULL SET OF B/L MADE OUT TO ORDER（TO ORDER 凭指示，即空白抬头）	TO ORDER
3	B/L ISSUED TO ORDER OF APPLICANT（记名指示）	TO ORDER OF ABC CO.（ABC CO. 为APPLICANT 的名称）
4	FULL SET OF B/L MADE OUT TO OUR ORDER（记名指示）	TO ORDER OF XYZ BANK 或 TO XYZ BANK'S ORDER（XYZ BANK 为开证行的名称）
5	FULL SET OF B/L MADE OUT TO ORDER OF SHIPPER（记名指示，TO ORDER OF SHIPPER 与 TO ORDER 没有区别）	TO ORDER OF SHIPPER

3) 被通知人（NOTIFY PARTY/NOTIFY/ADDRESSED TO）

即买方的代理人，货到目的港时由承运人通知其办理报关提货等手续。

(1) 如果信用证中有规定，应严格按信用证规定填写，如详细地址、电话、电传、传真号码等，以使通知顺利。若来证要求两个或两个以上的公司为被通知人，则应把所有这些公司的名称、地址都完整地填在此栏。

(2) 如果来证中没有具体说明被通知人，那么就应将开证申请人名称、地址填入提单副本的这一栏中，而正本的这一栏保持空白或填写买方亦可。副本提单必须填写被通知人，是为了方便目的港代理通知联系收货人提货。

(3) 如果来证中规定 NOTIFY…ONLY，意指仅通知某某，则 ONLY 一词不能漏掉。

4) 收货地点（PLACE OF RECEIPT）

如货物需转运，此栏填收货港口的名称或地点；如不需转运，此栏留空。

5) 船名航次（OCEAN VESSEL）

此栏应填写货物所装船舶的船名。如货物需转运，填写第二程船的船名；如不需转运，填第一程船的船名。

6) 航次（VOYAGE NO.）

此栏应填写货物所装船舶的船名及航次。如货物需转运，填写第二程船的航次；如不需转运，填第一程船的航次。

7) 装运港（PORT OF LOADING）

(1) 应严格按信用证规定填写，装运港之前或之后有行政区的，如 XINGANG/TIANJIN，应照加。

(2) 一些国外开来的信用证笼统规定装运港名称，仅规定为"中国港口"（CHINESE PORTS, SHIPMENT FROM CHINA TO…），这种规定对受益人来说比较灵活，如果需要由附近其他港口装运，那么就由受益人自行选择。制单时应根据实际情况填写具体港口名称。若信用证规定"YOUR PORT"，受益人只能在本市港口装运；若本市没有港口，则事先须商洽开证。

(3) 如信用证同时列明几个装运港（地），提单只填写实际装运的那一个港口名称。

8) 卸货港/目的港（PORT OF DISCHARGE）

填写货物实际卸下的港口名称。须注意，不同的国家可能有重名的港口，这种情况下，港口后面一定要备注国名；如信用证上列出了两个以上的港口，则只能选择其中一个港口；如信用证上只笼统写上"EUROPEAN MAIN PORTS"（欧洲主要港口），则应填写某具体的卸货港名称，如"ROTTERDAM"。

9) 交货地点（PLACE OF DELIVERY）

填写最终目的地名称。如果货物的目的地就是目的港，留空这一栏。

案例2

信用证规定海运提单，货从上海运到丹麦 AARHUS，我出口公司在提单上有关装卸各栏填制为：

PORT OF LOADING：SHANGHAI

PORT OF DISCHARGE：（空白）

FINAL DESTINATION：**AARHUS**

单据寄到国外银行，开证行拒付，理由是 AARHUS 应为卸货港，而不是目的地。信用证规定的是海运，属于港至港运输，AARHUS 是一个港口而不是内陆城市，因此，它只能是卸货港，而不是最后目的地。如果运输方式是多式联运，从上海装船到欧洲某一港口，再通过陆运到 AARHUS，那么 AARHUS 可作为最后目的地，而卸货港则为欧洲港口。

10）提单号码（B/L NO.）

一般列在提单右上角，以便于工作联系和核查。发货人向收货人发送装船通知（SHIPPING ADVICE）时，也要列明船名和提单号码。

11）唛头（MARKS）

唛头即为了装卸、运输及存储过程中便于识别而刷在外包装上的装运标记，是提单的一项重要内容，是提单与货物的主要联系要素，也是收货人提货的重要依据。提单上的唛头应与发票等其他单据以及实际货物保持一致，否则会给提货和结算带来困难。

（1）如信用证上有具体规定，缮制唛头应以信用证规定的唛头为准。如果信用证上没有具体规定，则以合同为准。如果合同上也没有规定，可按买卖双方私下商定的方案或由受益人自定。

（2）唛头内的每一个字母、数字、图形、排列位置等应与信用证规定完全一致，保持原形状，不得随便错位、增减等。

（3）散装货物没有唛头，可以表示为"NO MARK"或"N/M"。裸装货物常以不同的颜色区别，例如钢材、钢条等刷上红色标志，提单上可以用"RED STRIPE"表示。

此处还应填写集装箱号码（CONTAINER NO.）和封箱号（SEAL NO.）。根据 ISO6346（1995）标准，标准集装箱箱号是由 11 位编码组成的，包括三个部分：第一部分由 4 位英文字母组成。前三位代码（OWNER CODE）主要说明箱主、经营人，第四位代码为海运集装箱代号 U，说明集装箱的类型。如 CBHU 开头的标准集装箱是表明箱主和经营人为中远集运。第二部分由 6 位数字组成，是箱体注册码（REGISTRATION CODE），用于一个集装箱箱体持有的唯一标识。第三部分为校验码（CHECK DIGIT），由前 4 位字母和 6 位数字经过校验规则运算得到，用于识别在校验时是否发生错误，即第 11 位数字。而封箱号一般由五位数组成，如"SEAL 08376"。集装箱铅封是集装箱的一个锁，但是只能用一次，打开之后就坏了，不能再用了。上面的封箱号，是独一无二的，如果客户拿到的集装箱铅封上号码跟提单上一致，就代表集装箱没有打开过，货物完好无损。

12）件数和包装种类（NO. AND KIND OF PACKAGES）

本栏主要填包装数量和包装单位。如果提单项下商品的包装单位不只一种，则分别表示。如 150 箱，其中包括 100 木箱和 50 纸箱，可表示如下：

100 WOODEN CASES

50 CARTONS

150 PACKAGES

如对上述多种包装单位分别表示，则 14）和 15）栏亦应分别表示。如 100 木箱×××公斤和×××立方米，50 纸箱×××公斤和×××立方米，然后合计 150 箱×××公斤和×××立方米。

本栏的包装数量须与 17）栏大写合计件数一致。如是散装货，无件数，则本栏可表示为"IN BULK"（散装），17）栏留空不填。包装种类一定要和信用证规定一致。

案例3

某 A 公司出口一笔大豆，合同规定以旧、修补麻袋包装。信用证对于包装条件却规定："PACKED IN GUNNY BAGS"（麻袋包装）。A 公司按合同规定，货物以旧、修补麻袋包装，提单按信用证规定"麻袋包装"缮制。承运人在签发提单时发现货物包装是旧袋且有修补，要求在提单上加注。A 公司考虑提单加添批注若造成不清洁提单则无法议付，以为合同即规定允许货物以旧、修补麻袋包装，买方不会有异议，所以改制单据为货物以旧、修补麻袋包装。单据交议付行议付时，议付行也因疏忽未发现问题，单据到开证行却被拒付，其理由：信用证规定为"PACKED IN GUNNY BAGS."（麻袋包装），而发票与提单却表示为"PACKED IN USED AND REPAIRED GUNNY BAGS."（旧、修补麻袋包装），故单证不符。A 公司几经交涉无果，结果以削价处理才结案。

13）商品名称（DESCRIPTION OF GOODS）

商品名称应按信用证规定的品名以及其他单据如发票品名来填写，应注意避免不必要的描述，更不能画蛇添足地增加内容。如信用证上商品是 SHOES（鞋子），绝不能擅自详细描述成 MEN'S CANVAS SHOES（男式帆布鞋），或 LADIES' CASUAL SHOES（女式轻便鞋）等。如果品名繁多、复杂，则银行接受品名描述应用统称表示，但不得与信用证中货物的描述有抵触。如果信用证规定以法语或其他语种表示品名，则应按其语种表示。

14）毛重（GROSS WEIGHT）

该数据是船公司计算运费的根据之一。毛重应与发票或包装单相符。如裸装货物没有毛重只有净重，应先加 NET WEIGHT 或 N.W.，再注具体的净重数量。

15）尺码（MEASUREMENT）

即货物的体积。以立方米为计量单位，小数点以后保留三位。该数据是船公司计算运费的根据之一。

16）运费缴付方式

一般没有必要将运费具体的费率和运费金额列出，除非信用证有特别规定。此项只是表明运费是否已付清或什么时候付清。主要有：

运费已付——FREIGHT PAID
运费预付——FREIGHT PREPAID
运费到付——FREIGHT PAYABLE AT DESTINATION
运费待付——FREIGHT COLLECT

17）大写合计件数 [TOTAL NLIMBER OF CONTAINERS OR PACKAGES (IN WORDS)]

18）签单地点和日期（PLACE AND DATE OF ISSUE）

签单地点就是承运人经营业务所在的地点，多数承运人在装运港设有代理人，所以签单地点多数是承运人接管货物或装运的地点。

签单日期不得晚于信用证规定的装运日期。如果一批货分几个装运港装于同一条船上，至同一目的港，签发几个不同日期的提单，则把较迟的日期作为装船日期或装运日。

19）正本提单的份数（NLIMBER OF ORIGINAL B (S) L）

只有正本提单可流通，交单、议付、副本则不行。《UCP600》指出，提单可以是一套单独一份的正本单据，但如果签发给发货人的正本超过一份，则应该包括全套正本。出口商应按信用证规定来要求承运人签发正副本提单份数，并在交单议付时，应提交信用证要求的份数。单据上忘记打上正本份数或某份提单没有"正本"字样，都是不符点。信用证中对份数的各种表示法如下：

例1：FULL SET OF B/L，是指全套提单，按习惯作两份正本解释。

例2：FULL SET（3/3）PLUS 2 N/N COPIES OF ORIGINAL FORWARDED THROUGH BILLS OF LADING，本证要求提交制作的全部三份正本。这里的（3/3）意为：分子的数字指交银行的份数，分母的数字指应制作的份数。N/N（NON-NEGOTIATION）意为不可议付，即副本。

例3：FULL SET LESS ONE COPY ON BOARD MARINE BILLS OF LADING，指应向议付行提交已装船海运提单，是全套正本（至少一份正本）。

例4：2/3 ORIGINAL CLEAN ON BOARD OCEAN BILLS OF LADING，指制作三份正本提单，其中两份向议付行提交。

案例4

产地证日期和正本提单份数的纠纷案

某A公司向B公司出口一批货物，国外开来信用证，其运输和单据部分条款规定如下：最迟于2016年6月20日从中国港口装运至汉堡。全套清洁已装船提单，发货人指示，注明"运费已付"，通知买方。产地证一式两份。

A公司在装运后，按规定向议付行交单议付。议付行审单后认为单证相符，即向开证行寄单。但单寄到国外，开证行却提出异议：① 产地证的签发日期晚于提单签发日期。产地证签发日期为2016年6月17日，而提单签发日期为2016年6月15日。② 提交的三份提单上表明正本提单签发了三份，但实际所提交的提单只有一份正本，有"ORIGINAL"字样，其余两份都分别表示"DUPLICATE"和"TRIPLICATE"，说明都是副本。既然提单签发了三份正本，应将三份正本全部提交。根据以上单证不符的情况，经研究无法接受，单据暂代留存，速复如何处理。

A公司接到开证行拒付通知后，作如下反驳，关于单据不符之事，我们认为：

1. 我该批货物于6月14日经商品检验机构实地查核落实其原产地，6月15日装运，因6月15、16日系我地双休日，故6月17日签发产地证。根据《UCP600》的规定：当信用证要求提供除运输单据、保险单据和商业发票以外的单据时，信用证中应规定该单据由何人出具，应有哪些措辞或内容。如信用证对此未作规定，只要所提交单据的内容与提交的其他单据不矛盾，银行将予以接受，构成不了不符。

2. 对正本提单的意见，开证行认为第二份、第三份正本提单如不表示"ORIGINAL"，就认为是副本。但目前国际运输行业有许多提单的格式在第一份、第二份和第三份正本中都事先分别印制表示ORIGINAL、DUPLICATE、TRIPLICATE来代替第一正本、第二正本、第三正本，这种国际运输行业的习惯做法历年来也被银行业所接受。

A公司和议付行提出反驳意见后，再未见开证行的答复，却通过议付行得知该货款已转入出口人账户，终告结案。

20）装船日期（DATE OF LOADING ON BOARD）
货物实际装到船上的日期。此日期通常早于或等于签单日期。
21）承运人签字（SIGNED FOR THE CARRIER /BY）
任何一种运输单都必须由其承运人签章才能生效，这是承运人的义务。

BILL OF LADING			
1) SHIPPER RELIANCE M AND N INDUSTRIES LIMITED HEX6/788, NORTH JIMEI ROAD, GUANKOU TOWN, JIMEI DIST, XIAMEN, CHINA 361022		10) B/L NO. CHANG52791 CARRIER C O S C O 中国远洋运输（集团）总公司 CHINA OCEAN SHIPPING (GROUP) CO.	
2) CONSIGNEE TO ORDER OF BANK CENTRAL ASIA			
3) NOTIFY PARTied HARAPANSUKSES JAYA PT JL. DAAN MOGOT KM 11/45 JAKARTA BARAT NPWP: 01.656.706.7-038.000			
4) PLACE OF RECEIPT XIAMEN, CHINA	5) OCEAN VESSEL CHANGMING		
6) VOYAGE NO. V.5299	7) PORT OF LOADING XIAMEN, CHINA	ORIGINAL	
8) PORT OF DISCHARGE JAKARTA, INDONESIA	9) PLACE OF DELIVERY JAKARTA, INDONESIA	Combined Transport BILL OF LADING	
11) MARKS	12) NOS. & KINDS OF PKGS.	13) DESCRIPTION OF GOODS	14) G.W.(kg)	15) MEAS(m3)
MN16EXP01-003 JAKARTA NO.:1-500 MADE IN CHINA CONTAINER NO.:VGHKU9563 SEAL NO.:EKIY6233	500CTNS TOTAL:SAY FIVE HUNDRED CARTONS ONLY. 16) FREIGHT PREPAID	COLD ROLLING MILLS	8,500.00KGS	36.00CBMS
17) TOTAL NUMBER OF CONTAINERS OR PACKAGES(IN WORDS)	SAY FIVE HUNDRED CARTONS IN ONE FORTY CONTAINER ONLY.		
FREIGHT & CHARGES Declared Value CHARGE	REVENUE TONS	RATE	PER	PREPAID	COLLECT
PREPAID AT TOTAL PREPAID	PAYABLE AT SHANG HAI 19) NUMBER OF ORIGINAL B(S)L THREE	18) PLACE AND DATE OF ISSUE XIAMEN, SEP.02,2016	
20) DATE OF LOADING ON BOARD AUG.31,2016	21) BY 中国外轮代理公司厦门分公司 CHIINA OCEAN SHIPPING AGENCY, XIAMEN BRANCH 郑达 FOR THE CARRIER NAMED ABOVE	中国外轮代理公司厦门分公司 CHINA OCEAN SHIPPING AGENCY, XIAMEN BRANCH 郑达 FOR THE CARRIER NAMED ABOVE	

图 4-4　海运提单范本

(四) 海运提单的修改和变更

当缮制好的提单需要修改或变更时，可以进行相应的更改，但必须经过证实。证实从表面看来必须是由承运人、船长或其代理人所为（该代理人可以与出具或签署提单的代理人不同），只要表明其作为承运人或船长的代理人身份即可。对于正本可能已做出的任何修改或变更，不可转让提单副本无须任何签字或证实。

(五) 海运提单上常见术语

海运提单上常见术语如表 4-2 所示。

表 4-2 海运提单上常见术语

术语	含 义	中文含义
STC	SAID TO CONTAIN	据称包括
SBS	SAID BY SHIPPER	托运人申报
SLAC	SHIPPER'S LOAD AND COUNT AND SEAL	由托运人装箱、点数和封箱
SLAC	SHIPPER'S LOAD AND COUNT	由托运人装箱和点数
CFS	CONTAINER FREIGHT STATION	集装箱货运站
CY	CONTAINER YARD	集装箱堆场
LCL	LESS THAN CONTAINER LOAD	拼箱货
FCL	FULL CONTAINER LOAD	整箱货
S.O.C	SHIPPER'S OWN CONTAINER	货主箱
C.O.C	CARRIER'S OWN CONTAINER	船主箱
TK	TANK CONTAINER	罐式集装箱
OT	OPEN-TOP CONTAINER	敞顶集装箱
RF	REEFER CONTAINER	冷藏集装箱
BAF	BUNKER ADJUSTMENT FACTOR	燃油附加费
DDC	DESTINATION DELIVERY CHARGE	目的地交货费
ORC	ORIGINAL RECEIVING CHARGE	原产地接货费
DC	DRY CARGO CONTAINER	干货集装箱
GP	GENERAL PROPOSE CONTAINER	通用集装箱
FEU	FORTY-FOOT EQUIVALENT UNIT	40英尺箱
TEU	TWENTY-FOOT EQUIVALENT UNIT	20英尺标准箱

(六) 海运提单的背书

1. 背书的类型

(1) 当收货人一栏填写凭指示（TO ORDER）时，由托运人（SHIPPER）背书。

(2) 当收货人一栏写记名指示（TO ×××'S ORDER 或 TO ORDER OF ×××）时，由记名的一方背书。具体有三种情况：

① 当收货人一栏填写凭托运人指示时（TO SHIPPER'S ORDER 或 TO ORDER OF SHIPPER），由托运人背书。

② 当收货人一栏填写凭申请人或其他某商号公司指示时，由申请人或该商号公司背书。

③ 当收货人一栏填写凭某银行指示时，由该银行背书。

2. 背书的方式

（1）空白背书——书写背书人的名称、地址。

（2）记名背书——既要书写背书人的名称、地址，又要书写被背书人（海运提单转让对象）的名称与地址。

（3）记名指示背书——既要书写背书人的名称、地址，又要书写"TO ORDER OF"＋被背书人（海运提单转让对象）的名称与地址。

第五节 保险单据

在国际贸易中，货物从出口国运抵进口国需经过长途运输与装卸，自然灾害或意外事故等因素，可能会造成货物的损失或灭失。为减少风险，避免损失，在货物出运前，货方往往需要对货物投保运输险，由保险公司承担货物运输途中的损失赔偿。

保险单（INSURANCE POLICY/CERTIFICATE）是保险人（承保人）与被保险人（投保人或要保人）之间订立的保险合同的凭证，是被保险货物在保险责任有效期内遭受属于保险责任范围内的损失时，被保险人向保险人提出索、理赔的依据。在 CIF/CIP 合同中，出口商提交符合规定的保险单据是必不可少的义务。其业务做法是投保人根据合同或 L/C 规定向保险机构提出投保要求，保险机构或其代理同意后，出具正式单据，一般为三正二副。除 L/C 另有规定，保险单据一般应做成可转让的形式，以受益人为投保人并由其背书。

一、保险单据的作用

1. 保险合同的证明

保险单据是保险人与被保险人之间签订的保险合同的证明。按保险业惯例，保险人只要在被保险人填写的保险单据上签字，保险合同就告成立，它具体规定了双方之间的权利和义务。

2. 赔偿证明

保险合同是一种赔偿性合同，而非买卖性合同。被保险人支付保费后，保险人即对货物遭受合同责任范围内的损失负赔偿责任。因此，保险单据也是赔偿权的证明文件。作为一种权利凭证，货运保险单像提单一样可背书转让，但赔偿不是必然发生，只是偶然发生的，故保险单据只是潜在的利益凭证。在国际贸易中，如以 CIF 和 CIP 方式成交，卖方发货后，买方承担风险，卖方应在保险单背面背书，并按规定结算方式向买方移交保险单。买方取得保险单即成为被保险人，在货物出险后，有权向保险公司或其指定代理人索赔。

二、保险单的种类

我国进出口业务中使用的保险单据主要有：保险单（INSURANCE POLICY）、保险凭证（INSURANCE CERTIFICATE）、联合凭证（COMBINED CERTIFICATE）、预约保单（OPEN POLICY）、保险批单（ENDORSEMENT）等。

（1）保险单（INSURANCE POLICY），俗称大保单，它是保险人和被保险人之间成立保险合同关系的正式凭证，是使用最广的一种保险单据。在海运货物保险中，这种保险单一般由保险人根据投保人的逐笔投保逐笔签发。承保在保险单内所指定的、经由指定船舶和航次承运的货物在运输途中的风险，货物抵达目的地，保险单的效力即告终止。

保险单上载明：被保险人名称、保险货物描述、数量、包装、保险金额、起止地点、运输工具名称、起止日期和投保险别等内容。此外，保险单背面还印就保险公司的责任范围以及保险公司与被保险人各自的权利、义务等方面的详细条款。保险单范本如图 4-5 所示（背景材料为第三章国际货物买卖销售合同范本）。

(2) 保险凭证（INSURANCE CERTIFICATE），又称小保单，是一种简化的保险合同。它是保险人签发给被保险人，证明货物已经投保且保险合同已经生效的文件。保险凭证上没有保险条款，仅表明按照该保险人的正式保险单上所载的条款办理。除其背面没有详细保险条款外，其余内容与保险单相同。它与保险单具有同等法律效力。

(3) 联合凭证（COMBINED CERTIFICATE），联合凭证又称为联合发票，是一种发票和保险单相结合的单证，是比保险凭证更为简化的保险单据，即在出口货物发票上由保险公司加注承保险别、保险金额及保险编号，并加盖印戳。此种凭证不能转让，目前仅适用于对港澳地区部分华商和少部分新马地区的业务，只有来证表明可以接受联合凭证时，才能使用这种单据。

(4) 预约保单（OPEN POLICY），又称预约保险合同，它是被保险人（一般为进口商）与保险人之间订立的合同，是保险公司承保被保险人在一定时期内发运的、以 CIF 价格条件成交的出口货物或以 FOB、CFR 价格条件成交的进口货物的保险单。目的是简化保险手续，并使货物一经装运即可取得保障。预约保单载明保险货物的范围、险别、保险费率、每批运输货物的最高保险金额以及保险费的结付办法等。凡属预约保单规定范围内的进口货物，一经启运，保险公司即自动按预约保单所订立的条件承保，但被保险人在获悉每批保险货物启运时，应立即以启运通知书或其他书面形式将该批货物的名称、数量、保险金额、运输工具的种类和名称、航程起讫地点、开航日期等情况通知保险公司。事先订立预保合同，可以防止因漏保或迟保而造成无法弥补的损失。此种保单适用于我国自国外进口的货物和出口的展卖品。

预约保单下有保险证明书（INSURANCE CERTIFICATE）、保险声明书（INSURANCE DECLARATION），受益人可提供保险单做替代，但银行不接受暂保单（COVER NOTES）。暂保单是保险公司在签发保险单或保险凭证前开出的临时保险凭证。

(5) 保险批单（ENDORSEMENT）：保险单出立后，投保人如需要补充或变更其内容，可根据保险公司的规定，向保险公司提出申请，经同意后即出具一种凭证，注明更改或补充的内容，这种凭证称为批单。它具有补充、变更原保险单内容的作用。保险单经过批改，保险公司即按批改后的内容来承担责任。

对于批改内容如涉及保险金额的增加和保险责任范围的扩大等重大修改，保险公司必须证实货物未发生出险事故后，方可同意办理。

批单原则上须粘贴在保险单上，并加盖骑缝章，作为保险单不可分割的一部分。

三、保险单的内容

保险单的内容包括正面记载事项和背面的保险条款。

保险单正面大致包括三部分内容：

(1) 证明双方当事人建立保险关系的文字。说明保险人根据被保险人的要求，由被保险人缴付约定的保险费，按照本保险单条件承保货物运输险。

(2) 被保险货物的情况，包括货物项目、标记、包装及数量、保险金额以及载货船名、启运地和目的地、开航日期等。

(3) 承保险别、理赔地点以及保险人关于所保货物如遇风险可凭保险单及有关证件给付赔款的声明。

保险单背面所列保险条款，是确立保险人与被保险人之间权利与义务关系的依据，是保险单的重要内容。许多国家的保险公司均按伦敦保险协会条款办理。中国人民保险公司使用中国保险条款，内容包括：平安险、水渍险和一切险三种基本险别的责任范围、除外责任、责任起讫、被保险人的义务、索赔期限等。

保险单一式五份。第一、二份印有"ORIGINAL"（正本）字样，背面印有保险条款，其余三份印有"COPY"（副本）字样，通常作保险公司备案和结算保险费之用。

四、保险单的缮制

（一）发票号码（INVOICE NO.）

填写投保货物商业发票的号码。

（二）保险单号次（POLICY NO.）

填写保险单号码。

（三）被保险人（THE INSURED）

（1）如来证无特别规定，保险单的被保险人应是信用证上的受益人。由于出口货物绝大部分均由外贸公司向保险公司投保，按照习惯，被保险人一栏中应填写出口公司的名称。

（2）如遇到特殊规定时，具体填写内容应按照L/C的特殊规定而定。如：信用证要求保险单为TO THE ORDER OF…或IN FAVOR OF…BANK（以……银行抬头或受益），即应在被保险人处填写"出口公司名称+HELD TO THE ORDER OF…BANK（或IN FAVOR OF … BANK）"。

（3）信用证有特殊要求，所有单据以……为抬头人，那么应在被保险人栏以……为被保险人，这种保险单就不要背书。

（4）信用证规定：TO THE THIRD PARTY（以第三者名称，即中性名称作为抬头人），则应填写"TO WHOM IT MAY CONCERN"（被保险利益人）。

（5）信用证规定，TO ORDER（保单为空白抬头），被保险人名称应填写"THE APPLICANT＋出口公司名＋FOR THE ACCOUNT OF WHOM IT MAY CONCERN"（受益人为被保险利益人）。

（四）保险货物项目（DESCRIPTION OF GOODS）

与提单相同，应填写保险货物的名称，按发票或信用证填写。如果货名过多，可只写统称，不必过于具体。

（五）包装、单位及数量（QUANTITY）

与提单相同，此项写明包装方式以及包装数量，并填写最大包装的件数。如果一次投保有数种不同包装，则以件（PACKAGES）为单位。散装货应填写散装重量。如果采用集装箱运输，则应予注明（IN CONTAINER）。

（六）保险金额（AMOUNT INSURED）

一般按照发票金额加一成（即110%发票金额）填写，至少等于发票金额。对超出110%的保险费可要求由开证人承担，最终以双方商定的比例计算得出。但中国人民保险公司不接受超过发票总值30%的保额，以防止个别买主故意灭损货物，串通当地检验部门取得检验证明，向保险公司索赔。保额尾数四舍五入取整，金额大小写必须一致，并使用与信用证或发票相同的货币开立保单。

（七）承保险别（CONDITIONS）

一般应包括具体投保险别、保险责任起讫时间、适用保险条款的文本及日期。出口公司只需在副本上填写这一栏目的内容。当全套保险单填好交给保险公司审核、确认时，才由保险公司把承保险别的详细内容加注在正本保险单上。填制时应注意严格按信用证规定的险别投保。并且为了避免混乱和误解，最好按信用证规定的顺序填写。

（八）货物标记（MARKS & NOS.）

即唛头和号码，应与发票和运输单据一致。如果唛头较为复杂，可注明 AS PER INVOICE NO. …（被保险人索赔时一定要提交发票）。但如果信用证规定所有单据均要显示装运唛头，则应按照实际唛头填写。

（九）总保险金额（TOTAL AMOUNT INSURED）

将保险金额以大写的形式填入。计价货币也应以全称形式填入。保险金额使用的货币应该与信用证使用的货币一致，大写保险总金额应与保险金额的阿拉伯数字一致。

（十）保费（PREMIUM）

一般已经由保险公司在保险单上印上"AS ARRANGED"字样，出口公司不必填写具体金额。但如果信用证要求：INSURANCE POLICY OR CERTIFICATE FOR FULL INVOICE VALUE PLUS 10% MARKED PREMIUM PAID 或 INSURANCE POLICY OR CERTIFICATE ENDORSED IN BLANK FULL INVOICE VALUE PLUS 10% MARKED PREMIUM PAID USD…制单时应将印好的"AS ARRANGED"的字样删除，并且加盖核对章后打上"PAID"或"PAID USD…"字样。

（十一）装载运输工具（PER CONVEYANCE SS）

填写装载船的船名。当运输由两程运输完成时，应按照提单分别填写一程船名和二程船名。如一程船名为 DAEWOO，二程船名为 PIONEER，则该栏应填写：DAEWOO/ PIONEER。如转运到内陆应加 OTHER CONVEYANCE。如船名未知，则应填写"TO BE DECLARED"。

（十二）开航日期（SAILING ON OR ABOUT…）

一般填写提单装运日期，若填写时尚不知准确的提单日期，也可填写提单签发日前 5 天之内任何一天的日期，或填写"AS PER B/L"即以提单为准。

（十三）启运港（FROM）

填写装运港名称。

（十四）目的港（TO）

填写目的港。当一批货物经转船到达目的港时，这一栏填写目的港 W/A（VIA）转运港。

（十五）保险单份数（COPIES OF INSURANCE POLICY）

当信用证没有特别说明保险单份数时，出口公司一般提交一套完整的保险单（一份原件，一份复印件）。

当来证要求提供的保险单"IN DUPLICATE /IN TWO FOLDS/IN TWO COPIES"时，出口公司提交给保险公司一张正本保险单和一张副本保险单构成全套保险单。其中的正本保险单可经背书转让。

（十六）赔款偿付地点（CLAIM PAYABLE AT…）

一般的，将目的地作为赔付地点，将目的地名称填写入该栏。赔款货币一般为与信用证和投保额相同的货币。

(十七) 日期 (DATE)

日期指保险单的签发日期。由于保险公司提供仓至仓 (WAREHOUSE TO WAREHOUSE) 服务,所以要求保险手续在货物离开出口方仓库前办理。保险单的日期也应是货物离开出口方仓库前的日期。

(十八) 投保地点 (PLACE)

填写投保地点的名称,一般为装运港(地)的名称。

(十九) 保险公司代表签名 (SIGNATURE)。

保险单范本如图 4-5 所示。

```
中 国 人 民 保 险 公 司
THE PEOPLE'S INSURANCE COMPANY OF CHINA
总公司设于北京        一九四九年创立
Head office: BEIJING    Established in 1949

保 险 单                    保险单号次
INSURANCE POLICY         POLICY NO.   PI16003MN

中 国 人 民 保 险 公 司 (以下简称本公司)
THIS POLICY OF INSURANCE WITNESSES THAT THE PEOPLE'S INSURANCE COMPANY OF CHINA (HEREINAFTER CALLED "THE COMPANY")

根  据
AT THE REQUEST OF   RELIANCE M AND N INDUSTRIES LIMITED
(以下简称被保险人)的要求,由被保险人向本公司缴付约
(HEREINAFTER CALLED "THE INSURED") AND IN CONSIDERATION OF THE AGREED PREMIUM PAID TO THE COMPANY BY THE
定的保险,按照本保险单承保险别和背面所载条款下列
INSURED UNDERTAKES TO INSURE THE UNDERMENTIONED GOODS IN TRANSPORTATION SUBJECT TO THE CONDITIONS OF THIS POLICY
特款承保下述货物运输保险,特立本保险单
AS PER THE CLAUSES PRINTED OVERLEAF AND OTHER SPECIAL CLAUSES ATTACHED HEREON

| 标 记          | 包装及数量    | 保险货物项目         | 保险金额          |
| MARKS & NOS   | QUANTITY    | DESCRIPTION OF GOODS | AMOUNT INSURED |
| MN16EXP01-003 | 500CTNS     | COLD ROLLING MILLS   | USD83,985.00   |
| JAKARTA       |             |                      |                |
| NO.:1-500     |             |                      |                |
| MADE IN CHINA |             |                      |                |

总 保 险 金 额:
TOTAL AMOUNT INSURED:  SAY U.S. DOLLARS EIGHTY THREE THOUSAND NINE HUNDRED EIGHTY FIVE ONLY.
保 费                费率              装 载 运 输 工 具
PREMIUM AS ARRANGED  RATE AS ARRANGED  PER CONVEYANCE S.S. CHANGMING V.5299
开 航 日 期                     自                  至
S/G. ON OR ABT. SEP.02,2016   FROM XIAMEN,CHINA   TO JAKARTA, INDONESIA
承保险别:
CONDITIONS
ICC (A) AND WAR RISK

所保货物,如遇出险,本公司凭本保险单及其他有关证件给付赔款。
CLAIMS, IF ANY, PAYABLE ON SURRENDER OF THIS POLICY TOGETHER WITH OTHER RELEVANT DOCUMENTS
所保货物,如发生本保险单项下负责赔偿的损失或事故,
IN THE EVENT OF ACCIDENT WHEREBY LOSS OR DAMAGE MAY RESULT IN A CLAIM UNDER THIS POLICY IMMEDIATE NOTICE
应立即通知本公司下述代理人查勘。
APPLYING FOR SURVEY MUST BE GIVEN TO THE COMPANY'S AGENT AS MENTIONED HEREUNDER:

赔 款 偿 付 地 点                           中国人民保险公司厦门分公司
CLAIM PAYABLE AT/IN   XIAMEN,CHINA         THE PEOPLE'S INSURANCE CO. OF CHINA
日 期                                       XIAMEN BRANCH
DATE  AUG.26, 2016
                                            李莉
地址:中国上海中山东一路23号 TEL:3234305 3217466-44 Telex 33128 PICCS CN.
Address: 23 Zhongshan Dong Yi Lu Shanghai, China Cable: 42001 Shanghai
                                            General Manager
```

图 4-5 保险单范本

五、保险单应注意的事项

（1）出口公司取得保险单后，其审单员应根据信用证及发票、提单等单据进行仔细审核，严格做到"单证一致""单单一致"。

（2）保险单的签发日期应早于运输单据日期。

（3）凡是以出口公司（信用证的受益人）为被保险人的保险单，受益人均须加盖背书，即在保险单背面盖上出口公司和法人签字式样的橡皮图章，以利转让，背书不需要通知保险公司。保单的背书与提单基本相似，可分为空白背书和记名背书。

（4）保险单的投保和赔款的货币名称必须与信用证的货币一致，这样做是为了一旦出险，进口商凭保险单向保险公司索赔时，可避免不必要的汇率风险。

（5）当来证规定超过正常的加成投保而导致支付超额保险费用，应事先与保险公司联系。如保险公司愿意承保，则可以接受。由此而支付的超额费用可计算在成本之内或争取由开证人负担。

六、保险单的份数

如信用证未明确规定保险单的份数，保险公司一般出具一式五联的保险单，由一份正本（ORIGINAL）、一份复联（DUPLICATE）和三份副本（COPY）构成，出口公司一般提交给银行一套完整的保险单（即包括一份 ORIGINAL，一份 DUPLICATE）。

如来证要求"INSURANCE POLICY IN DUPLICATE"时，出口公司提交给议付行一份 ORIGINAL，一份 DUPLICATE。

七、保险单的背书

海运保险单可以经背书而转让，保险单据被保险人背书后即随着保险货物所有权的转移自动转到受让人手中。一般背书的方法有以下几种：

（1）空白背书（BLANK ENDORSED）。空白背书只需在保险单的背面注明被保险人的名称（包括出口公司名称和经办人的名字）即可。如信用证未明确规定哪种背书，即使用空白背书。

（2）记名背书。当来证要求 ENDORSED IN THE NAME OF ×××或 DELIVERY TO (THE ORDER OF) ××× CO. 时，即使用记名方式背书。记名背书需在保险单背面注明被保险人名称和经办人的名字后，打上 DELIVERY TO ××× CO. 或 THE NAME OF ×××字样（此种保险单不便转让，较少使用）。

（3）记名指示背书。当来证要求"INSURANCE POLICY ISSUED TO THE ORDER OF ×××"时，就在提单背面注明被保险人名称和经办人的名字后，再打上"TO ORDER OF ×××"。

实训项目一：缮制汇票

一、背景资料

本项目的背景资料如图4-6所示。

```
MT: 700 - - - - - - - - - - - ISSUE OF A DOCUMENTARY CREDIT - - - - - - - -
TO:                            CHINA CONSTRUCTION BANK
                               XIAMEN BRANCH
                               3F, CCB BLD, 98 LUJIANG RD, XIAMEN, CHINA
FROM:                          CITY BANK OF NEW YORK
                               100 CITIBANK DRIVE
                               SAN ANTONIO, TX 78245
SEQUENCE OF TOTAL:         27  1/1
FORM OF DOCUMENTARY CREDIT:40A IRREVOCABLE
DOCUMENTARY CREDIT NO.:    20  AAUC873444
DATE OF ISSUE:             31C 170115
DATE AND PLACE OF EXPIRY:  31D 171215 XIAMEN CHINA
APPLICANT:                 50  SUNNY WILLIAN TRADING CO., LTD.
                               20 BROADWAY, NEW YORK, NY 10027, U.S.A.
                               TEL: 1-212-123-4567 FAX: 1-212-123-4568
BENEFICIARY:               59  XIAMEN STOCKO ELECTRONICS LTD.
                               2/F, LIANFA BUILDING, HULI DISTRICT, XIAMEN, 361002,
                               CHINA
CURRENCY CODE, AMOUNT:     32B USD40,000.00
AVAILABLE WITH /. BY ...   41D ANY BANK BY NEGOTIATION
DRAFTS AT:                 42C 45 DAYS AFTER SIGHT FOR 100% INVOICE VALUE
DRAWEE:                    42D CITY BANK OF NEW YORK
PARTIAL SHIPMENT:          43P ALLOWED
TRANSSHIPMENT:             43T NOT ALLOWED
LOAD/DISPATCH/TAKING:      44A XIAMEN
TRANSPORTATION TO...:      44B NEW YORK
LATEST DATE OF SHIPMENT:   44C 170130
DESCRIPTION OF GOODS:      45A COOKING THERMOSTAT PART NO. 5678 USD0.80/PC CIF NEW
                               YORK
QUANTITY: 20,000PCS
SINGLE POLE THERMOSTAT PART NO. 0023 USD0.60/PC CIF NEW YORK
QUANTITY: 40,000PCS
PACKED IN NEW CARTONS, FIVE HUNDRED PCS PER CARTON
DOCUMENTS REQUIRED:        46 A
                               IN 5 COPIES UNLESS OTHERWISE STIPULATED:
1. SIGNED COMMERCIAL INVOICE IN 03 ORIGINALS AND STATING THE GOODS SHIPPED ARE OF
CHINESE ORIGIN AND S/C NO. 22322
```

图 4-6 信用证样单

2. SIGNED PACKING LIST/WEIGHT MEMO INDICATING QUANTITY/GROSS AND NET WEIGHTS OF EACH PACKAGE AND PACKING CONDITIONS AS CALLED FOR BY THE L/C
3. FULL SET OF CLEAN ON BOARD OCEAN BILLS OF LADING MADE OUT TO ORDER AND BLANK ENDORSED, MARKED "FREIGHT PREPAID" NOTIFYING APPLICANT
4. CERTIFICATE OF CHINESE ORIGIN
5. BENEFICIARY'S CERTIFICATE STATING THAT COPY OF FAX DISPATCHED TO THE ACCOUNTEE WITHIN 3 DAYS AFTER SHIPMENT ADVISING NAME OF VESSEL, DATE, QUANTITY, WEIGHT, VALUE OF SHIPMENT, L/C NUMBER AND CONTRACT NUMBER

ADDITIONAL INSTRUCTION： 47A：
1. CHARTER PARTY B/L AND THIRD PARTY DOCUMENTS ARE NOT ACCEPTABLE
2. SHIPMENT PRIOR TO L/C ISSUING DATE IS ACCEPTABLE
3. BOTH QUANTITY AND AMOUNT 10 PERCENT MORE OR LESS ARE ALLOWED.

DETAILS OF CHARGES   71B ALL BANKING CHARGES AND COMMISSIONS OUTSIDE NEW YORK ARE FOR BENEFICIARY'S ACCOUNT

PRESENTATION PERIOD   48   DOCUMENTS MUST BE PRESENTED WITHIN 15 DAYS AFTER THE DATE OF ISSUANCE OF THE SHIPPING DOCUMENTS BUT WITHIN THE VALIDITY OF THE CREDIT

CONFIRMATION   49   WITHOUT

相关资料：
合同号：   22322
合同日期：   2017年12月20日
发票号码：   20170208
发票日期：   2017年1月25日
提单号码：   ODSDD00034
提单日期：   2017年1月27日
船名航次：   LUCKY V.03
装运港：   XIAMEN
总毛重：   1 200KGS
净重：   1 000KGS
体积：   12.00 CBMS
产地：   中国（完全产自中国）
H.S CODE：   80004
原产地证号：   56789
CONTAINER NO.：   HRTU736542
SEAL NO.：   4422
SHIPPING MARKS： SUNNY22322
                  NEW YORK
                  NO 1-120

图4-6 信用证样单（续）

二、实训要求

根据图4-6所示。信用证样单的要求及相关资料缮制如图4-7所示模式的汇票。

厦门斯道克电子有限公司
XIAMEN STOCKO ELECTRONICS LTD.
2/F,LIANFA BUILDING,HULI DISTRICT,XIAMEN,361002,CHINA
Tel: +86-592-6666666 Fax:+86-592-6666667

BILL OF EXCHANGE

Drawn under _____

L/C No. _____ Dated _____

Payable with Interest @ _____ % per annum

No. _____ Exchange for _____ XIAMEN,China _____

At _____ sight of this SECOND Bill of exchange(FIRST being unpaid)

pay to _____ or order the sum of

_____
(amount in words)

To: _____
                                    For and on behalf of

                                    _____
                                                (Signature)

图4-7 空白汇票样单

实训项目二：缮制商业发票

一、背景资料

信用证样单如图4-6所示。

二、实训要求

根据实训项目一的信用证样单的要求及相关资料缮制如图 4-8 所示模式的商业发票。

	1) 厦门斯道克电子有限公司 XIAMEN STOCKO ELECTRONICS LTD. 2/F,LIANFA BUILDING,HULI DISTRICT,XIAMEN,361002,CHINA Tel:+86-592-6666666 Fax:+86-592-6666667		
2) COMMERCIAL INVOICE			
3) BUYER		5) INVOICE NO.	6) INVOICE DATE:
		7) L/C NO.	8) L/C DATE
		9) ISSUED BY	
4) SELLER		10) CONTRACT NO.	11) TERMS OF PAYMENT
		12) FROM	13) TO
		14) SHIPPED BY	15) PRICE TERMS
16) MARKS	17) DESCRIPTION OF GOODS 18) QUANTITY	19) UNIT PRICE	20) AMOUNT
		CIF NEW YORK	
TOTAL: 21)			
		22) ISSUED BY	
		23) SIGNATURE *Echo Zeng* Echo Zeng signed by	

图 4-8 空白商业发票样单

实训项目三：缮制装箱单

一、背景资料

信用证样单如图4-6所示。

二、实训要求

根据实训项目一的信用证样单的要求及相关资料缮制如图4-8所示模式的装箱单。

```
1) 厦门斯道克电子有限公司
   XIAMEN STOCKO ELECTRONICS LTD.
   2/F, LIANFA BUILDING, HULI DISTRICT, XIAMEN, 361002, CHINA
   TEL:+86-592-6666666  FAX:+86-592-6666667

              2) P A C K I N G   L I S T

3) SELLER                  | 5) INVOICE NO.      | 6) INVOICE DATE
                           | 7) L/C NO.          | 8) DATE
                           | 9) ISSUED BY
4) BUYER                   | 10) CONTRACT NO.    | 11) DATE
                           | 12) FROM            | 13) TO
                           | 14) SHIPPED BY      | 15) PRICE TERM

16) Marks | 17) GOOD DESCRIPTION | 18) QTY. | 19) G.W.(kg) | 20) N.W.(kg) | 21) MEAS(m³)

TOTAL:
22)

              23) ISSUED BY

              24) SIGNATURE    SIGNATURE
                               Echo Zeng
                               signed by
```

图4-9 空白装箱单样单

实训项目四：缮制海运提单

一、背景资料

信用证样单如图4-6所示。

二、实训要求

根据实训项目一的信用证样单的要求及相关资料缮制如图4-10所示模式的海运提单。

BILL OF LADING				
1)SHIPPER		10)B/L NO.		
		CARRIER		
		COSCO		
2)CONSIGNEE		中国远洋运输（集团）总公司		
3)NOTIFY PARTY		CHINA OCEAN SHIPPING (GROUP) CO.		
4)PLACE OF RECEIPT	5)OCEAN VESSEL			
6)VOYAGE NO.	7)PORT OF LOADING		ORIGINAL	
8)PORT OF DISCHARGE	9)PLACE OF DELIVERY	Combined Transport BILL OF LADING		
11)MARKS　12)NOS. & KINDS OF PKGS. 13)DESCRIPTION OF GOODS			14) G.W.(KG)	15) MEAS(m³)
TOTAL:	CARTONS ONLY.			
CONTAINER NO.:		FREIGHT PREPAID		
SEAL NO.:		16)		
17)TOTAL NUMBER OF CONTAINERS OR PACKAGES(IN WORDS)				
FREIGHT & CHARGES	REVENUE TONS	RATE	PER	PREPAID	COLLECT
Declared Value CHARGE					
PREPAID AT	PAYABLE AT SHANG HAI	18)PLACE AND DATE OF ISSUE		
TOTAL PREPAID	19)NUMBER OF ORIGINAL B(S)L 3 (THREE)	21)		
	LOADING ON BOARD THE VESSEL			
20)DATE	20)BY	中国外轮代理公司上海分公司 NA OCEAN SHIPPING AGENCY,SHANGHAI BRA 郑达 FOR THE CARRIER NAMED ABOVE		
	中国外轮代理公司上海分公司 HIINA OCEAN SHIPPING AGENCY,SHANGHAI BRANC 郑达 FOR THE CARRIER NAMED ABOVE			

图4-10　空白海运提单样单

实训项目五：缮制保险单

一、背景资料

信用证样单如图 4-6 所示。

二、实训要求

根据实训项目一的信用证样单的要求及相关资料缮制如图 4-11 所示模式的保险单。

图 4-11 空白保险单样单

第五章

其他出口结汇单证

学习目标

通过本章的学习，使学生了解原产地证的类型；熟悉一般原产地证和普惠制产地证的格式与内容；掌握一般原产地证和普惠制产地证的缮制方法；了解其他区域性优惠原产地证。熟悉船公司证明、受益人证明、装运通知等其他结汇单据的含义与作用；熟悉船公司证明、受益人证明、装运通知等其他结汇单据的格式与主要内容；学会缮制原产地证书、船公司证明、受益人证明、装运通知等单据。

案例导入

发票与原产地证内容不一致致损案

我国某橡胶出口企业 A 与泰国某进口贸易有限公司 B 达成了一笔 L/C 交易，证中有关单据的条款规定："正本提单一份，商业发票一式三份，以及由商检局出具的普惠制原产地证书 Form A，所有单据除发票外不得表示发货人或受益人的地址。"A 公司按 L/C 要求进行装运后，便向当地商检机构申请出具普惠制原产地证书 Form A，但商检机构却要求在普惠制原产地证书 Form A 上发货人地址一栏不得留空。

这样，A 公司不得不电告 B 公司："由于我商检机构强制规定普惠制原产地证书上的发货人栏必须表明发货人的名称和详细地址，请立即将原 L/C 中的条款改为：'所有单据除发票、普惠制原产地证书以外，不得表示发货人或受益人地址。'"不久，B 公司即回电称："该普惠制原产地证书系我方提供给另外的客户，并非我方所需要，所以难以改正。如果你方不在原产地证书中表示你方的真实详细地址，而是虚构一个地址，则我方可考虑修改 L/C。"接电后，A 公司考虑到货物已发运，如果拒绝接受 B 方的要求和建议，将会承担运费的损失。另外，也以为虚构原产地证书中的发货人地址不会影响最终的结汇，所以 A 公司接受了 B 公司的要求，同时，B 公司也如约将原 L/C 中的单据条款改为："除发票、普惠制原产地证书外，所有单据不得表示发货人或受益人的地址。"

一切似乎进展顺利，A 公司将制好的全套单据交议付行又寄至开证行。但开证行当即提出了单据中的不符点："你第×××号 L/C 项下的单据经审核发现发票上受益人的地址与原产地证书中发货人的地址不符，故而构成单单不符，我行无法付款，请速告单据处理意见。"A 公司得到消息后，才意识到公司里的单证员习惯了按固定的发票格式制单，忽略了将发票发货人真实详细的地址改为虚构的地址，而此时想再置换发票已为时过晚。最终，A 公司不得不与 B 公司商议降价处理此笔货物，才了结了此案。

分析：

本案的外贸单证员犯了一个十分幼稚的错误。单单一致是 L/C 业务的基本要求，制单时一定要十分细致地处理。

本案给我们提供的教训是：

1. 在不熟悉法规和规定的情况下不能贸然操作

案例中的 A 公司审证时，未对 L/C 中规定的："原产地证书不能标明发货人或受益人地址"条款给予足够的注意和重视。在此情况下，如果对我国商检机构出证的规定不熟，单证人员应事先就此问题向我国的商检机构进行详细询问和调查，以确保出口单证能够满足 B 公司 L/C 的要求。

2. 修改出口单证时不能顾此失彼

本案中 B 方要求 A 方在除发票以外的单据中不表示受益人地址，是因为除发票以外的所有单据必须由 B 公司交给其另外的客户，而发票则可以由 B 公司自留。相对而言，发票对 B 公司来说是次要的，但当 L/C 修改后，增加了普惠制原产地证书并虚构发货人地址，A 公司单证员却忽略了发票与原产地证书发货人地址的一致，忘记将发票中的真实地址修改为虚构地址。这就为以后的单证不符埋下了隐患，为 B 公司胁迫 A 公司降价处理货物留下了口实。

3. 慎重对待进口商虚构地址的要求

制单工作是维护贸易各方权利和义务的重要环节，不仅要符合国际商业惯例，也要符合国际贸易中的有关法律和法规。因此，单证工作必须做到正确、完整、及时、整洁，而不应当接受任何一方违背事实、弄虚作假的要求。如果途中作假，极易造成单证不符，给出口合同的履行带来不必要的麻烦，甚至会引起意想不到的重大损失。商业发票是货物单据中的核心单据，其他单据是以其为中心填制的。如果产地证中有关发货人地址与商业发票中的同一栏地址不一样，肯定属于单单不符，那么在 L/C 条件下，是很难保证正常结汇的。案中 A 公司虽然使其单据虚构发货人的地址符合 L/C 的要求，但不可能与实际情况及其买卖合同的内容相符，仍然存在着不良隐患。

随着电子计算机在外贸业务中的广泛应用，外贸企业运用外贸业务信息管理系统已极为普遍。其中出口合同及单证的计算机管理大大提高了工作效率。要避免上述单单不一致的现象发生，只要在该系统中运用单证制作模块就行了。该模块可以根据外销合同、L/C、产品情况等信息输入基础数据，加入相应的单证条款就可直接生成所有的单据。由于使用该模块生成的单证具有可编辑性，用户可以直接在生成的单证上进行编辑，所以要避免出现上述失误并不困难，关键是要以认真细致的工作态度对待制单工作。

第一节　原产地证书

原产地证书（CERTIFICATE OF ORIGIN），又称产地证，它是出口商应进口商要求而提供的、由公证机构或政府或出口商出具的证明货物原产地或制造地的、具有法律效力的一种书面证明文件。

原产地证具有法律效力，是核定关税的依据、确定采用何种非关税措施的依据、国家进行贸易统计和制定政策的依据。原产地证的主要作用在于证明货物的原产国，是贸易关系人交接货物、结算货款、索赔理赔、进口国通关验收、征收关税的有效凭证，它还是出口国享受配额待遇，从而根据国别的不同实行差别关税、分配和控制进口配额或者其他进口管制政策，进口国对不同出口国实行不同贸易政策的凭证。

原产地证书一般是出口商应进口商要求而提供的，由中华人民共和国国家质量监督检验检疫总局及下属各地出入境检验检疫局（CIQ）签发，也可由中国国际贸易促进委员会（CCPIT，简称商会或贸促会）出具。

一、原产地证明书的种类

原产地证书按用途，可分为四种：

（1）普惠制原产地证书，是根据普惠制给惠国的原产地规则和有关要求，由普惠制受惠国授权机构出具的具有法律效力的证明文件。它是使受惠国的出口产品在给惠国享受减免进口关税优惠待遇的凭证。

（2）一般原产地证书，是各国根据各自的原产地规则和有关要求签发的原产地证书，是进口国海关对进口货物实施征税、进行贸易统计、实施数量限制等管理措施的重要证明文件。在我国，是证明中国出口货物符合《中华人民共和国进出口货物原产地条例》，货物系中华人民共和国原产地的证明文件。

（3）区域性优惠原产地证书，是订有区域性贸易协定的经济集团内的国家享受互惠的、减免关税的凭证。如亚太贸易协定原产地证书、中国与东盟自由贸易区优惠原产地证书、中国与智利自由贸易区优惠原产地证书、英联邦特惠税产地证、北美自由贸易区产地证等。

（4）专用原产地证书，专用原产地证书是国际组织或国家根据政治和贸易措施的需要，针对某一特殊行业的特定产品规定的原产地证书。专用原产地证书上所列的商品均属某一特殊行业的某项特定产品，这些产品符合特定的原产地证规则。签证依据为我国政府与外国政府签订的双方协议规定。如输往欧盟蘑菇罐头的"输欧盟农产品原产地证书"、原产地命名证书（"托考伊葡萄酒原产地名称证书""皇帝牌葡萄酒真实性证书""奶酪品质证书""烟草真实性证书""金珀利进程正国际证书""手工制品原产地证书"和"原产地标记证书"）等。

本书主要详述常用的一般原产地证书和普惠制原产地证书的缮制内容和要求。

二、一般原产地证书（CERTIFICATE OF ORIGIN，C/O）

中华人民共和国出口货物一般原产地证明书（CERTIFICATE OF ORIGIN OF THE PEOPLE'S REPUBLIC OF CHINA）是证明出口货物的原产地为中华人民共和国的证明文件，即证明有关出口货物是在中国天然获得的产品或是在中国经过了主要及最后的制造加工工序的产品，且该制造加工工序使所用的主要原材料的外形、性质、形态或用途产生了实质性的改变，符合《中华人民共和国出口货物原产地规则》中的中国原产产品判定标准，是进口国海关判定对该进口商品使用何种税率的依据。原产地证是确定出口产品原产地和进口国衡定关税的重要依据，也是出口结汇的必备单据之一。该文件具有法律效力，也是通关、结关、进行贸易统计的重要证明文件。

(一) 一般原产地证的申请和签发

在中华人民共和国境内依法设立，享有对外贸易经营权的企业，从事"来料加工""来样加工""来件装配"和"补偿贸易"业务的企业和外商投资企业，均可根据需要申领办理原产地证。

申请单位应持营业执照、主管部门批准的对外经济贸易经营权证明文件及证明物符合出口货物原产地标准的有关资料，向所在地签证机构办理注册手续。申请单位的印章和申领人员的姓名在申请单位注册时应进行登记。证书申领人员应经检验检疫机构培训、考核，持有申领员证。

(1) 申请签证：申请单位应至少在货物出运前3天，向检验检疫机构申请签证，同时提交如下资料：

① 一般原产地申请书一份。
② 缮制正确、清楚并经申请单位人员手签和加盖公章的一般原产地证一式四份。
③ 出口商的商业发票一份。
④ 含有进口成分的产品还需提交产品成本明细单。

(2) 申请签发"后发证书"：原产地证一般应在货物出运前签发，但如属特殊情况，未能及时申请签证，签发机构可酌情办理"后发证书"。在货物装运后申请原产地证的，申请单位应向签证机构提交解释迟交申请的证明文件和货运单据或报关单，经签证机构审核后签发"后发证书"，并在证书第五栏加注英文"ISSUED RETROSPECTIVELY"印章。证书第十一栏和第十二栏应为实际申请日期和签发日期。

(3) 申请签发"重发证书"：如已签发的证书遗失或损毁，从签发之日起半年内，申请单位必须向签证机构书面申明理由和提供依据，申请重发，同时退回原已签发的证书正本，如不能及时退回证书，须提供单位证明，经签证机构审查同意后重新办理申请手续。签证机构在证书第五栏加注英文"THIS CERTIFICATE IS IN REPLACEMENT OF CERTIFICATE OF ORIGIN NO. – DATE – WHICH IS CANCELLED."证书第十一栏和第十二栏的日期应为重发证书的实际申请日期和签发日期。

(4) 申请签发"更改证书"：如果申请人要求更改或补充已签发证书的内容，应填写更改申请书，申明更改理由和提供依据，退回原签发证书，签证机构经审核无误后，予以签发新证。

(5) 凡进口商要求我官方机构签发一般原产地证的，申请单位应向检验检疫机构申请办理；凡进口商要求我民间机构签发一般原产地证的，申请单位应向贸促会申请办理；未明确要求的，可向检验检疫机构或贸促会申请办理。

(6) 如货物在中国进行的制造工序不足，未能取得中国原产地证，可以申领"加工装配证明书"；经中国转口的外国货物，不能取得中国原产地证，可以申领"转口证明书"。申领这两种证书的申报手续和所需单据与一般原产地证相同。

(二) 一般原产地证的内容及缮制

一般原产地证书（参考图5-1，背景材料为第二章信用证范本二）的填制方法如下：

中国原产地证明书的缮制共有12栏（不包括右上角证书名称和证书号码栏）。首先应在证书右上角填上证书编号。

1. 出口商名称、地址、国别 [EXPORTER (FULL NAME AND ADDRESS)]

出口商名称是指出口申报方名称，一般为信用证的受益人，此栏必须填写，不得留空。公司名称一定要写全称。地址要填明详细地址，包括街道名称、门牌号码。若经其他国家或地区，需填写转口商名称时，可在出口商后面加填英文 VIA，然后再填转口商名称、地址和国家。

2. 收货人名称、地址、国别 [CONSIGNEE (FULL NAME, ADDRESS, COUNTRY)]

此栏一般应填明最终收货人名称、地址、国家，一般是开证申请人或信用证上规定的提单通知人，但往往由于贸易的需要，不知道最终收货人是谁，或者由于信用证规定所有单证收货人一栏留空，所以为了方便业务往来的需要，此栏可填上 TO ORDER 或 TO WHOM IT MAY CONCERN（致有关人）。

3. 运输方式及路线（MEANS OF TRANSPORT AND ROUTE）

此栏应填明装货港、到货港及运输方式，如需转运也应注明转运地。

4. 目的港（DESTINATION PORT）

填货物最终运抵港，注意不要填中间商国家的名称。一般与最终收货人或最终目的地国别一致。

5. 签证机构使用栏（FOR CERTIFYING AUTHORITY USE ONLY）

出口申报单位应将此栏留空。签证机构根据需要加注内容。例如：后发证书、证书更改、证书丢失、重新补发、声明×××号证书作废等情况。

6. 唛头及包装号码（MARKS AND NUMBERS OF PACKAGES）

此栏按照发票或提单上所列唛头填具完整的图案、文字标记或包件号码。货物如系散装或无唛头，则应填"N/M"。如唛头多，此栏填不下，可填写在第 7、8、9、10 栏空白处。如还填不下；则可另加附页，并在第 6 栏中填上"见附件"（SEE ATTACHMENT），打上原证号，附件页用纸应小于证书尺寸，裁减整齐后贴在证书背面中间，由签证机构授权签证人手签，加盖骑缝章。唛头如系复杂图案或几何图形，也可复印下来贴在背面。

7. 商品说明、包件数量及种类（DESCRIPTION OF GOODS；NUMBER AND KIND OF PACKAGES）

商品名称应填具体名称，不得用概括性词语表达，要同发票、提单上品名相一致。包件数量及种类要求填明多少包、桶、袋等，并在包装数量的阿拉伯数字后用括号加上大写的英文数字。如货物系散装，填写的商品名称后要加注"散装"（IN BULK），商品名称等项列完后，应在末行加上表示结束的符号"**********"，以防止外商加填伪造内容。国外信用证有时要求填具合同、信用证号码等，可加在此栏结束符号下方的空白处。

8. HS 编码（H. S. CODE）

此栏应按照商品在《商品名称和编码协调制度》（HARMONIZED COMMODITY DESCRIPTION & CODING SYSTEM）中的四位数编码填写，应与报关单中的商品编码一致。

9. 毛重或其他数量（QUANTITY OR WEIGHT）

此栏应以商品的正常计量单位填写，如"只""件""匹""双"等。以重量计算的则填毛重，只有净重的，填净重亦可，但要标上"N.W."。

10. 发票号及日期（NUMBER AND DATE OF INVOICES）

此栏不得留空，必须照正式商业发票填写。该栏日期应早于或与实际出口日期相同。为避免关于月份、日期的误解，月份一律用英文缩写 JAN.、FEB.、MAR. 等表示。发票内容必须与证书所列内容和货物完全相符。

11. 出口商申明（DECLARATION BY THE EXPORTER）

申请单位的手签人员应在此栏签字，加盖中英文对照的印章，并填上申报地点、时间。

该日期不能早于发票日期（一般与发票日期相同），同时不能迟于第 12 栏签证机关的日期。

12. 签证机构证明（CERTIFICATION）

填签署地点、日期及授权签证人手签、商检机构印章。此栏签发日期不得早于发票日期（第 10 栏）与申报日期（第 11 栏）但不迟于提单日期，手签人的字迹必须清楚。手签与签证章在证面上位置不得重合。

一般原产地证书范本如图 5-1 所示。

ORIGINAL

1. Exporter (full name and address) RELIANCE M AND N INDUSTRIES LIMITED HEX6/788, NORTH JIMEI ROAD, GUANKOU TOWN, JIMEI DIST, XIAMEN, CHINA 361022	Certificate No. CO16003MN
2. Consignee (full name, address, country) HARAPANSUKSES JAYA PT JL. DAAN MOGOT KM 11/45 JAKARTA BARAT NPWP: 01.656.706.7-038.000	CERTIFICATE OF ORIGIN OF THE PEOPLE'S REPUBLIC OF CHINA
3. Means of transport and route FROM XIAMEN TO JAKARTA BY SEA	5. For certifying authority use only
4. Destination port JAKARTA, INDONESIA	

6. Marks and Numbers of packages	7. Description of goods: number and kind of packages	8. H.S. Code	9. Quantity or weight	10. Number and date of invoices
MN16EXP01-003 JAKARTA NO.:1-500 MADE IN CHINA	FIVE HUNDRED(500) CARTONS OF COLD ROLLING MILLS ***********************************	84481100.9	5000 SETS	MN16003HPT AUG.26,2016

| 11. Declaration by the exporter
The undersigned hereby declares that the above details and statements are correct; that all the goods were produced in China and that they comply with the Rules of Origin of the People's Republic of China.

AUG.26,2016　　　XIAMEN

董莉
Place and date, signature and stamp of certifying authority | 12. Certification
It is hereby certified that the declaration by the exporter is correct.

（CHINA COUNCIL FOR THE PROMOTION OF INTERNATIONAL TRADE (XIAMEN) 印章）

丁毅
AUG.28,2016　　XIAMEN
Place and date, signature and stamp of certifying authority |

China Council for the Promotion of International trade is China Chamber of International Commerce.

图 5-1　一般原产地证书范本

中国原产地证明书一律用打字机缮制，正面要保持清洁、整齐。缮制证书一般使用英文，如信用证有特殊要求，必须使用其他文种的，也可接受。

三、普惠制原产地证书（GENERALISED SYSTEM OF PREFERENCE CERTIFICATE OF ORIGIN）

普惠制原产地证书是受惠国政府有关机构就本国出口商向给惠国出口受惠商品而签发的用以证明其原产地资格的证明文件。其中最经常使用的类型为普惠制产地证明书格式A，其全称为《普惠制产地证明（申报与证明联合）格式A》，亦称FORM A证书，简称格式A，是所有给惠国都接受的证明书格式，适用于一切有资格享受普惠制待遇的产品。在我国，FORM A证书由中国出入境检验检疫局及其分支机构签发。

（一）普惠制及其原则、目标和作用

普惠制是普遍优惠制的简称，是发达国家给予发展中国家出口的制成品和半制成品（包括初级产品）的普遍的、非歧视的、非互惠的关税优惠待遇。至今，世界上有40个普惠制给惠国，它们是：欧盟28国（比利时、丹麦、英国、德国、法国、爱尔兰、意大利、卢森堡、荷兰、希腊、葡萄牙、西班牙、奥地利、芬兰、瑞典、波兰、捷克、斯洛伐克、拉脱维亚、爱沙尼亚、立陶宛、匈牙利、马耳他、塞浦路斯、斯洛文尼亚、保加利亚、罗马尼亚、克罗地亚）、挪威、瑞士、新西兰、列支敦士登、土耳其、俄罗斯、白俄罗斯、乌克兰、哈萨克斯坦、日本、加拿大和澳大利亚。

普惠制的三项原则是：

（1）普遍原则，即所有发达国家对所有发展中国家出口的制成品和半制成品给予普遍的优惠待遇。

（2）非歧视原则，即应使所有发展中国家都无歧视、无例外地享受普惠制待遇。

（3）非互惠原则，即非对等的，发达国家应单方面给予发展中国家特别的关税减让，而不要求发展中国家给予同等优惠。

普惠制的目标是增加发展中国家出口收益，促进发展中国家工业化，加速发展中国家的经济增长率。

由于给惠国实行减、免关税产生的差额，使受惠国出口商品的价格具有更大的竞争能力，吸引进口商购买更多的受惠产品，从而扩大受惠国制成品和半制成品的出口，增加外汇收入，促进工业化。

（二）普惠制原产地规则

普惠制原产地规则包括三个部分：原产地标准、直运规则和书面证明。

1. 原产地标准

原产地标准是各给惠国分别对原产品概念所下的定义。原产地标准把原产品分为两大类：完全原产品和含有进口成分的原产品。

完全原产品是指全部使用本国产的原材料或零部件、完全由受惠国生产和制造的产品。

含有进口成分的原产品是指全部或部分使用进口（包括原产地不明）原料或零部件生产、制造的产品，这些原料或零部件在受惠国经过充分加工和制作，其性质和特征达到了"实质性改造"。

对于如何判定进口成分是否达到"实质性改造"，各给惠国采用的标准不同，通常用两个标准来衡量，即加工标准和百分比标准。

1）加工标准

加工标准是根据制成品中的进口成分的 H. S. 在生产加工过程中是否发生变化来判定是否经过实质性改造的标准。在一般条件下，如果进口成分与制成品编号不同，即发生了变化，则经过了实质性改造；如果相同，则未经过实质性改造。在此基本原则基础上，一些给惠国还规定了某些附加条件，在满足这些附加条件后，方可认定经过了实质性改造。具体有关条件可参照相关给惠国制订的《加工清单》。

采用加工标准的给惠国有 19 个：欧洲联盟 15 国、瑞士、挪威、土耳其和日本。

2）百分比标准

百分比标准是根据进口成分（或本国成分）占制成品价值的百分比率来判定其是否经过实质性改造的标准。各给惠国采用的百分比各不相同，计算基础也不尽相同。应用时，应具体参照各国制定的标准。

采用百分比标准的国家有 13 个：加拿大、澳大利亚、新西兰、俄罗斯、乌克兰、白俄罗斯、哈萨克斯坦、捷克、斯洛伐克、波兰、匈牙利、保加利亚、美国。

除上述两个标准外，还有按照给惠国成分的标准和原产地累计标准等情况。

2. 直运规则

直运规则是指受惠国原产品必须从该受惠国直接运往给惠国，其目的是保证运至给惠国的产品就是出口受惠国发运的原产品，避免在途经第三国（地区）时可能进行的再加工和换包。

3. 书面证明

凡受惠国要求享受普惠制待遇的出口商品，均需持有能证明其符合有关给惠国原产地标准的普惠制原产地证书和能证明其符合有关给惠国直运规则的证明文件。

（三）普惠制原产地证的内容及缮制

普惠制原产地证书的缮制共有 12 栏（不包括产地证标题栏）。普惠制原产地证书的填写方法如下：

产地证标题栏（右上角）填上签证当局所编的证书号；在证头横线上方填上"在中华人民共和国签发"，即 ISSUED IN THE PEOPLE'S REPUBLIC OF CHINA。

1. 出口商的业务名称、地址、国别（EXPORTER'S BUSINESS NAME, ADDRESS, COUNTRY）

此栏带有强制性，应填明在中国境内的出口商的详细地址，包括街道名、门牌号码等。注意要和信用证的有关写法一致。

2. 收货人的名称、地址、国别（CONSIGNEE'S NAME, ADDRESS, COUNTRY）

一般应填给惠国最终收货人的名称（即信用证上规定的提单通知人或特别声明的收货人），注意要和信用证的有关写法一致。如最终收货人不明确，可填发票抬头人。但不要填中间转口商的名称。在特殊情况下，欧盟国家的进口商要求将此栏留空，也可以接受。

3. 运输方式及路线（MEANS OF TRANSPORT AND ROUTE）

一般应填写装货、到货地点（始发港、目的港）及运输方式（海运、陆运、空运、陆海联运等）。若系转运商品，应加上转运港，如"VIA HONG KONG"。

4. 官方使用栏（FOR OFFICIAL USE）

此栏由签证当局填具，出口公司应将此栏留空。商检机构根据需要，如是"后发"，加盖

"ISSUED RETROSPECTIVELY"红色印章,如是签发"复本",应在此栏注明原发证书的编号和签证日期并声明原发证书作废,其文字是:"THIS CERTIFICATE IS IN REPLACEMENT OF CERTIFICATE OF ORIGIN NO…DATE…WHICH IS CANCELLED.",加盖"DUPLICATE"红色印章。正常情况下,此栏空白。

5. 顺序号(ITEM NUMBER)

在收货人、运输条件相同的情况下,如同批出口货物有不同品种,则可按不同品种、发票号等分别填"1""2""3"等。如是单项商品,此栏可不填。

6. 唛头及包装号(MARKS AND NUMBERS OF PACKAGES)

按发票上唛头填具完整的图案文字标记及包装号。如货物无唛头,应填"N/M"。如唛头过多,此栏不够,可填打在第7、8、9、10栏的空白处。如还不够,则另加附页,并在第6栏中填上"见附件"(SEE ATTACHMENT),打上原证号,附件页用纸应小于证书尺寸,裁减整齐后贴在证书背面中间,由签证机构授权签证人手签,加盖骑缝章。唛头如系复杂图案或几何图形,也可复印下来贴在背面。

7. 包件数量及种类、商品说明(NUMBER AND KIND OF PACKAGES; DESCRIPTION OF GOODS)

填写商品外包装的数量及种类,并在包装数量的阿拉伯数字后用括号加上大写的英文数字。商品名称应具体填明,其详细程度应能在 H.S. 的四位数字中准确归类。不能笼统填"MACHINE""GARMENT"等。但商品的商标、牌名、货号也可不填,商品名称等项列完后,应在末行加上表示结束的符号"* * * * * * * * * *",以防止外商加填伪造内容。国外信用证有时要求填具合同、信用证号码等,可加在此栏结束符号下方的空白处。

8. 原产地标准(ORIGIN CRITERION)

此栏用字最少,但是国外海关审证的核心项目。对含有进口成分的商品,因情况复杂,国外要求严格,以免弄错而造成退证。具体规定如下:

(1)完全原产,无进口成分,填"P"。

(2)含进口成分,但符合原产地标准,如经过进口国充分加工的产品输往欧盟15国及瑞士、挪威和日本时,填"W"并在其下面加注出口产品在《海关合作理事会税则目录》(CUSTOMS COOPERATION COUNCIL NOMENCLATURE—CCCN)的税目号。

(3)出口加拿大的商品,如果其所含的进口成分占产品出厂价的40%以下,则填"F"。

(4)货物运往加拿大,含有进口成分,实施全球性原产地累计条款的,填"G"。

(5)货物运往独联体国家和东欧国家,在字母下面标上进口成分占产品离岸价的百分比例。

(6)货物运往独联体国家和东欧国家,实施全球性累计的,填"PK"。

(7)出口到澳大利亚和新西兰的产品,此栏可空白。

9. 毛重或其他数量(GROSS WEIGHT OR OTHER QUANTITY)

此栏应以商品的正常计量单位填,如"只""件""匹""双"等。以重量计算的则填毛重,只有净重的,填净重亦可,但要标上"N.W."。

10. 发票号及日期(NUMBER AND DATE OF INVOICES)

此栏不得留空,必须按照正式商业发票填具。为避免关于月份、日期的误解,月份一律用英文缩写 JAN.、FEB.、MAR. 等表示。发票内容必须与证书所列内容和货物完全相符。

11. 签证当局的证明（CERTIFICATION）

填签署地点、日期及授权签证人手签、商检机构印章。签证当局只签一份正本，不签署副本。此栏签发日期不得早于发票日期（第10栏）和申报日期（第12栏），但也不得迟于提单日期。手签人的字迹必须清楚，手签与签证章在证面上位置不得重合。

12. 出口商申明（DECLARATION BY THE EXPORTER）

生产国的横线上应填"（中国）CHINA"。进口国横线上的国名一定要填正确。进口国（给惠国）一般与最终收货人或目的港的国别一致。如果难以确定，以第3栏目的港国别为准。凡货物输往欧盟范围内，进口国不明确时，可填 E. U.。申请单位的手签人员应在此栏签字，加盖中英文对照的印章，填上申报地点与时间。该日期不能早于发票日期（一般与发票日期相同），同时不能迟于第11栏签证机关的日期。

普惠制原产地证书范本如图5-2所示。

1. Goods consigned from (Exporter's business name, address, country) RELIANCE M AND N INDUSTRIES LIMITED HEX6/788, NORTH JIMEI ROAD, GUANKOU TOWN, JIMEI DIST, XIAMEN, CHINA 361022	ORIGINAL Reference No. GSP1615265817MN
2. Goods consigned to (Consignee's name, address, country) HARAPANSUKSES JAYA PT JL. DAAN MOGOT KM 11/45 JAKARTA BARAT NPWP: 01.656.706.7-038.000	GENERALIZED SYSTEM OF PREFERENCES CERTIFICATE OF ORIGIN (Combinced declaration and certificate) FORM A Issued in THE PEOPLE'S REPUBLIC OF CHINA (country) See Notes overleaf
3. Means of transport and route (as far as known) FROM XIAMEN TO JAKARTA BY SEA	4. For official use

5. Item number	6. Marks and numbers of packages	7. Number and kind of packages; description of goods	8. Origin criterion (see Notes overleaf)	9. Gross weight or other quantity	10. Number and date of invoices
1	MN16EXP01-003 JAKARTA NO.:1-500 MADE IN CHINA	FIVE HUNDRED(500) CARTONS OF COLD ROLLING MILLS ******************************	"P"	5000 SETS	MN16003HPT AUG.26,2016

11. Certification It is hereby certified, on the basis of control carried out, that the declaration by the exporter is correct. AUG.26,2016 XIAMEN CHINA COUNCIL FOR THE PROMOTION OF INTERNATIONAL TRADE (XIAMEN) 苏莹 Place and date, signature and stamp of certifying authority	12. Declaration by the exporter The undersigned hereby declares that the above details and statements are correct; that all the goods were produced in _____CHINA_____ (country) and that they comply with the origin requirements specified for those goods in the Generalized System of Preferences for goods exported to _____INDONESIA_____ (importing country) AUG.28,2016 Place and date, signature and stamp of certifying authority

图5-2 普惠制原产地证书范本

四、区域性优惠原产地证明书

区域性优惠贸易协定项下出口货物原产地证明书（以下简称优惠原产地证）是有区域性优惠贸易协定国家官方机构签发的享受成员国关税互惠减免待遇的官方凭证，是企业出口产品通向国际市场的"金钥匙"和"有价证券"。凭借优惠原产地证，企业出口产品可以享受优惠关税甚至零关税的待遇，从而有效降低产品出口成本，提高产品的国际竞争力。

自加入 WTO 至今，我国已同有关国家和地区签署了如下的区域性优惠贸易协定，包括《内地与港澳更紧密经贸关系安排（CEPA）》《亚太贸易协定》《中国—东盟自贸协定》《中国—巴基斯坦自贸协定》《中国—智利自贸协定》《中国—新西兰自贸协定》《中国—新加坡自贸协定》《中国—哥斯达黎加自贸协定》《中国—秘鲁自贸协定》《中国—瑞士自贸协定》《中国—冰岛自贸协定》《中国—韩国自贸协定》《中国—澳大利亚自贸协定》海峡两岸经济合作框架协议（ECFA）等，还有更多的自由贸易区正在谈判或研究之中。

目前贸促会受理以下地区的优惠原产地证：《亚太贸易协定》目的国：印度、韩国、孟加拉、斯里兰卡、老挝；《中国—新西兰自由贸易协定》目的国：新西兰；《中国—新加坡自由贸易协定》目的国：新加坡；《中国—秘鲁自由贸易协定》目的国：秘鲁；海峡两岸经济合作框架协议（ECFA）目的地：中国台湾；《中国—瑞士自由贸易协定》目的国：瑞士；《中国—冰岛自由贸易协定》目的国：冰岛；《中国—韩国自由贸易协定》目的国：韩国；《中国—澳大利亚自由贸易协定》目的国：澳大利亚。

（一）《亚太贸易协定》原产地证书（FORM B 证书）

FORM B 证书是根据《亚太贸易协定》（FIRST AGREEMENT ON TRADE NEGOTIATIONS AMONG DEVELOPING MEMBER COUNTRIES OF THE ECONOMIC AND SOCIAL COMMISSION FOR ASIA AND THE PACIFIC）原产地规则的要求签发的前身为《曼谷协定》，是在签订协定的成员国之间就特定产品享受互惠减免关税待遇（跟非互惠的 FORM A 证书不同）的官方原产地证明文件。

FORM B 证书的签订依据为《亚太贸易协定》原产地规则和《亚太贸易协定原产地证书签发和核查程序》。

可签发 FORM B 证书的国家为：中国、印度、斯里兰卡、孟加拉国、老挝和韩国（《亚太贸易协定》成员国）。

如货物为完全原产，填写"A"。如货物含进口成分，非国产价值成分<55%，填写字母"B"加原产于非成员国或原产地不明的材料、部件或产品的总货值占出口产品离岸价的百分比，例如：（"B"40%）。如货物含进口成分，国产及成员国累计价值成分≥60%，填写"C"加原产于成员国的累计含量的总值与出口产品离岸价的百分比，例如：（"C"65%）。符合特定原产地标准的产品，填写字母"D"（该项主要针对不发达国家出口申报的产品）。

注意《亚太贸易协定》原产地证书申请时间不得超过货物出运后 3 个工作日。

（二）中国—东盟自由贸易区原产地证书（FORM E 证书）

FORM E 证书是根据《中华人民共和国与东南亚国家联盟全面经济合作框架协议》的要求签发的、在签订协定的成员国之间就特定产品享受互惠减免关税待遇的（跟非互惠的 FORM A 证书不同）官方原产地证明文件。

FORM E 证书的签订依据为《中国—东盟自由贸易区原产地规则》和《中国—东盟自

由贸易区原产地规则签证操作程序》。

可签发 FORM E 证书的国家为：中国、老挝、越南、泰国、缅甸、柬埔寨、菲律宾、文莱、印度尼西亚、马来西亚和新加坡（东盟成员国）。

如货物完全原产，填写"×"。如货物含进口成分，其国产价值成分≥40%，填写国产价值的百分比，例如："45%"。如货物含进口成分，中国—东盟自贸区累计价值成分≥40%，填写该累计价值的百分比，例如："45%"。

注意：证书为一正三副，一三联客户，二联商检留存，四联企业留存。

（三）中国—巴基斯坦自由贸易区原产地证书（FORM P 证书）

FORM P 证书是根据《中华人民共和国政府与巴基斯坦伊斯兰共和国政府关于自由贸易协定早期收获计划的协议》（简称《早期收获协议》）及其项下《中国—巴基斯坦自由贸易区原产地规则》的要求签发的在中国和巴基斯坦之间就特定产品享受互惠减免关税待遇的（跟非互惠的 FORM A 证书不同）官方原产地证明文件。

FORM P 证书的签订依据为《中国—巴基斯坦自由贸易区原产地规则》和《中国—巴基斯坦自由贸易区原产地规则签证操作程序》。

可签发 FORM P 证书的国家为中国和巴基斯坦。中国产品出口到巴基斯坦，中国出口商向各地出入境检验检疫机构申请签发 FORM P 证书，巴基斯坦给予 FORM P 证书项下货物关税优惠待遇；巴基斯坦产品出口到中国，巴基斯坦出口商向巴基斯坦有关部门申请签发 FORM P 证书，中国给予 FORM P 证书项下货物关税优惠待遇。这是互惠的。

如货物为完全原产，填写"P"；如货物含进口成分，国产价值成分≥45%，填写国产价值的百分比，例如："40%"；如货物含进口成分，中国—巴基斯坦自贸区累计价值成分≥40%，填写该累计价值的百分比，例如："45%"；产品符合特定原产地标准，填写"PSR"。

注意：出运后 15 日内办理。

（四）中国—智利自由贸易区原产地证书（FORM F 证书）

FORM F 证书是根据《中国—智利自由贸易协定》及其项下《中国—智利自贸区原产地规则》的要求签发的，在中国和智利之间就特定产品享受互惠减免关税待遇的（跟非互惠的 FORM A 证书不同）官方原产地证明文件。

FORM F 证书的签订依据为《中国—智利自贸区原产地规则》和《中国—智利自贸区原产地规则签证操作程序》。

可签发 FORM F 证书的国家为中国和智利。中国产品出口到智利，中国出口商向各地出入境检验检疫机构申请签发 FORM F 证书，智利给予 FORM F 证书项下货物关税优惠待遇；智利产品出口到中国，智利出口商向智利有关部门申请签发 FORM F 证书，中国给予 FORM F 证书项下货物关税优惠待遇。这是互惠的。

如货物为完全原产，填写"P"；如货物为含进口成分，区域价值成分≥40%，填写"RVC"；产品符合特定原产地标准，填写"PSR"并附《中智自由贸易区产品特定原产地标准》（简称"PSR"清单）。

注意：证书的申办时间应在货物出口前或出口后的 30 天内；货物出口 30 天后，签证机构不再接受证书的签发申请。

（五）中国—新西兰自由贸易区原产地证书（FORM N 证书）

FORM N 证书是根据《中华人民共和国政府和新西兰政府自由贸易协定》和《中华人

民共和国政府和新西兰政府自由贸易协定项下进出口货物原产地管理办法》的要求签发的、在中国和新西兰之间就特定产品享受互惠减免关税待遇的（跟非互惠的 FORM A 证书不同）官方原产地证明文件。《中华人民共和国政府和新西兰政府自由贸易协定》于 2008 年 4 月 7 日正式签署，这是中国与发达国家签署的第一个自由贸易协定。

可签发 FORM N 证书的国家为中国和新西兰。中国产品出口到新西兰，中国出口商向各地出入境检验检疫机构申请签发 FORM N 证书，新西兰给予 FORM N 证书项下货物关税优惠待遇；新西兰产品出口到中国，新西兰出口商向新西兰有关部门申请签发 FORM N 证书，中国给予 FORM N 证书项下货物关税优惠待遇。这是互惠的。

如货物为完全原产，填写"WO"；如货物含有进口成分，但完全由已经取得原产资格的材料或部件生产，填写"WP"；产品符合特定原产地标准，填写"PSR"，有区域价值成分要求的，应注明百分比，例如"PSR" 60%。

注意：证书申办时间：应在货物出口前或当天申请办理，中国—新西兰证书不办理后发，不倒签。

（六）中国—新加坡自由贸易区优惠原产地证书（FORM X 证书）

FORM X 证书是根据《中华人民共和国政府和新加坡共和国政府自由贸易协定》和《中华人民共和国政府和新加坡共和国政府自由贸易协定项下进出口货物原产地管理办法》的要求签发的，在中国和新加坡之间就特定产品享受互惠减免关税待遇的（跟非互惠的 FORM A 证书不同）官方原产地证明文件。

FORM X 证书的签订依据为《中国—新加坡自贸协定原产地规则》及其相关的原产地签证操作程序。

可签发 FORM X 证书的国家为中国和新加坡。中国产品出口到新加坡，中国出口商向各地出入境检验检疫机构申请签发 FORM X 证书，新加坡给予 FORM X 证书项下货物关税优惠待遇；新加坡产品出口到中国，新加坡出口商向新加坡有关部门申请签发 FORM X 证书，中国给予 FORM X 证书项下货物关税优惠待遇。这是互惠的。

中国—新加坡自贸区原产地规则规定：在出口方完全获得的产品，填写"P"；区域价值成分≥40% 的产品，填写"RVC"；符合产品特定原产地规则的产品，填写"PSR"。

注意：应在提单日期前申报，不办理后发证书。

（七）中国—秘鲁自由贸易区优惠原产地证书（中国—秘鲁 FTA 证书）

证书英文名称：Certificate of Origin Form for China – Peru FTA。

中国—秘鲁 FTA 证书是根据《中国—秘鲁自由贸易协定》及其项下《中国—秘鲁自贸区原产地规则》的要求签发的、在中国和秘鲁之间就特定产品享受互惠减免关税待遇的（跟非互惠的 FORM A 证书不同）官方原产地证明文件。

中国—秘鲁 FTA 证书的签订依据为《中国—秘鲁自贸区原产地规则》及与原产地相关的签证操作程序。

可签发中国—秘鲁 FTA 证书的国家为中国和秘鲁。中国产品出口到秘鲁，中国出口商向各地出入境检验检疫机构申请签发中国—秘鲁 FTA 证书，秘鲁给予中国—秘鲁 FTA 证书项下货物关税优惠待遇；秘鲁产品出口到中国，秘鲁出口商向秘鲁有关部门申请签发中国—秘鲁 FTA 证书，中国给予中国—秘鲁 FTA 证书项下货物关税优惠待遇。这是互惠的。

（八）中国—哥斯达黎加自由贸易区优惠原产地证书（FORM L）

FORM L 证书是根据《中国—哥斯达黎加自由贸易协定》及其项下《中国—哥斯达黎加

自贸区原产地规则》的要求签发的、在中国和哥斯达黎加之间就特定产品享受互惠减免关税待遇的（跟非互惠的 FORM A 证书不同）官方原产地证明文件。

FORM L 证书的签订依据为《中国—哥斯达黎加自贸区原产地规则》及与原产地相关的签证操作程序。

可签发 FORM L 证书的国家为中国和哥斯达黎加。中国产品出口到哥斯达黎加，中国出口商向各地出入境检验检疫机构申请签发 FORM L 证书，哥斯达黎加给予 FORM L 证书项下货物关税优惠待遇；哥斯达黎加产品出口到中国，哥斯达黎加出口商向哥斯达黎加有关部门申请签发 FORM L 证书，中国给予 FORM L 证书项下货物关税优惠待遇。这是互惠的。

（九）中国—瑞士自由贸易协定原产地证明书（FORM S 证书）

FORM S 证书是根据《中华人民共和国和瑞士联邦自由贸易协定》及其相关规定的要求签发的、在中国和瑞士之间就特定产品享受互惠减免关税待遇的（跟非互惠的 FORM A 证书不同）官方原产地证明文件。

FORM S 证书的签订依据为《中国—瑞士自由贸易区原产地规则》及其相关的原产地签证操作程序。《中华人民共和国和瑞士联邦自由贸易协定》于 2014 年 7 月 1 日起施行。

可签发 FORM S 证书的国家为中国和瑞士。中国产品出口到瑞士，中国出口商向各地出入境检验检疫机构申请签发 FORM S 证书，瑞士给予 FORM S 证书项下货物关税优惠待遇；瑞士产品出口到中国，瑞士出口商向瑞士有关部门申请签发 FORM S 证书，中国给予 FORM S 证书项下货物关税优惠待遇。这是互惠的。

（十）海峡两岸经济合作框架协议（ECFA）原产地证

《海峡两岸经济合作框架协议》（ECFA）是台湾与大陆自 2009 年年中开始，经过多次商谈达成的一项重要协议，于 2010 年 6 月 29 日签署，其项下货物贸易早期收获清单于 2011 年 1 月 1 日起付诸实施，出口到台湾的货物将获得关税减免的优惠。

列入清单的约 800 项产品将逐步降关税，三年内全部降为零，包括大陆对台湾开放的产品 500 多项，台湾批准大陆的产品 5 大类 267 项，含石化类、机械类、纺织类、运输类等产品。海峡两岸经济合作框架协议（英文为 ECONOMIC COOPERATION FRAMEWORK AGREEMENT，ECFA；台湾方面的繁体版本称为海峡两岸经济合作架构协议），原称为两岸综合性经济合作协定或称两岸综合经济合作协定（英文简称 CECA，即 COMPREHENSIVE ECONOMIC COOPERATION AGREEMENT）。

（十一）中国—韩国自由贸易协定原产地证明书（FORM K 证书）

中国出口到韩国的原产地证，一般叫作韩国原产地证，英文名为 CERTIFICATE OF ORIGIN FORM FOR CHINA‐KOREA FTA，也可叫作韩国 FTA 产地证 FORM K，简称中韩原产地证，是中国出口到韩国需要办理的原产地证之一。具体是指货物经中国出口至韩国时需要向中国国际贸易促进委员会或中国出入境检验检疫局申请签发办理的一种用来证明所出口的货物原产地或产品制造地为中国的证明文书。中韩 FTA 原产地证于 2015 年 12 月 20 日正式生效并实施第一次降税，并于 2016 年 1 月 1 日实施第二次降税。而自 2005 年 12 月 20 日起，凡是货物出口至韩国的出口企业均可向中国各地的出入境检验检疫机构申请签发中韩自贸协定原产地证书；且只要是出口商在货物出口韩国时，向进口国海关出示由中国出入境检验检疫局所办理的韩国原产地，其所随附原产地证书的出口货物将按照自贸协定可在韩国享受优惠关税待遇。目前，货物经中国出口至韩国所需要办理的产地证有以下三种：

（1）一般原产地证 CO。从中国出口到韩国的货物在办理产地证时也可以选择办理一般原产地证 CO，一般原产地证 CO 是全世界任何国家和地区均可以办理的一种原产地证书。因此，货物出口韩国也可以选择办理一般原产地证 CO，该原产地证是产地证中的一种最基础、最原始、最原籍的产地证书。但一般原产地证 CO 只能作为货物的清关文件使用，相当于一张货物的"入门票"，是不享有韩国的关税优惠减免待遇的，所以，在办理中国出口到韩国的原产地证时，最好不要选择办理这种原产地证，但若是国外客户要求办理该产地证，那么就具体地根据客户的要求来。

（2）亚太原产地证 FORM B。亚太原产地证是货物从中国出口到韩国时可以选择办理的另外一种原产地证。由于韩国也是亚太地区成员国之一，因此货物从中国出口到韩国，选择办理亚太原产地证也是一种较好的选择。该原产地证相对于一般原产地证 CO 来说，主要的优势在于能够享受到进口目标国的关税优惠待遇，且也使货物能够进入韩国这个国家。

（3）韩国原产地证。韩国原产地证是一种区域性优惠原产地证，是中国近期与韩国签订的一种外贸合作协定，简称中韩自贸协定，是一种专门针对韩国签发的原产地证书，也是货物从中国出口到韩国时首选的原产地证。韩国原产地证不仅可以使得货物顺利清关，还能享受到比亚太原产地证所规定的关税优惠更多的优惠待遇。因此，凡是货物出口至韩国时，最好首先考虑选择办理韩国原产地证，其次才是亚太原产地证。

中国—韩国原产地证明书的签发，限于已公布的《货物贸易协定》项下给予关税优惠的产品，这些产品必须符合《中国—韩国自由贸易区原产地规则》。

（十二）中国—澳大利亚自由贸易协定原产地证明书（FORM AU 证书）

中国—澳大利亚原产地证，全称为《中国—澳大利亚自贸区》优惠原产地证，英文名称为 CERTIFICATE OF ORIGIN FORM FOR CHINA – AUSTRALIA FREE TRADE AGREEMENT，简称中澳原产地证或 FORM AU 原产地证。中澳原产地证是根据《中国—澳大利亚自由贸易协定》签发的、就中澳两国之间互相给予关税减免待遇的官方证明文件。

FORM AU 证书签订依据为《中国—澳大利亚原产地证规则》及其签证操作程序。《中国—澳大利亚自贸区》优惠原产地证采用专用证书格式，一正一副，正本为深棕色，印有钮索图案底纹，副本为白色。

签证产品：《中国—澳大利亚原产地证明书》的签发，限于已公布的《货物贸易协定》项下给予关税优惠的产品，这些产品必须符合《中国—澳大利亚自由贸易区原产地规则》。

请注意，不同种类的产地证出证要求不尽相同，不同的优惠原产地证可能有不同的特定要求，如果不符合要求，就无法享受关税减免等优惠，所以一定要重视。

第二节　装船通知

装船通知也叫装运通知，主要指的是出口商在货物装船后发给进口方的，包括货物详细装运情况的通知，其目的在于让进口商做好筹措资金、付款和接货的准备，如成交条件为 FOB／FCA、CFR／CPT 等，则还需要向进口国保险公司发出该通知，以便其为进口商办理货物保险手续。出口装船通知应按合同或信用证规定的时间发出，该通知副本（COPY OF TELEX/FAX）常作为向银行交单议付的单据之一。在进口方派船接货的交易条件下，进口商为了使船、货衔接得当，也会向出口方发出有关通知。通知以英文制作，无统一格式，内容一定要符合信用证的规定，一般只提供一份。

一、装船通知的主要内容及其缮制

(1) 单据名称。主要体现为：SHIPPING/SHIPMENT ADVICE, ADVICE OF SHIPMENT 等，也有人将其称为 SHIPPING STATEMENT/DECLARATION。如信用证有具体要求，从其规定。

(2) 通知对象。应按信用证规定，可以是开证申请人、申请人的指定人或保险公司等。

(3) 通知内容。主要包括所发货物的合同号或信用证号、品名、数量、金额、运输工具名称、开航日期、启运地和目的地、提运单号码、运输标志等，并且应与其他相关单据保持一致，如信用证提出具体项目要求，应严格按规定出单。此外，通知中还可能出现包装说明、ETD（船舶预离港时间）、ETA（船舶预抵港时间）、ETC（预计开始装船时间）等内容。

(4) 制作和发出日期。日期不能超过信用证约定的时间，常见的有以小时为准（WITHIN 24/48 HOURS）和以天（WITHIN 2 DAYS AFTER SHIPMENT DATE）为准两种情形。信用证没有规定时，应在装船后立即发出；如信用证规定"IMMEDIATELY AFTER SHIPMENT"（装船后立即通知），应掌握在提单后三天之内。

(5) 签署。一般可以不签署，如信用证要求"CERTIFIED COPY OF SHIPPING ADVICE"，通常加盖受益人条形章。

二、缮制装船通知应注意的事项

(1) CFR / CPT 交易条件下发送装运通知的必要性。因货物运输和保险分别由不同的当事人操作，所以受益人有义务向申请人对货物装运情况给予及时、充分的通知，以便进口商办理保险，否则，如漏发通知，则货物越过船舷后的风险仍由受益人承担。

(2) 通知应按规定的方式、时间、内容、份数发出。

(3) 几个近似概念的区别。

SHIPPING ADVICE（装运通知）是由出口商（受益人）发给进口商（申请人）的。

SHIPPING INSTRUCTIONS 意思是"装运须知"，一般是进口商发给出口商的。

SHIPPING NOTE/ BILL 指装货通知单/船货清单。

SHIPPING ORDER，简称 S/O，含义是装货单/关单/下货纸（是海关放行和命令船方将单据上载明的货物装船的文件）。

三、信用证中有关装船通知条款举例

(1) ORIGINAL FAX FROM BENEFICIARY TO OUR APPLICANT EVIDENCING B/L NO., NAME OF SHIP, SHIPMENT DATE, QUANTITY AND VALUE OF GOODS.

其要求应向申请人提交正本通知一份，通知上列明提单号、船名、装运日期、货物的数量和金额。制作单据时只要按所列项目操作即可。

(2) INSURANCE EFFECTED IN IRAN BY IRAN INSURANCE CO., THE NAME OF INSURANCE CO. AND THE POLICY NO. ××× DD. --- HAVE TO BE MENTIONED ON B/L, SHIPMENT ADVICE TO BE MADE TO SAID INSURANCE CO. VIA TLX NO. ××× INDICATING POLICY NO. AND DETAILS OF SHIPMENT, A COPY OF WHICH IS TO BE ACCOMPANIED BY THE ORIGINAL DOCS.

该条款要求货物的保险由伊朗保险公司办理，提单上应明确保险公司的名称、保单号码和出单日期，所出的装运通知则应标明保险公司名称、电传号码、保单号码和货物的详细情况,电抄副本随正本单据向银行提交。

(3) SHIPMENT ADVICE WITH FULL DETAILS INCLUDING SHIPPING MARKS, CTN NUMBERS, VESSEL'S NAME, B/L NUMBER, VALUE AND QUANTITY OF GOODS MUST BE SENT ON THE DATE OF SHIPMENT TO US.

该项规定要求装运通知应列明包括运输标志、箱号、船名、提单号、货物金额和数量在内的详细情况,并在货物发运当天寄开证行。

(4) BENEFICIARY MUST FAX ADVICE TO THE APPLICANT FOR THE PARTICULARS BEFORE SHIPMENT EFFECTED AND A COPY OF THE ADVICE SHOULD BE PRESENTED FOR NEGOTIATION.

根据这条规定,受益人发出装运通知的方式是传真,发出时间是在货物装运前,传真副本作为议付单据提交。

(5) INSURANCE COVERED BY OPENERS. ALL SHIPMENTS UNDER THIS CREDIT MUST BE ADVISED BY YOU IMMEDIATELY AFTER SHIPMENT DIRECT TO M/S ABC INSURANCE CO. AND TO THE OPENERS REFERRING TO COVER NOTE NO CA364 GIVING FULL DETAILS OF SHIPMENT. A COPY OF THIS ADVICE TO ACCOMPANY EACH SET OF DOCUMENTS.

该条款要求保险由申请人负责,货物装运后由受益人直接发通知给 ABC 保险公司和申请人,通知上应注明号码为 CA364 的暂保单,并说明货物的详细情况。每次交单都应随附该通知副本。

(6) BENEFICIARY'S CERTIFIED COPY OF FAX SENT TO APPLICANT WITHIN 48 HOURS AFTER SHIPMENT INDICATING CONTRACT NO. L/C NO. GOODS NAME, QUANTITY, INVOICE VALUE, VESSEL'S NAME, PACKAGE/CONTAINER NO., LOADING PORT, SHIPPING DATE AND ETA.

该条款要求,受益人出具的装运通知必须签署,通知应在发货后 48 小时内发出,具体通知内容为合同号、信用证号、品名、数量、发票金额、船名、箱/集装箱号、装货港、装运日期和船舶预抵港时间。受益人应严格按要求的内容缮制。

(7) SHIPMENT ADVICE QUOTING THE NAME OF THE CARRYING VESSEL, DATE OF SHIPMENT, NUMBER OF PACKAGES, SHIPPING MARKS, AMOUNT, LETTER OF CREDIT NUMBER, POLICY NUMBER MUST BE SENT TO APPLICANT BY FAX, COPIES OF TRANSMITTED SHIPMENT ADVICE ACCOMPANIED BY FAX TRANSMISSION REPORT MUST ACCOMPANY THE DOCUMENTS.

该条款要求,表明船名、装船日期、包装号、唛头、金额、信用证号、保险单号的装船通知必须由受益人传真给开证人,装船通知和传真副本以及发送传真的电信报告必须随附议付单据提交。

(8) BENEFICIARY'S CERTIFICATE CERTIFYING THAT THEY HAVE DESPATCHED THE SHIPMENT ADVICE TO APPLICANT BY FAX (FAX NO. 2838 - 0983) WITHIN 1 DAY AFTER B/L DATE ADVISING SHIPMENT DETAILS INCLUDING CONTRACT NO., INVOICE VALUE, NAME OF THE VESSEL, LOAD PORT, QUANTITY OF GOODS LOADED, B/L DATE, THE VESSEL MOVEMENT INCLUDING TIME OF ARRIVAL, TIME OF BERTH, TIME OF START LOADING, TIME OF FINISH LOADING, DEPARTURE TIME FROM DALIAN AND

THIS CREDIT NO.

该条款对装船通知的要求是：装运货物后一天内受益人通过传真加以通知，内容包括：合同号、发票金额、船名、装运港、货物数量、提单日，包括抵达时间、靠泊时间、开始装货时间、装货完毕时间和驶离大连港的时间等，以及船舶的航行轨迹和本信用证号码。

四、装船通知的一般格式

装船通知的一般格式如图5-3所示。

```
M AND N                 厦门M.N.工贸有限公司
            RELIANCE M AND N INDUSTRIES LIMITED
              HEX6/788, NORTH JIMEI ROAD, GUANKOU TOWN, JIMEI DIST, XIAMEN, CHINA
                      Tel: +86-592-6290280  Fax: +86-592-6290260


DATE:                    SEP.03,2016
L/C NO.:                 014ITSY060397
S/C NO.:                 MN16EXP01-003
TO:                      HARAPANSUKSES JAYA PT
                         JL. DAAN MOGOT KM 11/45
                         JAKARTA BARAT
                         NPWP: 01.656.706.7-038.000

                         ADVICE OF SHIPMENT

1.INVOICE NO.:
2.NAME OF COMMOTITY      COLD ROLLING MILLS
3.QUANTITY:              5000 SETS
4.INVOICE VALUE:         USD76,350.00
5.VESSEL'S NAME:         CHANGMING V.5299
6.DATE OF SHIPMENT:      SEP.02,2016
7.B/L NO.:               CHANG52791
8.CONTAINERS/SEALS NO.:
9.LOADING PORT:          XIAMEN,CHINA
10.PORT OF DISCHARGE:    JAKARTA, INDONESIA
11.ETA:                  SEP.27,2016
12.SHIPING MARKS:        MN16EXP01-003
                         JAKARTA
                         NO.:1-500
                         MADE IN CHINA
13.QUANTITY:             5000 SETS
14.GROSS WEIGHT:         8,500.00KGS
15.NET WEIGHT:           7,500.00KGS
16.TOTAL VALUE:          USD76,350.00

THANK YOU FOR YOUR PATRONAGE.WE LOOK FORWARD TO THE PLEASURE OF
RECEIVING YOUR REPEATED ORDERS.


                         RELIANCE M AND N INDUSTRIES LIMITED
                                    Sally Deng
                                   ─────────────
                                    Sally Deng
                                    signed by
```

图5-3 装船通知范本

第三节　船公司证明

在我国对外贸易实践中，经常会遇到进口商在信用证中要求出具船公司证明（以下称"船证"）的情形，尤以来自中东和非洲地区的客户为多，所以单证从业人员必须对此进行恰当的理解和把握。船证通常由出口商或船方用英文制作，具体内容应以信用证中的要求为准，所有船证必须签署。比较常见的船公司证明如下所述。

一、船舶本身的证明文件

1. 集装箱船只证明（CERTIFICATE OF CONTAINER VESSEL）

进口商或银行在合同/信用证中规定货物须装集装箱船并出具相应证明的，可由受益人自行制作并加盖有关签发人的图章，也可在运输单据上加以注明。

2. 船龄证明

有些国家/地区来证规定装载货物的船舶的船龄不得超过15年，受益人必须要求船代或船公司出具载货船只的船龄证明书（CERTIFICATE TO EVIDENCE THE SHIP IS NOT OVER 15 YEARS OLD 或 IS UNDER 15 YEARS OF AGE），这样的要求主要目的在于禁止使用老龄船，保证货物运输安全。

3. 船籍证明（CERTIFICATE OF REGISTRY）

船籍证明用于证明船舶所属国籍。在进出口实务中，有时买方国家出于政治原因，在信用证中禁止卖方使用某些国家的船只运载。

4. 船级证明（CONFIRMATION OF CLASS）

有的信用证规定提供英国劳合社船级证明，如"CLASS CERTIFICATE CERTIFYING THAT THE SHIPMENT IS MADE BY A SEAWORTHY VESSEL WHICH IS CLASSIFIED 100 A1 ISSUED BY LLOYDS OR EQUIVALENT CLASSIFICATION SOCIETY"，劳合社的船级符号为LR，标志100A1、100A 表示该船的船体和机器设备是根据劳氏规范和规定建造的，I 表示船舶的装备如船锚、锚链和绳索等处于良好和有效的状态，对这样的要求我们通常应予以满足。国际上著名的船级社有英国劳合社、德国船级社（GL）、挪威船级社（DNV）、法国船级社（BV）、日本海事协会（NK）、美国船级社（ABS）等。

二、运输和航行证明

1. 航程证明（CERTIFICATE OF ITINERARY）

主要说明航程中船舶停靠的港口，一些阿拉伯国家开来的信用证中，往往要求在提单上随附声明一份，明确船籍、船名、船东及途中所经港口顺序，出口方须按要求签发此类证明并按证明中所述行驶、操作船舶。

2. 转船证明书（CERTIFICATE OF TRANSSHIPMENT）。

出口方出具转船证明书，说明出口货物将在中途转船且已联系妥当，并由托运人负责将有关转船事项通知收货人。

3. 货装具名船舶证明

如信用证要求："A CERTIFICATE FROM THE SHIPPING COMPANY OR ITS AGENT

STATING THAT GOODS ARE SHIPPED BY APL"（意思是要求出口方提供由船公司或其代理出具的货装美国总统轮船公司的证明）。

4. 船长收据（CAPTAIN'S RECEIPT）

有的信用证规定，样品或单据副本交载货船只的船长带交进口商，并提供船长收据，如委托船长带去而未取得船长收据则将影响出口商收汇，常见于近洋运输。

此外，船证还包括进港证明、运费已交收据、港口费用单（PORT CHARGES DOCUMENTS）、装卸准备就绪通知书（NOR）和装卸时间事实记录等，由于政治原因，巴基斯坦和印度互不允许悬挂对方国旗的船舶靠岸，巴基斯坦港口还不接受来自南非、韩国、以色列和中国台湾的船舶，如要求出具相应证明的，出口方必须提供。

三、航运组织和公约证明

1. 班轮公会证明（CONFERENCE LINE CERTIFICATE）

信用证规定货物须装班轮公会船只时，向银行所交单据中应包括船公司或船代出具的证明。例1，信用证要求："CERTIFICATE ISSUED BY THE CARRIER, SHIPPING CO. OR THEIR AGENTS CERTIFYING THAT SHIPMENT HAS BEEN EFFECTED BY CONFERENCE LINE AND/OR REGULAR LINE VESSELS ONLY COVERED BY INSTITUTE CLASSIFICATION CLAUSE TO ACCOMPANY THE DOCUMENTS."其意思是由承运人、船公司或他们的代理签发证明，证实货物业已装运在符合伦敦协会船级条款的班轮公会船只或定期船上，该船证随单据提交。例2，某信用证要求："SHIPPING COMPANY'S CERTIFICATE STATING THAT THE CARRYING VESSEL HAS ENTERED P&I CLUB AND SHOULD BE ATTACHED WITH THE ORIGINAL DOCUMENTS."其要求船证应明确载货船舶系船东保赔协会成员并应随附正本证明。

2. 黑名单证明

典型的是阿拉伯国家所要求的抵制以色列证明（CERTIFICATE OF BOYCOTT ISRAEL）。其通常规定为：THE VESSEL CARRYING THE GOODS IS NOT ISRAELI AND WILL NOT CALL ON ANY ISRAELI PORTS WHILE CARRYING THE GOODS AND THAT THE VESSEL IS NOT BANNED ENTRY TO THE PORT OF THE ARAB STATES FOR ANY REASON WHATEVER UNDER LAW AND THE LAWS AND REGULATIONS OF SUCH STATES ALLOWED（船上所装货物为非以色列原产，船不经停任何以色列港口，船只可依法自由进入阿拉伯国家法律和规则所容许进出的港口）。

3. SMC、DOC 和 SOLAS

这几个缩略语近年来常出现在信用证的要求中，SMC（Safety Management Certificate，船舶安全管理证书）和 DOC（Document of Compliance，安全符合证书，也有人称其为船/港保安符合证书）是按照国际安全管理规则（ISM）的规定载货船舶应在船上拥有的必要证书。我国海事局按 ISM 的规章发给船公司 DOC，船舶则可获 SMC，如船公司没有相应证书，那么就没有办法按信用证要求来出具此类证明。大连丹一国际物流总结信用证中的一般要求是："THE CARRYING VESSEL SHOULD COMPLY WITH THE PROVISIONS OF THE (ISM) CODE WHICH NECESSIATES THAT SUCH VESSEL MUST HAVE ON BOARD, COPIES OF THE TWO (SMC AND DOC) VALID CERTIFICATES AND COPIES OF SUCH CERTIFICATE MUST

BE PRESENTED WITH THE ORIGINAL DOCUMENTS."也可体现为"CERTIFICATE ISSUED, SIGNED AND STAMPED BY THE OWNER/CARRIER/ MASTER OF THE CARRYING VESSEL HOLDS VALID ISM CERTIFICATE AND ISPS (INTERNATIONAL SHIPPING AND PORT SECURITY SAFETY CODE《国际船舶和港口设施保安规则》)";SOLAS 指的是《1974 年国际海上人命安全公约》(简称 SOLAS 公约)。"9·11"事件后国际海事组织于 2002 年 12 月召开缔约国大会通过对 SOLAS 公约的修正案,并在 2004 年 7 月 1 日起开始实施。按上述有关规定,船舶应持有"安全管理证书"正本,其船名与国籍证书一致,所载公司名称与"符合证明"中的公司名称相一致。

四、船公司证明的主要内容及其缮制

船公司证明(图 5-4)没有固定的格式,出单人可以根据证明的具体内容,自己设计合适的格式。其主要内容有:

(1) 单据名称。制作船公司证明要求有具体单据名称,应以信用证规定为准。
(2) 参考信息。一般包括船名、航次、提单号、信用证号、发票号、开航日期等。
(3) 日期。指船公司证明的出单时间,一般与提单装船日期为同一天。
(4) 抬头人(TO)。一般笼统写"致有关方"(TO WHOM IT MAY CONCERN)。
(5) 证明的内容。结合实际情况与信用证的具体要求,填写证明的内容。
(6) 签署。所有船公司证明都必须签署,应与提单签署人一致或属于同一承运人的代理。

SHIPPING COMPANY'S CERTIFICATE

INVOICE NO.: MN16003HPT
LC NO.: 014ITSY060397
DATE: SEP.02, 2016

TO WHOM IT MAY CONCERN:

WE HEREBY CONFIRM THAT SHIPMENT UNDER B/L NO.:CHANG52791 IS MADE IN A REGULAR CARRIER AND SHIPMENT BY FLAG CARRIER OF ISRAEL STRICTLY PROHIBITED.

中国外轮代理公司厦门分公司
CHIINA OCEAN SHIPPING AGENCY, XIAMEN BRANCH
郑达
(船公司签章)

图 5-4 船公司证明范本

五、缮制船公司证明应注意的问题

(1) 船公司证明的种类很多，出具何种船公司证明应根据信用证与合同的规定来决定并要求船公司出具，并确实按证明书所述行驶、操作载货船舶。

(2) 船公司证明的内容不能照抄信用证条款内容，应更加具体并在人称、时态等方面做相应的变化。

(3) 船公司证明的签发时间须在所要证明的事件发生之后，一般在装船完毕后，与提单签发日期相同或比提单签发日期晚1~2天。

(4) 船公司证明属于证明的性质，因此都必须签署。

六、信用证中有关船公司证明条款举例

(1) 信用证关于船公司证明条款的描述不尽相同，通常表述为："A CERTIFICATE FROM THE SHIPPING COMPANY OR THEIR AGENTS STATING THAT THE GOODS ARE SHIPPED ON CONTAINER VESSELS AND COVERED BY THE INSTITUTION CLASSIFICATION CLAUSE."由船公司或其代理签发船公司证明，证明货物用集装箱船运载且船舶符合协会船级条款。

(2) 某信用证中要求："CERTIFICATE FROM THE SHIPPING AGENTS ISSUED AT THE PORT OF SHIPMENT STATING THAT CARGO AND/OR INTERESTS ARE CARRIED BY A MECHANICALLY SELF PROPELLED SEAWORTHY VESSEL CLASSIFIED UNDER LLOYD'S REGISTER OF SHIPPING AS 100A1 OR EQUIVALENT PROVIDED SUCH VESSELS ARE NOT OVER FIFTEEN YEARS OF AGE, OR OVER FIFTEEN YEARS BUT NOT OVER TWENTY FIVE YEARS OF AGE AND HAVE ESTABLISHED AND MAINTAINED A REGULAR PATTERN OF TRADING ON AN ADVERTISED SCHEDULE TO LOAD AND UNLOAD AT SPECIFIC PORTS OR EQUIVALENT."船证由船代在装运港制作，明确货物系由英国劳合社或其他相应机构确认的100A1级、机械驱动、适航的船舶运输，船龄应15年以下，或能按预先公布的船期表在特定港口持续定期投入装卸货物的商业运营的，船龄也可在15年以上25年以下。证明内容以证内文字及船舶的实际情况加以叙述即可。

(3) 某信用证中要求："A CERTIFICATE FROM THE SHIPPING COMPANY OR THEIR AGENT STATING THAT THE GOODS ARE SHIPPED ON VESSELS：—THAT ARE EXEMPTED FROM THE "SOLAS" CONVENTION CERTIFICATING REQUIREMENT AND ARE NOT REQUIRED TO HAVE A CERTIFICATE OF CONFORMITY TO THE ISM CODE OR THAT HAVE A CURRENT ISM CODE CERTIFICATE IF THE CARRYING VESSEL IS SUBJECT TO "SOLAS"—COVERED BY THE INSTITUTION CLASSIFICATION CLAUSE.—THAT ARE ALLOWED BY THE ARAB AUTHORITIES TO CALL AT ARABIAN PORTS AND NOT SCHEDULED TO CALL AT ANY ISRAEL PORT DURING ITS VOYAGE TO THE U. A. E.—UNDER 15 YEARS OF AGE."该船证要求来自阿拉伯联合酋长国开的信用证，船证由船公司或其代理签发，证明载货的船舶：如适用"SOLAS"公约则必须持有有效的ISM证明，否则可以豁免相关证明；船舶符合协会船级条款；经阿拉伯国家授权，船舶可挂靠所有阿拉伯口岸，船舶在驶往阿联酋途中不停靠任何以色列港口；船龄在15年以下。受益人必须按照

信用证规定要求船公司出具船程船籍证明。

（4）某信用证中要求："SHIPMENT MUST NOT BE EFFECTED ON ××× VESSEL."不可以用×××船装运。则受益人必须按照信用证规定要求船公司出具船籍证明。

（5）某信用证中要求："CERTIFICATE TO EVIDENCE THE SHIP IS NOT OVER 15 YEARS OLD."证明船龄不超过15年。受益人必须按照信用证规定要求船公司出具船龄证明。

第四节　受益人证明书

受益人证明书（BENEFICIARY'S CERTIFICATE）是一种由受益人自己出具的证明，以证明自己履行了信用证规定的任务，或证明自己按信用证的要求办事，如证明所交货物的品质、证明运输包装的处理、证明按要求寄单等。

一、受益人证明书的种类

（1）寄单证明。
（2）电抄本。
（3）履约证明。

二、受益人证明书的制作

受益人证明书的特点是自己证明自己履行某项义务。一份受益人证明书一般有以下几个栏目：

（1）受益人中文、英文名称。
（2）单据名称。一般标明"BENEFICIARY'S CERTIFICATE"（受益人证明）或"BENEFICIARY'S STATEMENT"（受益人声明）。
（3）发票号码。
（4）信用证号码。
（5）出证日期。
（6）证明内容。
（7）受益人名称及签字。

受益人证明书范本如图5-5所示。

三、信用证上有关受益人证明书条款举例

（1）ONE COPY OF INVOICE AND PACKING LIST TO BE SENT DIRECTLY TO APPLICANT IMMEDIATELY AFTER SHIPMENT, AND BENEFICIARY'S CERTIFICATE TO BE EFFECTED IS REQUIRED.

该条款要求装运后立即将发票和装箱单副本寄给开证人，并出具受益人证明书。

（2）COPY OF LETTER FROM BENEFICIARY TO OUR APPLICANT EVIDENCING A NON—NEGOTIABLE BILL OF LADING TOGETHER WITH COPY OF OTHER DOCUMENTS WERE SENT DIRECTLY TO THEM AFTER ONE DAY FROM SHIPMENT DATE.

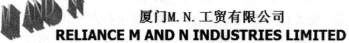

```
厦门M.N.工贸有限公司
RELIANCE M AND N INDUSTRIES LIMITED
HEX6/788, NORTH JIMEI ROAD, GUANKOU TOWN, JIMEI DIST, XIAMEN, CHINA
Tel: +86-592-6290280  Fax:+86-592-6290260


                    BENEFICIARY'S CERTIFICATE



INVOICE NO.: MN16003HPT
LC NO.:      014ITSY060397
DATE:        JUL.13,2016


TO WHO IT MAY CONCERN:

WE HEREBY STATE THAT CERTIFICATE OF MANUFACTURING PROCESS AND OF
THE INGREDIENTS ISSUED BY RELIANCE M AND N INDUSTRIES LIMITED.,
SHOULD BE SENT TO HARAPANSUKSES JAYA PT.




                                    RELIANCE M AND N INDUSTRIES LIMITED
                                         Sally Deng
                                          Sally Deng
                                           signed by
```

图 5-5 受益人证明书范本

该条款要求一张受益人发给开证人的证明信，证明一份非议付提单和其他单据一起已经在装船后的一天直接寄给开证人了。

（3）A STATEMENT FROM THE BENEFICARY EVIDENCING THAT: PACKING EFFECTED IN 25KGS/CTN BOX。

该条款要求一份受益人声明书，证明货物包装于每只 25 公斤的箱内。

（4）A CERTIFICATE FROM BENEFICIARY STATING THAT THE FOLLOWING DOCUMENTS HAVE BEEN SENT TO THE APPLICANT BY SPEED POST AFTER SHIPMENT EFFECTED：① 1/3 ORIGINAL BILL OF LADING；② CERTIFICATE OF QUALITY ISSUED BY CCIB/CCIC IN DUPLICATE。

该条款要求一份受益人证明，证明以下单据已经在装船后快邮寄给开证人了：

① 1/3 的正本提单；

② 一式二份由 CCIB/CCIC 出具的质量证明书。

(5) BENEFICARY'S DECLARATION CERTIFYING THAT THE ORIGINAL OF EXPORT LICENCE HAS BEEN SENT TO THE APPLICANT BY EXPRESS COURIER BEFORE SHIPMENT EFFECTED。

该条款要求受益人证明，正本出口许可证已在装船前快邮寄给开证人。

实训项目一：缮制一般原产地证

请根据第四章实训项目一背景材料中的信用证（图 4-6）的要求及相关资料，缮制如图 5-6 所示模式的一般原产地证。

图 5-6 空白一般原产地证

实训项目二：缮制装船通知

请根据第四章实训项目一背景材料中的信用证（图 4-6）的要求及相关资料，缮制如图 5-7 所示模式的装船通知。

厦门斯道克电子有限公司
XIAMEN STOCKO ELECTRONICS LTD.
2/F, LIANFA BUILDING, HULI DISTRICT, XIAMEN, 361002, CHINA
Tel: +86-592-6666666　Fax: +86-592-6666667

DATE:
L/C NO.:
S/C NO.:
TO:

ADVICE OF SHIPMENT

1. INVOICE NO.:
2. NAME OF COMMOTITY
3. QUANTITY:
4. INVOICE VALUE:
5. VESSEL'S NAME:
6. DATE OF SHIPMENT:
7. B/L NO.:
8. CONTAINERS/SEALS NO.:
9. LOADING PORT:
10. PORT OF DISCHARGE:
11. ETA:
12. SHIPING MARKS:

13. QUANTITY:
14. GROSS WEIGHT:
15. NET WEIGHT:
16. TOTAL VALUE:

THANK YOU FOR YOUR PATRONAGE. WE LOOK FORWARD TO THE PLEASURE OF RECEIVING YOUR REPEATED ORDERS.

XIAMEN STOCKO ELECTRONICS LTD.

Echo Zeng
_____
Echo Zeng
signed by

图 5-7　空白装船通知

实训项目三：缮制船公司证明

请根据第四章实训项目一背景材料中的信用证（图 4-6）的要求及相关资料，缮制如图 5-8 所示模式的船公司证明。

```
            SHIPPING COMPANY'S CERTIFICATE

INVOICE NO.:
LC NO.:
DATE:


TO WHOM IT MAY CONCERN:


WE HEREBY CONFIRM/CERTIFICATE THAT




                              中国外轮代理公司厦门分公司
                         CHIINA OCEAN SHIPPING AGENCY, XIAMEN BRANCH
                                       郑达
                                   （船公司签章）
```

图 5-8　空白船公司证明

实训项目四：缮制受益人证明

请根据第四章实训项目一背景材料中的信用证（图 4-6）的要求及相关资料，缮制如图 5-9 所示模式的受益人证明。

XIAMEN STOCKO ELECTRONICS LTD.
2/F, LIANFA BUILDING, HULI DISTRICT, XIAMEN, 361002, CHINA
Tel: +86-592-6666666 Fax: +86-592-6666667

BENEFICIARY'S CERTIFICATE

INVOICE NO.:
LC NO.:
DATE:

TO WHO IT MAY CONCERN:

WE HEREBY STATE THAT

XIAMEN STOCKO ELECTRONICS LTD.

ECHO ZENG

Echo Zeng
signed by

图 5-9 空白受益人证明

第六章

国际贸易单据审核

学习目标

通过本章的学习，要求学生了解单据审核的要求及方法；熟悉单据不符的处理方法；掌握各种单据的审核要点；能够辨别各种单据的常见不符点；能够对不符单据进行灵活处理。

案例导入

出口合同规定的商品名称为"手工制造书写纸"。买主收到货物后，经检验发现该货物部分工序为机械操作，而我方提供的所用单据均表示货物为手工制造，按该国法律应属"不正当表示"和"过大宣传"，遭用户退货，致使进口商蒙受巨大损失，要求我方赔偿。我方理由有二：（1）该商品的生产工序基本上是手工操作，在关键工序上完全采用手工制作；（2）该笔交易是经买方当面先看样品成交的，而实际货物质量又与样品一致，因此应认为该货物与双方约定的品质相符。后又经有关人士调解后，双方在友好协商过程中取得谅解。对此，希予评论。

分析：

本案例合同中约定采用"手工制造"商品制造方法表示商品品质，是属于"凭说明买卖"的一种表示方法。从各国法律和公约来看，凭说明约定商品品质，卖方所交商品的品质与合同说明不符，则买方有权撤销合同并要求损害赔偿。本案我方从根本上违反了买卖双方在合同中约定的品质说明，并在制作单据时虚报手工制造，从而构成卖方的违约行为，应承担所交货物与合同说明不符的责任。

同时贸易中如果采用样品表示商品品质，则需要在合同中明示或默示地做出具体规定，而本案例中合同没有明确表示双方是采用样品成交，所以我方所说的实际所交货物与样品一致不能成为拒付理由。

本案例交易产品如在实际业务中不可能全部采用手工制作，应该在合同中标明"基本手工制造书写纸"，以免双方产生争议，并与实际所提交产品品质完全吻合。

第一节 《UCP600》关于单据审核的相关规定

一、概述

（一）条件的单据化与非单据条件

开证行履行付款的条件是受益人提交与信用证规定相符的单据。

《UCP600》第 5 条规定："银行仅仅处理单据，而不是单据所涉及的货物、服务或其他行为。"

银行对于非单据条件将不予理会。例如信用证上规定"受益人必须在装船之后两天内将装船细节电告开证申请人"，而没有规定受益人所需提交的单据，则银行对于单据条件不予理会。应要求受益人提交装船的电传副本，方为有效。

《UCP600》第 14 条 H 款规定："如果信用证中包含某项条件而未规定与之相符的提示单据，银行将认为信用证中未列明此条件，并对此不予置理。"

《UCP600》第 14 条 G 款还规定："对提交的单据中不是信用证中要求的，银行将不予置理，并且可以退还提示人。"

（二）关于单据的签发人与签字的规定

签字主要有两个作用：一是作为区别真伪的手段；二是明确出单人的责任。

单据可以手签、印制、穿孔签字等。摹本签字（即用影像技术添加的签字）是否可以接受？

《UCP600》第 3 条规定："当使用诸如'第一流''著名''合格''独立''正式''有资格''当地'等词语描述单据出单人时，单据的出单人可以是除受益人以外的任何人。"

"单据可以手签，也可以用签样印制、穿孔签字、盖章、符号的表示方式签署或者其他任何机械或电子证实的方式签署。"

"当信用证含有要求使单据合法、签证单据、证明单据或对单据有类似要求的条件时，只要单据表面已满足上述条件，即可由单据上签字、标注、盖章或标签来满足。"

（三）关于单据出单日的规定

单据的出单日期是否可以早于信用证的开立日期？一般情况下，出单日期晚于信用证开证日期。

《UCP600》第 14 条 I 款规定："单据的出单日期可以早于信用证的开立日期，但要在信用证的有效期限内进行交单，且所有单据都应该有出单日期。"

如果信用证未规定交单的特定期限，则单据的提交不得超过装运日后 21 天。

（四）关于单据正本、副本的规定

《UCP600》第 17 条 A 款规定："信用证中规定的每种单据必须提交至少一份正本"。

《UCP600》第 17 条 D 款规定："如果信用证要求提交副本单据，则提交正本单据或副本单据均可。"

《UCP600》第 17 条"除非单据本身表明其不是正本，银行将视任何表面上具有单据出单人正本签字、标志、图章或标签的单据为正本单据。"

(五) 关于交单时间和地点的规定

《UCP600》第 6 条的规定，信用证必须规定提示单据的有效期，信用证适用的银行所在地就是提示单据的地点。交单的地点可以在进口地，也可以在出口地。

《UCP600》第 14 条 C 款的规定，如果单据中包含一份或多份正本运输单据，则须由受益人或其代表在不迟于发运日后的第 21 个日历日内提交，但是在任何情况下，都不得迟于信用证的到期日。

信用证的三期（图 6-1）：信用证的有效期、最迟交单期（提单签发日后的 21 天内）、最迟装船期。

(1) 最迟交单期限短于有效日期，则不能使用全部长度的有效日期，否则是坏的开证。
(2) 最迟交单期限长于有效日期，则不能使用全长的最迟交单期限，否则是坏的开证。
(3) 最迟交单期限就是有效日期，则都可以使用两者的全长，这才是好的开证。

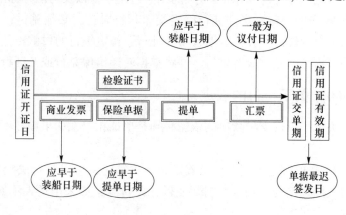

图 6-1　信用证的三期

二、《UCP600》关于审核国际贸易单据的标准

交单相符包括两方面内容：单证一致和单单一致。

(一) 单证一致审核（与《UCP500》的规定一致）

单证一致就是指单据在信用证规定的期限内提交给开证行、保兑行（如有），或被指定银行，且表面上完全符合信用证的各项条款。

(二) 单单一致审核（注意《UCP600》与《UCP500》的区别）

《UCP600》第 14 条 D 款规定："单据中的内容不必与信用证、该项单据本身以及国际标准银行实务完全一致。但该项单据中的内容之间或单据中内容与其他规定的单据或信用证不得冲突。"

《UCP600》第 14 条 E 款规定："除商业发票外，其他单据中的货物、服务或履约行为的描述，如果有的话，可使用统称，但不得与信用证中的描述相矛盾。"

《UCP600》第 14 条 J 款规定，受益人或申请人出现的地址出现在任何规定的单据中，无须与信用证或其他规定单据所载相同，但必须与信用证中规定的相应地处在同一国内；联络细节（电传、电话、电子邮件及类似细节）银行将不予置理。相比《UCP500》的第 13 条之审核单据的标准规定"单据之间表面互不一致，即视为表面与信用证条款不一致"宽松很多。

(三) 审单时间

《UCP600》第 14 条 B 款规定:"被指定银行、保兑行 (如有的话),以及开证行各自拥有从交单次日起最多不超过五个银行工作日的时间以决定提示是否相符。该期限不因交单日适逢提示有效期或者最迟提示期当日及其之后而被缩减或受到其他影响。"

银行审核单据的时间由最初的七个工作日缩减到五个工作日,对受益人是有利的。

三、《UCP600》关于相符提示的规定 (开证行、保兑行和指定银行在单证相符后就必须付款)

相符提示的含义是提交到开证行、保兑行和指定银行的单据必须和信用证内的要求和规定一致。同时,相符交单还要与《UCP600》的相关适用条款以及与国际标准银行实务一致。

《UCP600》第 15 条的规定,当开证行确定交单相符时,就必须兑付;当保兑行确定交单相符时,必须兑付或者议付,并将单据寄给开证行;指定银行的付款责任也一样,即指定银行确定交单相符时,必须兑付或者议付,并将单据转递给保兑行或开证行。

四、《UCP600》关于拒付的规定

信用证的性质决定了银行支付款项的依据必须是单证相符,如果单证不符,银行就可以拒付。

《UCP600》第 16 条的规定,当开证行确定交单不符时,可以自行决定联系申请人放弃不符点。如果申请人同意接受不符点,则开证行凭此付款;如果申请人不愿意接受不符点,开证行可拒绝单据,主张拒付。

(1) 当开证行、保兑行等拒绝议付时,必须给予交单人一份单独的拒付通知。
(2) 拒付通知必须在 5 个工作日内发出。
(3) 拒付时必须以单据为依据,而不是货物为依据。如提单规定为多式联运提单,而不是联运提单,要严格按信用证规定处理。
(4) 拒付通知要一次性说明不符点。
(5) 开证行等应以电信方式通知不符点。
(6) 在拒付通知中表明单据听候处理或退回单据。

第二节 国际贸易单据审核技巧

一、国际贸易单据审核的要求

(一) 企业审单的要求

出口企业在审核单据时的基本要求如下:

1. 及时性

及时性是指出口企业应及时对有关单据进行审核,如遇单据上出现差错,可以及时发现并更正,以避免因单据审核不及时而导致各项工作陷入被动局面。

2. 全面性

全面性是指出口企业应当从安全收汇和全面履行合同来高度重视单据的审核工作。一方面,应对照信用证和合同认真审核每一份单证,不放过任何一个不符点;另一方面,要善于处理所发现的问题,加强与各有关部门的联系和衔接,使发现的问题得到及时、妥善的处理。

3. "单单相符、单证相符"

"单单相符、单证相符"是出口企业安全收汇的前提和基础,所提交的单据中存在的任何不符,哪怕是细小的差错,都会造成难以挽回的损失。

(二)银行审单的要求

(1) 遵照《UCP 600》和《ISBP》的规定。
(2) 遵照信用证所规定的条件、条款。
(3) 结合银行的经营策略、操作规程。
(4) 遵循普遍联系的观点。
(5) 合情、合理、合法。
(6) 了解单据的功能及用途。

二、国际贸易单据审核要则

"单证相符"是安全收汇的前提和基础,同时作为审单的原则,它要求单据必须做到严格和信用证条款、《UCP600》《ISBP745》相符,而不需要在意合同的内容,且银行主要审核单据表面的真实性及是否与信用证的规定一致。因此,信用证项下审单的要则是:

第一,按照信用证规定的条件、条款逐条审单,以确定单据是否满足信用证的要求,这也是最基本的原则。当然,非单据条件除外。当信用证的规定与《UCP600》有抵触时,应遵循信用证优先的原则。

第二,按照《UCP600》的规定合理谨慎地审核信用证要求的单据,因为《UCP600》所体现出来的国际标准银行惯例是各国银行处理结算业务必须遵循的基本原则。银行主要审核单据的表面是否与信用证的规定或者要求相符,是否能够达到单证一致、单单一致。

第三,有时信用证提及《UCP600》未规定的内容,审单时就要按照《ISBP》的规定审核单据,以确定单据是否满足其规定。

审单可能与作为信用证依据的销售合同或者其他合同无关,也与单据涉及的货物、服务或其他行为无关。至于单据的形式、内容是否充分,是否虚假伪造,银行对此无法掌握,也不能承担责任。

三、国际贸易单据审核方法

(一)企业审单的方法

企业审单的方法包括纵向审核法和横向审核法两种方法,实际操作中通常会将两种方法结合使用。

1. 纵向审核法

纵向审核法是指以信用证条款为基础,对规定的各项单据进行逐字逐句的审核,要求有关单据的内容严格符合信用证的规定,做到"单证相符"。

在进行纵向审核时,应注意以下两点:

（1）仔细分析信用证。信用证中每涉及一种单据，即按单据条款核对相对应的单据，以确认单证一致。如果发现有与信用证不一致之处，应做好记录，以免遗漏。

（2）按信用证审核完所有的单据后，剩余单据则属于交单人交来的信用证未规定的单据，应选择退还交单人。

2. 横向审核法

横向审核法是在纵向审核的基础上，以商业发票为中心，审核其他规定的单据，使单据与单据之间所有的项目相互一致，做到"单单相符"。在进行横向审核时，要注意以发票为中心，将其他单据与发票的相同资料（如发票、装箱单和运输单据上共有的货物的标记、包装、件数等）及有关的项目（如发票的金额与保险单的保险金额）进行核对。

（二）银行审单的方法

银行在收到信用证受益人提交的单据后，也要对单据进行全面、细致的审核。银行审单的方法主要有以下几种：

（1）"先数字后文字"法。在单据的数字比较集中时，可先将各种单据的所有数字，如单价、总值、数量、包装件数、毛净重、尺码等数据进行全面的复核，然后再采用纵向审核法或横向审核法对其他内容进行审核。

（2）"先简后繁"法。在审单业务中，往往可能一次收到众多单据，在先后顺序的安排上可以先做"简单/容易的单据"，后做"较为繁复的单据"。实务中，先将"容易"、页数少的单据做掉，对于那些页数较多、内容繁复的单据就可以静下心来，有条不紊地做，这样不容易出差错。审单往往要赶时间。虽然《UCP600》规定，银行的审单时间为"七个工作日"，但是多数银行要求职员在"一个工作日"内完成审单任务。如果先做复杂的单据，前面拖的时间过长，后面还有大量未做的单据，心情烦躁，很可能引起失误。

（3）按"装运日期"审单法。对出口业务量大，批次又多的企业，为保证及时收汇，可以按货物装运日期的先后顺序进行审核，以便在离装运日最近的时间交单给银行审核。

（4）分地区客户审单法。不同国家或地区、不同进口商对出口单证的要求各不相同，但同一国家、地区或同一客户对出口单证的要求则基本相同，因此将相同特点的单据集中审核，便于提高效率和质量。业务量较大的单位可以采用此审单工作方法。

（5）先读后审法。即在处理前，先将信用证从头到尾通读一遍，然后再按信用证条款依次审核。即"读全文，阅修改，抓要点，做记号；通读后，再审单，证在左，单在右；单证符，顺利过；若不符，写下来；单据间，须相符；如不符，切记牢；审单毕，洽客户"。具体处理：

① 首先通读信用证全文，边读边记，并随手在要特别关注的地方做个记号，以便审单时引起重视。

② 同时，查看信用证有无修改，这些修改中是否有受益人"不接受"的批注。

③ 如果信用证有修改，而且受益人都接受，那么，将修改内容在信用证的原条款上做好相应记录，确保信用证条款是完整有效的。

④ 按单据的主次关系进行审核。首先，将一些重要单据，例如发票、提单先行审核，然后以它们为参照物，审核其他单据。同时，要注意将信用证有关这类单据的规定贯穿于此，做到"单证一致、单单相符"。如发现有任何不符点，应立即记录在案。如信用证规定，所有单据要显示"合同、信用证号码"，那么，全部单据就此条款进行检查一遍，以免遗漏。

⑤ 审核完毕后，将所发现的不符点一并与前道业务环节沟通，落实解决办法。

(6) 先审后读法

和先读后审法相反，即按信用证条款依次审核各种单据后，最后，再通读信用证全文，确保每一条款都未被遗漏。

四、国际贸易单据不符的处理

(一) 国际贸易单据相符的重要性

信用证作为迄今为止最受世界各国进出口贸易商青睐、使用最广泛的国际结算工具，能够大大提高收汇的安全性。但这并不表示信用证在收汇上绝对安全，信用证业务是一种纯粹的单据业务这一特性不容忽视。

信用证一经开立，就构成银行对出口商凭规定的单据进行付款的承诺。因而，出口商一旦与进口商在国际货物买卖合同中约定以信用证进行支付，就必须做到单单相符、单证相符，只有这样才能安全收汇，成为信用证真正的受益人，充分享受信用证业务的优势。如果受益人提交具有不符点的单据，则开证行可以免去其第一性的付款责任，受益人能否安全收汇完全取决于开证申请人即进口商的个人信用，此时银行信用变为商业信用，对受益人十分不利。如果进口商不接受单据，其后果甚至比一般的托收方式还差。使用不当的信用证导致的风险可能会大于其他结算方式，受益人就变成受害人。

(二) 国际贸易单据不符的概念及原因

所谓单据不符，是指出口商即信用证受益人向银行提交的单据包含有不符合信用证条款规定的内容，致使单证不符、单单不符或单据本身内容不完整。单据不符产生原因很多，概括起来主要有以下几种：

(1) 制单员的业务知识局限和操作疏忽。

(2) 信用证本身的缺陷。

信用证本身的缺陷往往会引起致命的不符点，包括以下三种情形：

① 信用证含有软条款。

② 信用证本身的含糊或自相矛盾。

③ 信用证的修改。

④ 信用证条款与实际操作有冲突。

(3) 受益人在经营过程中的脱节。

(4) 过分信赖银行。

(三) 国际贸易单据不符的处理办法

1. 议付行对单据不符的处理

在遇到受益人提交的单据存在不符点时，议付行应及时做出相应的处理，使最终的收汇不受影响。具体来说，对于不符点单据，议付行或指定银行有以下几种处理方法：

(1) 及时将所有单据退还给受益人更改，以便其在信用证有效期内和最迟交单期内再交单。

(2) 仅仅退还不符单据，做法同上，同时代表受益人安全保管其余单据。

(3) 在受益人授权下将信用证项下不符单据以等待批准的方式寄送给开证行，要求它审查和批准接受单据或拒绝接受单据。

（4）如果受益人准许，以电报、电传或电信发至开证行，要求凭不符单据授权付款、承兑或议付。

（5）担保议付。由受益人或其他的银行出具赔偿担保证书，凭以议付、付款或承兑，如果开证行拒绝接受不符单据并拒绝偿付，任何议付、付款、承兑金额连同利息和有关费用将由担保人偿还。

（6）照常议付。如果不符点模棱两可或微不足道，可采用内部确认的办法，即要求受益人承认不符，而对外照常付议。同时银行应根据实际经验，征得受益人同意，办理"保留权利"的付款、承兑或议付，即如果开证行凭着不符单据而拒绝偿付，银行则保留对受益人的追索权。

（7）寄单托收。采用寄单托收方式，意味着放弃应用《UCP600》规则，完全使用《URC522》托收统一规则，以开证申请人是否接受单据为主，开证行不承担责任，因为它成了代收行。这应该是受益人最后的选择。

2. 开证行对单据不符的处理

作为开证行，收到议付行（或付款行、承兑行）寄来的单据后也要进行审核。若发现有不符点决定拒付的，要注意以下几点：

（1）开证行提出的不符点必须明确，且以单据为依据，没有提出具体不符点的拒付不能构成完整的拒付通知。

（2）开证行提出的不符点必须是合理的，即开证行提出的不符点必须是实质性的不符点。

（3）开证行必须以自身的名义提出不符点拒付，不得以开证申请人认为单证有不符点为由提出拒付。

（4）开证行必须在合理的时间内提出拒付，即在收到单据次日起的5个银行工作日内提出拒付。超过规定期限视为放弃拒付，届时即使单据有不符点，开证行也只能付款。

（5）开证行必须一次性地提出所有不符点。

（6）拒付电必须包含拒绝接受的字样，并声明代为保留单据听候处理或径退单。

五、信用证遭拒付后的处理

信用证遭拒付后，出口商对于不符点造成拒付的应对措施：

（1）争取事先避免拒付问题的发生，掌握主动权：严格审核信用证，提前发货，认真制单，知道不符点时可考虑用电提方式解决。

（2）拒单后要采取必要的措施保全货物，随时掌握市场行情的变化：要尽量掌握提单，从而掌握物权。

（3）判断不符点是否成立：开证行提出的不符点一定要同时满足六个条件，不符点的表达也要准确。

（4）据理反驳：对于开证行的圈套或过分挑剔，应以惯例为基础反驳。

（5）更换不符点单据：对于出口方自行出具的发票和对其他机构出具的单据的处理方法不同。

（6）说服进口商和开证行接受不符单据：若进口商愿意接受对其利益没有实质损害的不符点，则开证行一般也会接受。

（7）协商降价销售或另寻买主：若出口产品不畅销，则进口商一般不会接受不符点。

（8）退单退货：以上方法都行不通的情况下，可将货物运回国内或丢弃在国外港口。总之，出口商应尽量把物权控制在自己手中，以便对货物进行处理。

六、国际贸易主要单据的审核

（一）商业发票的审核

1. 商业发票的审核要点

（1）注意发票的首部必须印有"INVOICE"或"COMMERCIAL INVOICE"字样。确保发票名称与信用证规定一致。如信用证规定"发票"或"商业发票"，则制单时不能冠名为"形式发票"或"临时发票"，否则会使单据不符。

（2）确保商业发票的签发人是信用证的受益人。要注意发票签发人的名称、地址与信用证规定一字不差。若信用证是错的，则发票上也应将错就错。

（3）除非信用证另有规定，应确保发票的抬头为信用证的申请人。

（4）发票合同号要与信用证一致，确保发票上提供的其他资料，如唛头、号码、运输资料等符合信用证要求，并注意与其他单据保持一致。

（5）货物描述是发票的主要内容，根据《UCP600》的规定，发票中对货物的描述必须与信用证完全一致，不能有相互抵触或描述漏项，应包括：品名、规格、款号、颜色、数量等。确保没有可能会对货物状况或价值引起怀疑的任何附加的、不利的货物描述。

（6）未被信用证准许时，银行不接受发票上对货物是"用过的""旧的""重新改造的""修整"的批注。

（7）信用证中提及的货物、价格和条款等细节必须包含在发票中。

（8）确保发票上的货币名称与信用证货币名称相一致。

（9）发票的数量、单价、金额必须符合信用证的规定，发票金额与信用证总金额一致，不得超出或低于信用证总金额，并注意发票的金额必须与其他单据金额如汇票金额相一致。如发票单价、金额有涉及佣金、折扣的扣除，必须保持与信用证上的规定一致。

（10）如不允许分批装运，应确保发票必须包括信用证要求的整批装运货物价值。

（11）信用证要求发票或其他单据需签章或手签，所以要确保发票上已被签字、公证人证实、合法化、证明等。

（12）注意是否按信用证的规定在发票中注明了特殊的文字，该文字本身是否符合信用证及其他单据的要求。

（13）最后要核对发票份数是否与信用证要求一致，确保提交符合信用证要求的发票正本和副本份数。

2. 商业发票的常见不符点

（1）发票名称不符合信用证规定。

（2）发票的开立人不是信用证的受益人。

（3）发票的抬头人与信用证要求不符。

（4）进口商名称与信用证上的开证申请人不同。

（5）货物数量、发票金额及单价与信用证不一致或不在信用证允许的增减幅度之内。价格条件与信用证不符。

（6）发票对货物的描述与信用证中的货物描述不相符。

（7）发票上的装运港或目的港与提单不一致。

（8）发票上的贸易术语与信用证不一致。

（9）发票上的佣金或折扣与信用证或合同的规定不相一致。

（10）遗漏信用证要求、表明和证明的内容，或缮制发票时照抄照搬来证中的证明词。

（11）货物包装，注有"用过""旧货""重新装配"等字样。

（12）发票未按信用证规定签名盖章。

（二）汇票的审核

1. 汇票的审核要点

（1）最好是出现汇票这样的字样，以避免纠纷，并确保汇票有正确的信用证参考号。

（2）确保汇票印有当前的日期。

（3）汇票的出票人签字和/或名称应与受益人的名称一致，相关的当事其他人应按信用证规定填写。

（4）确保汇票有正确的付款人，不应以申请人作为汇票付款人。

（5）汇票上金额的大、小写必须一致。

（6）付款期限要符合信用证或合同（非信用证付款条件下）规定。

（7）汇票金额不得超出信用证金额，应与发票金额相符，应符合发票和信用证的相关规定。

（8）确保收款人的名称已被验明。

（9）确保已按需要正确地背书。

（10）确保没有限制性背书。

（11）确保汇票包含信用证要求所必需的条款。

（12）除非信用证授权，否则不开立"无追索权"的汇票。

2. 汇票常见不符点

（1）汇票的出票日期迟于有效期。

（2）汇票的金额大于信用证金额。

（3）汇票上的金额大、小写不一致或汇票大写金额不准确，大写金额最后漏填"ONLY"一词。

（4）汇票货币名称与发票或信用证不一致。

（5）汇票的付款期限与信用证规定不符，或未标明付款日期。

（6）汇票的出票人与信用证受益人名称不一致。

（7）汇票的出票人未签字。

（8）汇票的付款行不是信用证指定的银行。

（9）汇票提交的份数不正确。

（10）未按规定列明"出票条款"或"利息条款"。

（11）漏列或错列了信用证号码。

（12）汇票的内容被更改或更改汇票没有加盖更正章。

（三）运输单据的审核

1. 运输单据的审核要点

（1）确保运输单据种类与信用证规定的种类相符。除信用证另有规定外，确保提交全套（FULLSET）的正本运输单据。

（2）除非信用证另有规定，确保所提交的不是"租船合约"的运输单据。

（3）应符合《UCP600》相关运输条款的一切其他条件。

（4）运输单据的收货人名称必须符合信用证的要求，不具物权凭证的运输单据的收货人为指定开证行。

（5）如果运输单据需要背书，确保其被适当地正确背书。

（6）确保运输单据上载明托运人或其代理人的名称。

（7）确保当运输单据有通知人时，其名称、地址按信用证要求填写。

（8）确保货物的描述与信用证上内容总体一致；运输单据上的货名描述可采用信用证所规定的货物描述的统称；如果出现唛头、数量以及其他规格，则必须与其在其他单据上的内容相一致。

（9）运输单据上的价格条款或有关运费的记载应与信用证和发票一致；运输单据上的"运费预付"或"运费到付"要与信用证内容相符。

（10）确保运输单据不出现使其成为"有瑕疵"或"不清洁"的条款。

2. 运输单据的常见不符点

（1）提交的运输单据种类与信用证规定不符。

（2）收货人、托运人、被通知人名称与信用证规定不符。

（3）启运港或卸货港与信用证规定不符。

（4）未按信用证"禁止转运"要求而转运。

（5）提交不清洁提单。

（6）运输单据中所列货物的名称、包装、数量、唛头等信息与信用证的规定或发票不符。

（7）没有"已装船"的批注，或"已装船"批注后未列日期或批注日期迟于信用证规定的日期。

（8）未按信用证的规定，证明运费已付或到付。

（9）有"货装甲板"的批注。

（10）未按信用证的规定背书。

（11）未提交全套有效的提单。

（12）未注明承运人的名称。

（13）承运人或船长的签字未表明身份。

（14）承运人或船长的代理人签字时，未表明所代表的承运人名称及身份。

（四）保险单据的审核

1. 保险单据的审核要点

（1）保险单据的种类应符合信用证的规定，即按照信用证规定提交保险单、保险凭证或保险声明书。

（2）应具备法定要件，并由保险公司或保险商或他们的代理人按照《UCP600》签发。

（3）确保提交全套正本的保险单据，除非有特殊规定。

（4）确保保险单的签发日期或保险责任生效日期不迟于在已装船或已发运或接受监管之日。一般情况下，保险单据日期或保险责任生效日期不迟于发运日期。

（5）承保商品的风险区间至少涵盖从信用证规定的装货港口或接受监管地点开始到卸货港口或交货地点或最终目的地为止。

（6）投保信用证指定的险别，且已经被明确表示出来。

（7）确保保险单据上的货物描述与发票上的描述相一致。保险单据上所记载的唛头、号码、船名、航程、装运地、卸货地、启运日期等，必须与运输单据所记载的不相矛盾，但无须严格等同。

（8）保单上填写的发票号码应与承保货物的商业发票号码一致，以体现不同单据间的关联性。

（9）如果被保险人的名称不是保兑行、开证行或买方，应带有适当的背书。

（10）确保货物投保金额要符合信用证要求或符合《UCP600》第28条f款规定。

（11）除非信用证另有规定，否则保险单据的货币应与信用证的币种相同。

（12）保险单据上注明的赔款偿付地点应按信用证规定填写。如信用证未规定，应以货物运抵目的地或其相邻地点作为赔付地点。如信用证要求赔付给某一指定公司，应在赔付地点之后加注。

（13）保险单据涉及的其他资料应与信用证规定的其他单据一致。

（14）如果单据内容有修改，应被适当地证实。

2. 保险单据的常见不符点

（1）保险单的种类不符合信用证规定。

（2）保险单不是由规定的保险公司或保险商出具的。

（3）保险货币或金额与信用证规定不符。

（4）保险单上对货物的描述与信用证不符。包装件数、唛头等与其他单据不一致。

（5）保险金额大小写不一致或大写金额不正确。

（6）启运港或卸货港与信用证规定不符。

（7）保险单的投保险别与信用证规定不符，如误把交货不到险当成偷窃、提货不着险。

（8）未提供全套保险单据。

（9）保险单未经背书或背书不正确。

（10）保险生效日期迟于提单日期。

（五）其他单据的审核

1. 产地证的审核要点

（1）产地证应由信用证指定的机构签署。

（2）按照信用证要求，确保它已被签字、公证人证实、合法化、签证等。

（3）确保产地证上的进口商名称、唛头、货名、件数等资料与信用证条款相符，并与发票和其他单据一致。

（4）确保产地证上记载的产地国家符合信用证的要求。

（5）除非信用证规定，否则应提供独立的产地证明，不要与其他单据联合使用。

（6）产地证的签发日不得迟于提单日期，但是可以迟于发票日期。

2. 检验证书的审核要点

（1）检验证书应由信用证规定的检验机构检验、出具并签字，其名称应该与信用证规定相符。

(2) 检验证书的出证日期应略早于提单日期,表示是在货物装船之前的检验结果。

(3) 检验证书的内容必须与发票或其他单据的记载不相矛盾,并符合信用证的规定。

(4) 除非信用证准许,否则应确保它没有包含关于货物、规格、品质包装等的不利声明。

3. 包装单的审核要点

(1) 它们应是独立的单据,除非信用证准许,否则不要与其他单据联合使用。

(2) 单据名称和份数应与信用证要求的一致。

(3) 确保该单据上记载的货物名称、规格、数量及唛头等资料与其他单据所记载的不相矛盾。

(4) 对数量、重量及尺码的小计与合计须加以核对,并须与信用证、提单及发票所记载的内容不相矛盾。

(5) 如信用证要求经签字的包装单,则应由制单人签字。否则,包装单据无须签字。

4. 各类函抄及附属单据的审核要点

《UCP600》规定,如果信用证要求提交运输单据、保险单据或者商业发票以外的单据,却未规定出由何人出具或其内容时,则只要提交的单据内容看似满足所要求单据的功能,且与其他单据的数据不矛盾,银行将接受该单据。如果信用证要求该单据是作为"证明书"之用时,应确保该单据被签字。

5. 其他单据的常见不符点

(1) 所提交单据的种类不齐或份数不足。

(2) 单据的名称与信用证要求不符。

(3) 单据的出单日期与信用证或惯例不符。

(4) 单据未按《UCP600》要求由授权人签字或盖章,没有标有可以证实的符号等。

(5) 单据的内容不够详尽。

(6) 交单日期晚于信用证交单到期日,或晚于信用证规定的从装运日后必须提交单据的时间,或如无此时间规定,交单日期晚于装运日后21天,导致信用证逾期。

(六) 寄单面函的审核要点

寄单面函是指定银行寄送给开证行凭以索偿的通知单,开证行收到面函后应该审核:

(1) 寄单面函的确是交给本银行的。

(2) 面函上有当前的日期。

(3) 面函及所附单据属于相关的信用证号码项下。

(4) 列举的单据均包含在内。

(5) 单据中的金额与面函中提及的金额是一致的。

(6) 寄送单据的银行(如有)是作为信用证项下的付款行、承兑行、议付行或寄单行。

(7) 付款指示是否清楚易懂。

(8) 是否提及有任何不符点,是否凭担保函或有保留的付款、承兑或议付。

案例1

我某外贸公司以CIF术语L/C支付方式向韩国B公司出口一批货物,我方按合同规定按时、按质、按量交货。随后我方将商业发票、提单、保险单和品质、数量证明书等单据通过中国银行提交韩国开证行要求付款。此时,正值货价下跌,开证行又发现我方提交的单据上货物名称使用了货物简称，因而拒绝支付货款。我方认为货物已按合同规定装运，检验证书以证明交货品质、数量与 L/C 规定一致，坚持要求付款。

试问：开证行是否有权拒付货款？为什么？

分析：开证行无权拒付货款。

理由：根据《UCP600》规定，商业发票中对货物的描述必须符合信用证中的描述，而在所有其他单据中，货物的描述可使用简称，但不得与信用证中的货物描述有抵触。

我方在提交的提单上使用的货物名称为货物的简称，与信用证中对货物的描述不会有抵触。因此，开证行不应拒付货款。

案例2

我国 A 公司向加拿大 B 公司以 CIF 术语出口一批货物，合同规定 4 月份装运。B 公司于 4 月 10 日开来不可撤销信用证。此证按《UCP600》规定办理，证内规定：装运期不得晚于 4 月 15 日。此时我方已来不及办理租船订舱，故立即要求 B 公司将装期延至 5 月 15 日。随后 B 公司来电称：同意展延船期，有效期也顺延一个月。我公司于 5 月 10 日装船，提单签发日为 5 月 10 日，并于 5 月 14 日将全套符合信用证规定的单据交银行办理议付。

试问：我国 A 公司能否顺利结汇？为什么？

分析：A 公司不能结汇。

理由：

① 根据《UCP600》规定，不可撤销信用证一经开出，在有效期内，未经受益人及有关当事人的同意，开证行不得片面修改和撤销，只要受益人提供的单据符合信用证规定，开证行必须履行付款义务。

本案中 A 公司提出信用证装运期的展期要求仅得到 B 公司的允诺，并未由银行开出修改通知书，所以 B 公司的同意修改是无效的。

② 信用证上规定装运期"不得晚于 4 月 15 日"，而 A 公司所交提单的签发日期为 5 月 10 日，与信用证规定不符，即单证不符，银行可以拒付。

案例3

我某进出口公司与加拿大商人在 2013 年 11 月按 CIF 条件签订一出口 5 万码法兰绒的合同，支付方式为不可撤销即期信用证。加拿大商人于 2014 年 3 月上旬通过银行开来信用证，经审核与合同相符，其中保险金额为发票金额加一成。我方正在备货期间，加商人通过银行传递给我方一份信用证修改书，内容为将投保金额改为按发票金额加三成。我方按原证规定投保、发货，并于货物装运后，在信用证有效期内，向议付行提交全套装运单据。议付行议付后将全套单据寄开证行，开证行以保险单与信用证修改书不符为由拒付。问开证行拒付的理由对否？为什么？

分析：开证行拒付的理由不对。因为，按《UCP600》的规定："直至受益人将接受修改的意见通知该修改的银行止，原信用证条款对受益人仍然有效。"

本案例中我方对信用证修改书并未表示接受，故原证条款仍然有效，我方按原证条款投保、发货、交单，开证银行理应付款。

第七章

国际贸易单证的管理

学习目标

通过本章的学习，了解单证工作的管理与考核，理解单证工作的风险性，避免单证失误给外贸业务造成损失。

第一节 单证机构设置、管理与考核

一、单证工作机构设置

关于单证工作的机构设置，各地外贸企业不尽一致。有的单证工作归属业务部，有的在储运部，有的储运、业务部门各有分工，有的还专设单证部。尽管分工所辖不尽相同，但单证工作的要求、内容和基本原则是相同的。

从外贸系统内各个专业公司的单证制作程序来看，大致有下列三种形式：

（1）分段法，业务部门缮制分析单，由单证部门负责缮制各种结汇单证及送银行结汇。

（2）流水法，缮制分析单、缮制各种结汇单证、交单结汇。由各个业务环节分别负责，流水操作。

（3）一条龙法，即缮制分析单、缮制各种托运单证、结汇单证，送银行议付，均由同一单证员操作完成。

上述三种形式各有利弊，但从提高工作效率出发，还是第三种比较理想。

由于前面两种形式，一份单证要流转多人之手，不易查找，而且单证员知识面相对狭窄，遇有问题，往往联系不顺畅，不利于了解和掌握全面的单证业务知识。

而第三种形式，一竿子到底，除了能培养多功能型的单证员外，还可以兼顾到经办单证的轻、重、缓、急。单证员经过长期业务活动，能摸索出自己负责这项工作的规律，发挥主观能动性，从而建立起一套科学化的工作秩序。

二、单证管理的意义

对外贸易单证是对外贸易业务活动的资料，是商品流通的原始凭证。它反映了整个商品流转过程，在一定的时间内，是一套重要的业务档案资料，具有重要的查考价值。因此，交单以后各企业应加强单证的档案管理。

（一）为统计提供原始资料

在对外贸易业务活动中，通过对单证的整理分类、登记统计，做到心中有数，与掌握货源、组织货源、衔接计划进货、摸清外销进程、促进贸易任务的完成有着密切的关系。特别是对外贸企业计划的编制、检查计划完成进度、实现计划的准确性有重要的意义。

（二）为分析外贸工作质量提供资料

检查外贸企业各项工作指标完成进度均需要资料，如对外贸计划准确性、履约率、资金周转率、费用指标以及流通费用等各项指标的资料积累等。由此可见，外贸单证是提供这些数据的可靠依据，可以促进外贸企业经营管理的改善。

（三）为查询和处理业务差错事故提供资料

在外贸业务活动中，差错事故时有发生。特别是当商品数量溢缺，品名规格（等级）不符、国别（地区）互串、错收、错运、多装、少装等差错事故发生时，必须查明原因，分清责任，吸取教训，加强教育，采取措施，防范今后，以达到安全优质的标准，不断提高外贸工作质量。这些均要求外贸单证提供必要的资料。

三、单证的管理方法

外贸业务中各项单证经过多环节的操作流转，反映了商品流转的全过程，为业务上的测算和考核提供了依据，可供有关部门查询核实。在业务成交后，要全面收集汇总单证，并进行认真的检查核对，整理装订，编号归类，列档存查，妥善保管。

外贸单证保管的形式一般有两种：分散归档和集中归档。前者由各经办部门分别自行保管，后者由专门部门负责集中统一保管。虽然单证保管的方法与形式不同，但总的单证保管要求相同，都应该做到单证齐全、单证相符、顺次排列、装订整齐、查询方便、有利业务。

四、单证工作的考核

外贸单证工作的考核是提高单证质量和工作效率的有效方法，也是培养单证工作人员，使之不断增长业务知识、提高技术水平的有力措施。

单证工作的考核必须做到针对性强，要求明确。考核的指标要有一定的可比性，便于对照检查。考核的方法要简单易行，才能持之以恒，取得明显的效果。考核成绩优良的，企业应该给予必要的鼓励，以提高单证工作人员的工作积极性。

单证工作考核的内容大致有两个方面：一方面是对单证工作人员业务素质的考核，主要是通过对单证工作人员的培训、教育以及开展业务竞赛来进行，以促进单证人员的理论和实务、业务和技术水平的提高。另一方面，是通过确定考核指标，提出单证人员的努力方向。

从外贸企业的目前状况来看，考核单证工作的四大指标是：单证差错率、预审率、当天交单率、逾期交单率。

（一）单证差错率

所谓单证差错率是指外贸企业每月单证差错点占全月交单总数的比率。

为了提高外贸企业的单证质量，中国银行系统的不少地区分行在日常审单过程中对外贸企业出口单据中的差错作了记录,每月将差错率向有关外贸企业以书面形式通报一次。

由于中国银行对差错率的统计在一定程度上反映了各外贸企业单证工作的质量,因此,应当重视此项数据,并可以以此项数据作为单证质量评比考核的重要依据。

(二) 预审率

预审是指运输单据签发以前,外贸企业已将有关单据(包括运输单据的副本)审核完毕,在拿到已装运的正式运输单据之前,先将全套单据送银行预审。如果银行也能够在正本运输单据到来之前做好预审,那么当天取得的运输单据就可以当天议付,并对外寄单,达到加速收汇的目的。

做好预审是加速交单的基础,因此预审率越高,当天交单率也必然越高。预审率的计算方法是预审单据的套数占全月交单总数的比率。

(三) 当天交单率

当天交单率是指外贸企业在取得已装运运输单据的当天能配齐全套单据向银行交单的套数占当天取得运输单据总数的比率。

要提高当天交单率,就要求工作人员在装船以前把信用证需要的各种单据缮制齐备,审核无误,这样当天交单才有条件在当天议付和对外寄单。

(四) 逾期交单率

逾期交单率和当天交单率相反,它是超过信用证效期或最后交单期向银行交单的套数占全月交单总套数的比率。逾期交单率越高,收汇的风险就越大。通过分析原因,找出哪些属于货源问题、哪些属于信用证问题,等等,有利于对症下药,改善工作。

第二节 跟单信用证下单证的风险

信用证是现代国际贸易结算的主要方式。它使银行信用介入商业信用,在很大程度上缓解了买卖双方互不信任的矛盾,满足了进出口双方加速资金周转的愿望,故得以在国际上广泛应用。在我国,进出口贸易结算的50%以上都是采用信用证方式。但是,信用证业务自身的复杂性和游离于基础合同之外的独立抽象性加大了风险防范和金融监管的难度。因信用证引起的经济、法律纠纷屡见不鲜。

在信用证业务中最关键和最复杂的环节是单证审核,由此而产生的纠纷也最多。根据国际商会(ICC)的统计,在其收到的以信用证方式结算的投诉中,涉及单据问题的案例所占比例高达43%。

一、信用证自身的理论缺陷——"纯单据性"

信用证自身存在的理论缺陷是风险形成的根源所在。信用证结算方式是纯单据业务,它针对的是单证文件而非货物。这一"独立抽象性"原则体现在《UCP600》第5条规定中:"在信用证业务中,有关各方所处理的是单据,而不是与单据有关的货物、服务或其他行为。"但单据文件极易伪造。在印刷业发达、便利的今天,伪造钞票、名画已能以假乱真,伪造信用证或是与信用证要求相一致的提单等单证文件则更为容易,也更易成功。从我国的实际看,最常见的是出口方以假单证特别是提单行骗,假称货物已经付运,其实没有这回事，银行仅机械地"审核信用证规定的所有单据，以确定其表面上是否与信用证条款相符"后即支付货款，毫无义务核对受益人（出口方）所提供单据的实际真实性，这对进口方和银行都是很危险的。除了假提单外，还有其他一些欺诈形式，如买卖双方互相勾结，虚构本不存在的交易，或签订高价购销合同，骗取银行开立信用证，然后双方伪造全套单据，通过议付诈骗银行资金，待银行发觉，诈骗者已携款逃跑或宣告破产，即使银行拥有物权，也因货价高估，无法抵付已付出的款项。除这种构成刑事犯罪的诈骗外，各方当事人很容易利用信用证"纯单据性"的特点钻空子，以获得对自身有利的结果。比如当市场不景气的时候，进口方和开证行往往对单据百般挑剔，借口与信用证规定不符而提出异议，拖延甚至拒绝付款。

因此，信用证脱离实体经济的独立自主性的交易规则与程序给不法分子进行信用证诈骗以及各方当事人谋求自身最大限度的利益提供了可以利用的间隙，造成了大量的争执和纠纷，是风险形成的源头。

二、关于信用证项下单证审核原则的争论

针对上述情况，如何把好单证审核关，以减少不必要的风险损失，就涉及单证审核的原则和标准的问题。关于信用证项下单据审核的原则，长期以来，存在严格符合原则和实质一致原则两种。所谓"严格符合"原则（THE DOCTRINE OF STRICT COMPLIANCE）是指单据就像是信用证的"镜子影像"（MIRROR IMAGE）一样，单据中的每个字、字母皆必须与信用证中的写法相同，否则即构成不符点。通常将其归纳为"单证一致"和"单单一致"，即单据表面必须与信用证条款相符，单据表面之间必须互为一致。所谓"实质一致"原则（THE PRINCIPLE OF SUBSTANTIAL COMPLIANCE）是指允许受益人所交的单据与信用证有差异，只要该差异不损害进口人，或不违反法庭的"合理、公平、善意"的概念即可。国际商会为了统一做法，在《UCP600》中做出如下规定："银行必须合理审慎地审核信用证规定的一切单据以确定其表面上是否符合信用证条款。"《UCP》虽历经几次修改，但其条例中对单据审核须把握的标准却始终如一，严格规定单据的"表面一致"是单据审核的唯一依据。然而在实务中，对这一原则的把握是一大难点，造成不符点问题和诉讼案件的激增。

案例

我国作为出口方向西欧销售重晶石粉，出口合同使用的品名为"BARYTES IN POWDER"，收到的信用证中规定的品名为"BARYTE IN POWDER"，少了一个"S"。"BARYTES"与"BARYTE"原本可以通用，我方按照合同品名缮制发票，并以此向开证行索偿，却遭到拒付，其理由是开证申请人不接受"商品的描述与信用证的品名不同"的发票。实际情况是，装运时，西欧的重晶石粉的价格有较大幅度的下降。后几经争取，我方被迫同意降价后进口方才付款了案。

由此看来，"严格符合原则"在实务中的基本意义是银行有权对没有严格符合信用证条款或其他单据文件的单据拒绝支付货款。这种拒付现象时有发生，不仅给信用证交易中的各方当事人造成不同程度的损失，还影响了货物买卖契约的履行，导致货物买卖双方或某一方违约甚至解除契约。在实务中，因单据内容复杂或开证行开立的信用证条款不清以及各国法

律规范、文字含义、贸易习惯等的不同，虽然有《UCP600》作为原则性的规定，但因理解不同、适用条件不同或者买方根本不付款等，发生拒付的情况不足为奇。有时有人专在单据上找毛病，借以延期付款或拒付。这对出口方造成较大的风险威胁。

任何业务的指导原则或标准尺度都必须是单一和明确的。"实质一致"在实践中更难把握，假若单据合格与否的核验标准既可此又可彼，势必引起信用证结算关键环节上无定规可循、单据收拒界限模糊不清的困惑。况且，信用证单据审核环节中风险产生的根源并不在于"严格符合原则"，而恰恰是因为没有达到这一原则规定的标准。"实质一致"的主张会对我们的外贸结算实务造成误导。跟单信用证的基本运作原理之一就是"凭单付款"，认单不认货，也就是说，单据的合格与否是出口方有否履行其应尽责任的基本凭证，进口方的付款责任也只取决于单据能否无可置疑地达到信用证的条款要求。不言而喻，只有审单时能确保信用证对单据的各项要求全部、严格地得到满足，进口付汇和出口收汇才有起码的安全保障。从我国的实际看，审单原则的松懈或疏漏已构成外贸结算中的一项主要风险来源。许多令人痛心的教训就是因为信用证出口单据仅有一字一词之差，若论"实质"毫无疑问应属"一致"，但是它们都被对方以有违国际惯例为由，拒绝承付或趁机压价。上文所举的我国出口重晶石粉一案便是一例。

三、严格单证审核是减少风险发生的重要举措

随着中国加入WTO，国际贸易业务日益增多。在国际贸易活动中，如何很好地利用信用证结算方式是银行和贸易商共同关心的问题。由于信用证涉及银行在国际上的信誉，如果处理不当，将会引起外国银行对中国银行的怀疑，导致不保兑中国银行的信用证，会严重影响中国外贸的正常进行。正是基于此，必须通过加强贸易商、银行自身的防范措施，尽量减少风险发生的可能。这其中，严格单据审核是关键一环。

从出口方（受益人）的角度看，应该从严审核来证和制备单据。信用证业务具有银行信用介入商业信用的特点，受益人向银行提交单据请求付款时，所有单据必须符合信用证的条款，才构成开证行确定的付款承诺。即使只是对信用证条款稍有背离，银行也有权拒收不符单据。因此，对国外来证应及时严加审核，以便对不能接受的条款尽早妥善处理，遇有难于理解的条款应咨询银行求得解答。

另外，与银行审单"严格符合"的原则相适应，对贸易企业制单也提出了更高的要求。制单工作必须以银行审单工作依据的原则为基础，做到单证、单单、单货三相符，即信用证的条款必须在单据上体现，各种单据之间必须相互一致，单据与货物一致。在实务中，有的受益人因制单不够谨慎而在细节上（如海运提单上受益人的名址等）产生问题，由此引发的争议乃至拒付屡见不鲜。

外贸企业制单之后，为保证一次性成功议付，在向银行交单前，应先行严审单据。审单时采用纵横审单法：即先将信用证从头到尾阅读一遍，每涉及一种单据，应立即与该单据核对，以达到"单证一致"（横审）；横审完毕后，再以发票为中心，与其他单据依次核对，应特别注意各单据签发日期的合理性及共有项目的一致性，确保"单单一致"（纵审）。审核过程中，每发现一个不符点，应立即记录在审单记录表上，并在记录文字后写上"改""加""补"字。待改妥单据后，在这些字上画圈表示不再有此不符点。当在所有这些字上画圈后，单据完全改妥相符，才可交单议付。

此外，还有一些具体问题也值得注意。我们知道，信用证是一项自足文件（SELF-SUFFICIENT INSTRUMENT），是独立于有关契约之外的法律文件。《UCP600》第四条 A 款明确规定："就其性质而言，信用证与可能作为其开立基础的销售合同或其他合同是相互独立的交易，即使信用证中含有对此类合同的任何援引，银行也与该合同无关，且不受其约束。"然而在实务中，巴基斯坦、孟加拉国等地的开证行在信用证中常常随附形式发票、销售确认书等商业合同。如果遇到此类信用证的交单，我方应对形式发票或是销售确认书给予一并审核。针对这一问题，国际商会银行委员会给出的意见是"如果信用证附有形式发票，则形式发票构成信用证的组成部分，在审核单据时必须使其相符。"可见，诸如标书、形式发票以及其他形式的商业合同，一旦列入信用证条款，仍须进行相应审核。

实训项目

请登录多家外贸企业的网站，从"人才招聘"栏目中了解外贸企业对单证工作的职位要求，掌握与本课程相关的单证知识。

国际贸易单证综合模拟

综合模拟 1

修改信用证

要求：下面是合同的主要内容，请以信函方式按此合同修改下列信用证。

一、合同主要内容

卖方：上海机械进出口公司

买方：AAA INTERNATIONAL LIMITED, COLOMBO, SRI LANKA

合同号：888

品名：多用木工机床

规格：MQ442D

数量：144 台

单价：每台 240 美元，成本加运费加保险费到科伦坡，含佣金 2%，即 CIFC2% COLOMBO USD240/SET

总金额：34 560.00 美元

交货期：不迟于 2017 年 6 月 10 日由上海装运，不可分批，可转运，运费预付

支付条款：以不可撤销即期信用证付款，于 2017 年 6 月 25 日前在中国议付有效

保险条款：投保一切险

二、需要修改的信用证

REVOCABLE DOCUMENTARY CREDIT.

TO：SHANGHAI MACHINERY IMPORT AND EXPORT CORPORATION.

ADVISING BANK：HONGKONG AND SHANGHAI BANKING CORP. LTD, SHANGHAI BRANCH.

DEAR SIR,

WE HEREBY OPEN OUR REVOCABLE LETTER OF CREDIT NO. HKH344802EB IN FAVOUR OF SHANGHAI IMPORT AND EXPORT CORPORATION FOR ACCOUNT OF ABC INTERNATIONAL LIMITED, COLOMBO, SIR LANKA, UP TO AN AGGREGATE AMOUNT OF USD33,600.00 (SAY US DOLLARS THIRTY – NINE THOUSAND AND SIXTY ONLY) FOR 110% OF THE INVOICE VALUE RELATIVE TO THE SHIPMENT OF 140 SETS OF MQ442B AT USD240.00 PER PIECE CIFC3% COLOMBO AS PER CONTRACT NO. 678.

DRAFTS TO BE DRAWN AT SIGHT ON OUR BANK AND ACCOMPANIED BY THE FOLLOWING DOCUMENTS:

SIGNED COMMERCIAL INVOICE IN TRIPLICATE SHOWING A DEDUCTION OF 3% COMMISSION ON CIF VALUE.

FULL SET ORIGINAL CLEAN ON BOARD OCEAN BILLS OF LADING MADE OUT TO SHIPPER'S ORDER, ENDORSED IN BLANK, MARKED FREIGHT COLLECT.

MARINE INSURANCE CERTIFICATE IN TRIPLICATE FOR FULL CIF VALUE PLUS 10% COVERING WITH AVERAGE AND WAR RISKS SHIPMENT FROM COLOMBO TO SHANGHAI.

PARTIAL SHIPMENT: ALLOWED

TRANSSHIPMENT: NOT ALLOWED

SHIPMENT MUST BE EFFECTED NOT LATER THAN 10 MAY, 2017.

THIS L/C IS VALID UNTIL 20 JUNE, 2017 IN CHINA.

综合模拟 2

要求：根据下述资料缮制进出口报关单。

资料1：广州 ABC 有限公司位于广州经济技术开发区，海关注册编号为440124×××××，所申报商品位列 B52084400153 号登记手册备案料件第13项，法定计量单位为公斤，货物于2016年7月16日运抵口岸，当日向黄埔海关新港办（关区代码为5202）办理进口申报手续。保险费率为0.27%。入境货物通关单编号为442100104064457，商品编码为48101300.10。

资料2：

ABC（GUANGZHOU）CO, LTD
NO. ×× FENGHUA ROAD, GUANGZHOU, CHINA
COMMERCIAL INVOICE

CONSIGNEE：

ABC（GUANGZHOU）CO., LTD

NO. ×× FENGHUA ROAD, GUANGZHOU, CHINA

INVOICE NO.：BL04060643

CONTRACT NO.：ABC – 1001

SHIPPER：

ABC（HONGKONG）LTD.
ROOM ×××，SHATINGALLERIA
MEI STREET, FOTAN, N.T, HONGKONG
DATE：16/07/04
REFERENCE NO.：HB184004
SHIPMENT FROM KUNSAN, KOREA TO HUANGPU CHINA VIA HONGKONG

SHIPPING MARKS	DESCRIPTION	QTY	UNIT PRICE	AMOUNT
N/M	"HI – QBRAND" ART PAPER 039 – 44	16,314KG 16ROLLS	0.804,0	CFR HUANGPU US $ 13,116.45
	TOTAL：	16,314KG		US $ 13,116.45
		16ROLLS		

资料 3：

ABC（GUANGZHOU）CO., LTD
NO. ×× FENGHUA ROAD, GUANGZHOU, CHINA
PACKING LIST

DATE：16/07/04

TO：HUANGPU, CHINA

SHIPMENT FROM KUNSAN, KOREA TO HUANGPU CHINA VIA HONGKONG

VESSEL AND VOYAGE NO.：HUIDEHANG V.30/4Y0708

B/L NO.：SG40746

DESCRIPTION	QTY	WEIGHT	NET WEIGHT	MEASUREMENT
"HI – QBRAND" ART PAPER 039 – 44 H.S：48101300.10	16314KG 16ROLLS	16,362	16,314	
		16,362	16,314	

1×20' CONTAINER
TEXU2263978 TAREWGT 2,280KG

综合模拟 3

单证缮制

要求：根据下述信用证和补充资料缮制有关单据，对于信用证无规定的项目，可按惯例制作。

信用证

```
MT: 700-----------------ISSUE OF A DOCUMENTARY CREDIT-----------
TO:                                CHINA OF BANK
FROM:                              ASAHI BANK LTD., TOKYO
SQUENCE OF TOTAL:          27      1/1
FORM OF DOCUMENTARY CREDIT: 40A    IRREVOCABLE
DOCUMENTARY CREDIT NO.:    20      SCLI-98-0474
DATE OF ISSUE:             31C     081115
DATE AND PLACE OF EXPIRY:  31D     090115 XIAMEN CHINA
APPLICANT:                 50      ASAHI CORPORATION, TOKYO
                                   1-23-7 NISHI-SHINJUKU,SHINJUKU-KU TOKYO,JAPAN
                                   TEL:81-3-6911-2800 FAX:81-3-6911-2801
BENEFICIARY:               59      FUJIAN FLYING TRADING CO.,LTD
                                   2/F NO 500, NANSHAN ROAD, HULI DISTRICT, XIAMEN, 361002, CHINA
                                   TEL:86-592-444-2800 FAX:86-592-444-2888
CURRENCY CODE, AMOUNT:     32B     USD15600,00
AVAILABLE WITH /.BY ...    41D     ANY BANK BY NEGOTIATION
DRAFTS AT:                 42C     SIGHT FOR 100% INVOICE VALUE
DRAWEE:                    42D     ASAHI BANK LTD., TOKYO
PARTIAL SHIPMENT:          43P     NOT ALLOWED
TRANSSHIPMENT:             43T     NOT ALLOWED
LOAD/DISPATCH/TAKING :     44A     CHINESE MAIN PORT
TRANSPORTATION TO...:      44B     TOKYO, JAPAN
LATEST DATE OF SHIPMENT:   44C     090101
DESCRIPTION GOODS:         45A
1300 CASES TRIP BAG USD 12.00/CASE CFR TOKYO
PACKING IN WOODEN CASE,12KGS PER CASE
DOCUMENTS REQUIRED:                46 A
IN 3 COPIES UNLESS OTHERWISE STIPULATED:
1. MANUALLY SIGNED COMMERCIAL INVOICE IN TRIPLICATE (3) INDICATING APPLICANT'S REF.NO.SCLI-98-0474
2. SIGNED PACKING LIST IN TRIPLICATE (3) AND PACKING CONDITIONS AS CALLED FOR BY THE L/C
3. 2/3 SENT OF CLEAN ON BOARD OCEAN BILLS OF LADING MADE OUT TO ORDER OF SHIPPER AND BLANK ENDORSED,
   MARKED "FREIGHT PREPAID" NOTIFYING ASAHI CORPORATION, TOKYO
4. MANUALLY SIGNED CERTIFICATE OF ORIGIN IN TRIPLICATE (3)
5. BENEFICIARY'S CERTIFICATE STATING THAT CERTIFICATE OF MANUFACTURING PROCESS AND OF THE INGREDIENTS
   ISSUED BY FUJIAN FLYING TRADING CO.,LTD .,SHOULD BE SENT TO ASAHI CORPORATION, TOKYO
```

ADDITIONAL INSTRUCTION:	47A:	

1. INSURANCE TO BE EFFECTED BY BUYER
2. TELEGRAPHIC REIMBURSENMENT CLAIM PROHIBITED.
3. 1/3 ORIGINAL B/L AND OTHER SHIPPING DOCUMENTS MUST BE SENT DIRECTLY TO APPLICANT ASAHI CORPORATION, TOKYO IN 3 DAYS AFTER B/L DATE AND SENT BY FAX
4. BOTH QUANTITY AND AMOUNT 5 PERCENT MORE OR LESS ARE ALLOWED
5. THIS COMMODITY FREE FROM RESIN

DETAILS OF CHARGES	71B	ALL BANKING CHARGES AND COMMISSIONS OUTSIDE JAPAN ARE FOR BENEFICIARY'S ACCOUNT
PRESENTATION PERIOD	48	DOCUMENTS MUST BE PRESENTED WITHIN 15 DAYS AFTER THE DATE OF ISSUANCE OF THE SHIPPING DOCUMENTS BUT WITHIN THE VALIDITY OF THE CREDIT
CONFIRMATION	49	WITHOUT

相关资料:

合同号:	SC2008TB003
合同日期:	2008年11月1日
发票号码:	09IN-TB003
发票日期:	2008年12月25日
提单号码:	TBOO00987
提单日期:	2009年1月27日
船名航次:	CHANG GANG V.98097H
装运港:	XIAMEN
毛重:	14.00KGS/CASE
净重:	12.00KGS/CASE
体积:	10.40 CBMS, 20CM*20CM*20CM/CASE
产地:	中国(完全产自中国)
H.S CODE:	9999
原产地证号:	857757
CONTAINER NO.:	HDDU8888-5
SEAL NO.:	888898
SHIPPING MARKS:	ASAHI
	NOS1-1300
	TOKYO

附录1 《UCP600》

第一条 《UCP》的适用范围

《跟单信用证统一惯例——2007年修订本,国际商会第600号出版物》(简称《UCP》)乃一套规则,适用于所有的其文本中明确表明受本惯例约束的跟单信用证(下称信用证)(在其可适用的范围内,包括备用信用证)。除非信用证明确修改或排除,本惯例各条文对信用证所有当事人均具有约束力。

第二条 定义

就本惯例而言:

通知行指应开证行的要求通知信用证的银行。

申请人指要求开立信用证的一方。

银行工作日指银行在其履行受本惯例约束的行为的地点通常开业的一天。

受益人指接受信用证并享受其利益的一方。

相符交单指与信用证条款、本惯例的相关适用条款以及国际标准银行实务一致的交单。

保兑指保兑行在开证行承诺之外做出的承付或议付相符交单的确定承诺。

保兑行指根据开证行的授权或要求对信用证加具保兑的银行。

信用证指一项不可撤销的安排,无论其名称或描述如何,该项安排构成开证行对相符交单予以交付的确定承诺。

承付指:

a. 如果信用证为即期付款信用证,则即期付款。

b. 如果信用证为延期付款信用证,则承诺延期付款并在承诺到期日付款。

c. 如果信用证为承兑信用证,则承兑受益人开出的汇票并在汇票到期日付款。

开证行指应申请人要求或者代表自己开出信用证的银行。

议付指指定银行在相符交单下,在其应获偿付的银行工作日当天或之前向受益人预付或者同意预付款项,从而购买汇票(其付款人为指定银行以外的其他银行)及/或单据的行为。

指定银行指信用证可在其处兑用的银行,如信用证可在任一银行兑用,则任何银行均为指定银行。

交单指向开证行或指定银行提交信用证项下单据的行为,或指按此方式提交的单据。

交单人指实施交单行为的受益人、银行或其他人。

第三条 解释

就本惯例而言:

如情形适用,单数词形包含复数含义,复数词形包含单数含义。

信用证是不可撤销的,即使未如此表明。

单据签字可用手签、摹样签字、穿孔签字、印戳、符合或任何其他机械或电子的证实方法为之。

诸如单据须履行法定手续、签证、证明等类似要求，可由单据上任何看拟满足该要求的签字、标记、戳或标签来满足。

一家银行在不同国家的分支机构被视为不同的银行。

用诸如"第一流的""著名的""合格的""独立的""正式的""有资格的""本地的"等词语描述单据的出单人时，允许除受益人之外的任何人出具该单据。

除非要求在单据中使用，否则诸如"迅速地""立刻地""尽快地"等词语将被不予理会。

"在或大概在（on or about）"或类似用语将被视为规定事件发生在指定日期的前后五个日历日之间，起讫日期计算在内。"至（to）""直至（until、till）""从……开始（from）"及"在……之间（between）"等词用于确定发运日期时包含提及的日期，使用"在……之前（before）"及"在……之后（after）"时则不包含提及的日期。

"从……开始（from）"及"在……之后（after）"等词用于确定到期日期时不包含提及的日期。

"前半月"及"后半月"分别指一个月的第一日到第十五日及第十六日到该月的最后一日，起讫日期计算在内。

一个月的"开始（beginning）""中间（middle）""末尾（end）"分别指第一到第十日、第十一日到第二十日及第二十一日到该月的最后一日，起讫日期计算在内。

第四条　信用证与合同

a. 就其性质而言，信用证与可能作为其开立基础的销售合同或其他合同是相互独立的交易，即使信用证中含有对此类合同的任何援引，银行也与该合同无关，且不受其约束。因此，银行关于承付、议付或履行信用证项下其他义务的承诺，不受申请人基于与开证行或与受益人之间的关系而产生的任何请求或抗辩的影响。

受益人在任何情况下不得利用银行之间或申请人与开证行之间的合同关系。

b. 开证行应劝阻申请人试图将基础合同、形式发票等文件作为信用证组成部分的做法。

第五条　单据与货物、服务或履约行为

银行处理的是单据，而不是单据可能涉及的货物、服务或履约行为。

第六条　兑用方式、截止日和交单地点

a. 信用证必须规定可在其处兑用的银行，或是否可在任一银行兑用。规定在指定银行兑用的信用证同时也可以在开证行兑用。

b. 信用证必须规定其是以即期付款、延期付款、承兑还是议付的方式兑用。

c. 信用证不得开成凭以申请人为付款人的汇票兑用。

d. i. 信用证必须定一个交单的截止日。规定的承付或议付的截止日将被视为交单的截止日。

ii. 可在其处兑用信用证的银行所在地即为交单地点。可在任一银行兑用的信用证及其交单地点为任一银行所在地。除规定的交单地点外，开证行所在地也是交单地点。

e. 除非如第二十九条 a 款规定的情形，否则受益人或者代表受益人的交单应于截止日当天或之前完成。

第七条　开证行责任

a. 只要规定的单据提交给指定银行或开证方，并且构成相符交单，则开证行必须承付，如果信用证为以下情形之一：

　　i. 信用证规定由开证行即期付款、延期付款或承兑；

　　ii. 信用证规定由指定银行即期付款但其未付款；

　　iii. 信用证规定由指定银行延期付款但其未承诺延期付款，或虽已承诺延期付款，但未在到期日付款；

　　iv. 信用证规定由指定银行承兑，但其未承兑以其为付款人的汇票，或虽然承兑了汇票，但未在到期日付款；

　　v. 信用证规定由指定银行议付但其未议付。

　　b. 开证行自开立信用证之时起即不可撤销地承担承付责任。

　　c. 指定银行承付或议付相符交单并将单据转给开证行之后，开证行即承担偿付该指定银行的责任。对承兑或延期付款信用证下相符合单据金额的偿付应在到期日办理，无论指定银行是否在到期日之前预付或购买了单据，开证行偿付指定银行的责任独立于开证行对受益人的责任。

第八条　保兑行责任

　　a. 只要规定的单据提交给保兑行，或提交给其他任何指定银行，并且构成相符交单，保兑行必须：

　　i. 承付，如果信用证为以下情形之一：

　　a) 信用证规定由保兑行即期付款、延期付款或承兑；

　　b) 信用证规定由另一指定银行延期付款，但其未付款；

　　c) 信用证规定由另一指定银行延期付款，但其未承诺延期付款，或虽已承诺延期付款但未在到期日付款；

　　d) 信用证规定由另一指定银行承兑，但其未承兑以其为付款人的汇票，或虽已承兑汇票未在到期日付款；

　　e) 信用证规定由另一指定银行议付，但其未议付。

　　ii. 无追索权地议付，如果信用证规定由保兑行议付。

　　b. 保兑行自对信用证加具保兑之时起既不可撤销地承担承付或议付的责任。

　　c. 其他指定银行承付或议付相符交单并将单据转往保兑行之后，保兑行即承担偿付该指定银行的责任。对承兑或延期付款信用证下相符交单金额的偿付应在到期日办理，无论指定银行是否在到期日之前预付或购买了单据。保兑行偿付指定银行的责任独立于保兑行对受益人的责任。

　　d. 如果开证行授权或要求一银行对信用证加具保兑，而其并不准备照办，则其必须毫不延误地通知开证行，并可通知此信用证而不加保兑。

第九条　信用证及其修改的通知

　　a. 信用证及其任何修改可以经由通知行通知给受益人。非保兑行的通知行通知信用及修改时不承担承付或议付的责任。

　　b. 通知行通知信用证或修改的行为表示其已确信信用证或修改的表面真实性，而且其通知准确地反映了其收到的信用证或修改的条款。

　　c. 通知行可以通过另一银行（"第二通知行"）向受益人通知信用证及修改。第二通知行通知信用证或修改的行为表明其已确信收到的通知的表面真实性，并且其通知准确地反映了收到的信用证或修改的条款。

d. 经由通知行或第二通知行通知信用证的银行必须经由同一银行通知其后的任何修改。

e. 如一银行被要求通知信用证或修改但其决定不予通知，则应毫不延误地告知自其处收到信用证、修改或通知的银行。

f. 如一银行被要求通知信用证或修改但其不能确信信用证、修改或通知的表面真实性，则应毫不延误地通知看似从其处收到指示的银行。如果通知行或第二通知行决定仍然通知信用证或修改，则应告知受益人或第二通知行其不能确信信用证、修改或通知的表面真实性。

第十条 修改

a. 除第三十八条另有规定外，未经开证行、保兑行（如有的话）及受益人同意，信用证既不得修改，也不得撤销。

b. 开证行自发出修改之时起，即不可撤销地受其约束。保兑行可将其保兑扩展至修改，并自通知该修改时，即不可撤销地受其约束。但是，保兑行可以选择将修改通知受益人而不对其加具保兑。若然如此，其必须毫不延误地将此告知开证行，并在其给受益人的通知中告知受益人。

c. 在受益人告知通知修改的银行其接受该修改之前，原信用证（或含有先前被接受的修改的信用证）的条款对受益人仍然有效。受益人应提供接受或拒绝修改的通知。如果受益人未能给予通知，当交单与信用证以及尚未表示接受的修改的要求一致时，即视为受益人已作出接受修改的通知，并且从此时起，该信用证被修改。

d. 通知修改的银行应将任何接受或拒绝的通知转告发出修改的银行。

e. 对同一修改的内容不允许部分接受，部分接受将被视为拒绝修改的通知。

f. 修改中关于除非受益人在某一时间内拒绝修改否则修改生效的规定应被不予理会。

第十一条 电信传输的和预先通知的信用证和修改

a. 以经证实的电信方式发出的信用证或信用证修改即被视为有效的信用证或修改文据，任何后续的邮寄确认书应被不予理会。

如电信声明"详情后告"（或类似用语）或声明以邮寄确认书为有效信用证或修改，则该电信不被视为有效信用证或修改。开证行必须随即不迟延地开立有效信用证或修改，其条款不得与该电信矛盾。

b. 开证行只有在准备开立有效信用证或作出有效修改时，才可以发出关于开立或修改信用证的初步通知（预先通知）。开证行作出该预先通知，即不可撤销地保证不迟延地开立或修改信用证，且其条款不能与预先通知相矛盾。

第十二条 指定

a. 除非指定银行为保兑行，对于承付或议付的授权并不赋予指定银行承付或议付的义务，除非该指定银行明确表示同意并且告知受益人。

b. 开证行指定一银行承兑汇票或做出延期付款承诺，即为授权该指定银行预付或购买其已承兑的汇票或已做出的延期付款承诺。

c. 非保兑行的指定银行收到或审核并转递单据的行为并不使其承担承付或议付的责任，也不构成其承付或议付的行为。

第十三条 银行之间的偿付安排

a. 如果信用证规定指定银行（"索偿行"）向另一方（"偿付行"）获取偿付时，必须同时规定该偿付是否按信用证开立时有效的 ICC 银行间偿付规则进行。

b. 如果信用证没有规定偿付遵守 ICC 银行间偿付规则，则按照以下规定：

ⅰ. 开证行必须给予偿付行有关偿付的授权，授权应符合信用证关于兑用方式的规定，且不应设定截止日。

ⅱ. 开证行不应要求索偿行向偿付行提供与信用证条款相符的证明。

ⅲ. 如果偿付行未按信用证条款见索即偿，开证行将承担利息损失以及产生的任何其他费用。

ⅳ. 偿付行的费用应由开证行承担。然而，如果此项费用由受益人承担，开证行有责任在信用证及偿付授权中注明。如果偿付行的费用由受益人承担，该费用应在偿付时从付给索偿行的金额中扣取。如果偿付未发生，偿付行的费用仍由开证行负担。

c. 如果偿付行未能见索即偿，开证行不能免除偿付责任。

第十四条　单据审核标准

a. 按指定行事的指定银行、保兑行（如有的话）及开证行须审核交单，并仅基于单据本身确定其是否在表面上构成相符交单。

b. 按指定行事的指定银行、保兑行（如有的话）及开证行各有从交单次日起至多五个银行工作日用以确定交单是否相符。这一期限不因在交单日当天或之后信用证截止日或最迟交单日届至而受到缩减或影响。

c. 如果单据中包含一份或多份受第十九、二十、二十一、二十二、二十三、二十四或十二五条规制的正本运输单据，则须由受益人或其他表示在不迟于本惯例所指的发运日之后的二十一个日历日内交单，但是在任何情况下都不得迟于信用证的截止日。

d. 单据中的数据，在与信用证、单据本身以及国际标准银行实务参照解读时，无须与该单据本身中的数据、其他要求的单据或信用证中的数据等同一致，但不得矛盾。

e. 除商业发票外，其他单据中的货物、服务或履约行为的描述，如果有的话，可使用与信用证中的描述不矛盾的概括性用语。

f. 如果信用证要求提交运输单据、保险单据或者商业发票之外的单据，却未规定出单人或其数据内容，则只要提交的单据内容看似满足所要求单据的功能，且其他方面符合第十四条 d 款，银行将接受该单据。

g. 提交的非信用证所要求的单据将被不予理会，并可被退还给交单人。

h. 如果信用证含有一项条件，但未规定用以表明该条件得到满足的单据，银行将视为未作规定并不予理会。

ⅰ. 单据日期可以早于信用证的开立日期，但不得晚于交单日期。

j. 当受益人和申请人的地址出现在任何规定的单据中时，无须与信用证或其他规定单据中所载相同，但必须与信用证中规定的相应地址同在一国。联络细节（传真、电话、电子邮件及类似细节）作为受益人和申请人地址的一部分时将被不予理会。然而，如果申请人的地址和联络细节为第十九、二十、二十一、二十二、二十三、二十四或二十五条规定的运输单据上的收货人或通知方细节的一部分时，应与信用证规定的相同。

k. 在任何单据中注明的托运人或发货人无须为信用证的受益人。

l. 运输单据可以由任何人出具，无须为承运人、船东、船长或租船人，只要其符合第十九、二十、二十一、二十二、二十三或二十四条的要求。

第十五条 相符交单

a. 当开证行确定交单相符时，必须承付。

b. 当保兑行确定交单相符时，必须承付或者议付并将单据转递给开证行。

c. 当指定银行确定交单相符并承付或议付时，必须将单据转递给保兑行或开证行。

第十六条 不符单据、放弃及通知

a. 当按照指定行事的指定银行、保兑行（如有的话）或者开证行确定交单不符时，可以拒绝承付或议付。

b. 当开证行确定交单不符时，可以自行决定联系申请人放弃不符点。然而这并不能延长第十四条 b 款所指的期限。

c. 当按照指定行事的指定银行、保兑行（如有的话）或开证行决定拒绝承付或议付时，必须给予交单人一份单独的拒付通知。

该通知必须声明：

i. 银行拒绝承付或议付；及

ii. 银行拒绝承付或者议付所依据的每一个不符点；及

iii. a) 银行留存单据听候交单人的进一步指示；或者

b) 开证行留存单据直到其从申请人处接到放弃不符点的通知并同意接受该放弃，或者其同意接受对不符点的放弃之前从交单人处收到其进一步指示；或者

c) 银行将退回单据；或者

d) 银行将按之前从交单人处获得的指示处理。

d. 第十六条 c 款要求的通知必须以电信方式、如不可能，则以其他快捷方式，在不迟于自交单之翌日起第五个银行工作日结束前发出。

e. 按照指定行事的指定银行、保兑行（如有的话）或开证行在按照第十六条 c 款 iii 项 a) 发出了通知后，可以在任何时候将单据退还交单人。

f. 如果开证行或保兑行未能按照本条行事，则无权宣称交单不符。

g. 当开证行拒绝承付或保兑行拒绝承付或者议付，并且按照本条发出了拒付通知后，有权要求返还已偿付的款项及利息。

第十七条 正本单据及副本

a. 信用证规定的每一种单据须至少提交一份正本。

b. 银行应将任何带有看似出单人的原始签名、标记、印戳或标签的单据视为正本单据，除非单据本身表明其非正本。

c. 除非单据本身另有说明，在以下情况下，银行也将其视为正本单据：

i. 单据看似由出单人手写、打字、穿孔或盖章；或者

ii. 单据看似使用出单人的原始信纸出具；或者

iii. 单据声明其为正本单据，除非该声明看似不适用于提交的单据。

d. 如果信用证使用诸如"一式两份（in duplicate）""两份（in two folds）""两套（in two copies）"等用语要求提交多份单据，则提交至少一份正本，其余使用副本即可满足要求，除非单据本身另有说明。

第十八条 商业发票

a. 商业发票：

i. 必须看似由受益人出具（第三十八条规定的情形除外）；

ii. 必须出具成以申请人为抬头（第三十八条g款规定的情形除外）；

iii. 必须与信用证的货币相同；且

iv. 无须签名。

b. 按指定行事的指定银行、保兑行（如有的话）或开证行可以接受金额大于信用证允许金额的商业发票，其决定对有关各方均有约束力，只要该银行对超过信用证允许金额的部分未作承付或者议付。

c. 商业发票上的货物、服务或履约行为的描述应该与信用证中的描述一致。

第十九条　涵盖至少两种不同运输方式的运输单据

a. 涵盖至少两种不同运输方式的运输单据（多式或联合运输单据），无论名称如何，必须看似：

i. 表明承运人名称并由以下人员签署：

＊承运人或其具名代理人，或

＊船长或其具名代理人。

承运人、船长或代理人的任何签字，必须标明其承运人、船长或代理人的身份。

代理人签字必须表明其系代表承运人还是船长签字。

ii. 通过以下方式表明货运站物已经在信用证规定的地点发送、接管或已装船：

＊事先印就的文字，或者

＊表明货物已经被发送、接管或装船日期的印戳或批注。

运输单据的出具日期将被视为发送、接管或装船的日期，也即发运的日期。然而如单据以印戳或批注的方式表明了发送、接管或装船日期，该日期将被视为发运日期。

iii. 表明信用证规定的发送、接管或发运地点，以及最终目的地、即使：

a) 该运输单据另外还载明了一个不同的发送、接管或发运地点或最终目的地，或者

b) 该运输单据载有"预期的"或类似的关于船只、装货港或卸货港的限定语。

iv. 为唯一的正本运输单据，或者如果出具为多份正本，则为运输单据中表明的全套单据。

v. 载有承运条款和条件，或提示承运条款和条件参见别处（简式/背面空白的运输单据）。银行将不审核承运条款和条件的内容。

vi. 未表明受租船合同约束。

b. 就本条而言，转运指在从信用证规定的发送、接管或者发运地点最终目的地的运输过程中从某一运输工具上卸下货物并装上另一运输工具的行为（无论其是否为不同的运输方式）。

c. i. 运输单据可以表明货物将要或可能被转运，只要全程运输由同一运输单据涵盖。

ii. 即使信用证禁止转运，注明将要或者可能发生转运的运输单据仍可接受。

第二十条　提单

a. 提单，无论名称如何，必须看似：

i. 表明承运人名称，并由下列人员签署：

＊承运人或其具名代理人，或者

＊船长或其具名代理人。

承运人、船长或代理人的任何签字必须标明其承运人、船长或代理人的身份。

代理人的任何签字必须标明其系代表承运人还是船长签字。

ii. 通过以下方式表明货物已在信用证规定的装货港装上具名船只：

＊预先印就的文字，或

＊已装船批注注明货物的装运日期。

提单的出具日期将被视为发运日期，除非提单载有表明发运日期的已装船批注，此时已装船批注中显示的日期将被视为发运日期。

如果提单载有"预期船只"或类似的关于船名的限定语，则需以已装船批注明确发运日期以及实际船名。

iii. 表明货物从信用证规定的装货港发运至卸货港。

如果提单没有表明信用证规定的装货港为装货港，或者其载有"预期的"或类似的关于装货港的限定语，则需以已装船批注表明信用证规定的装货港、发运日期以及实际船名。即使提单以事先印就的文字表明了货物已装载或装运于具名船只，本规定仍适用。

iv. 为唯一的正本提单，或如果以多份正本出具，为提单中表明的全套正本。

v. 载有承运条款和条件，或提示承运条款和条件参见别处（简式/背面空白的提单），银行将不审核承运条款和条件的内容。

vi. 未表明受租船合同约束。

b. 就本条而言，转运系指在信用证规定的装货港到卸货港之间的运输过程中，将货物从船卸下并再装上另一船的行为。

c. i. 提单可以表明货物将要或可能被转运，只要全程运输由同一提单涵盖。

ii. 即使信用证禁止转运，注明将要或可能发生转运的提单仍可接受，只要其表明货物由集装箱、拖车或子船运输。

d. 提单中声明承运人保留转运权利的条款将被不予理会。

第二十一条　不可转让的海运单

a. 不可转让的海运单，无论名称如何，必须看似：

i. 表明承运人名称并由下列人员签署：

＊承运人或其具名代理人，或者

＊船长或其具名代理人。

承运人、船长或代理人的任何签字必须标明其承运人、船长或代理人的身份。

代理签字必须标明其系代表承运人还是船长签字。

ii. 通过以下方式表明货物已在信用证规定的装货港装上具名船只：

＊预先印就的文字，或者

＊已装船批注表明货物的装运日期。

不可转让海运单的出具日期将被视为发运日期，除非其上带有已装船批注注明发运日期，此时已装船批注注明的日期将被视为发运日期。

如果不可转让海运单载有"预期船只"或类似的关于船名的限定语，则需要以已装船批注表明发运日期和实际船只。

iii. 表明货物从信用证规定的装货港发运至卸货港。

如果不可转让海运单未以信用证规定的装货港为装货港，或者如果其载有"预期的"

或类似的关于装货港的限定语，则需要以已装船批注表明信用证规定的装货港、发运日期和船只。即使不可转让海运单以预先印就的文字表明货物已由具名船只装载或装运，本规定也适用。

ⅳ. 为唯一的正本不可转让海运单，或如果以多份正本出具，为海运单上注明的全套正本。

ⅴ. 载有承运条款的条件，或提示承运条款和条件参见别处（简式/背面空白的海运单），银行将不审核承运条款和条件的内容。

ⅵ. 未注明受租船合同约束。

b. 就本条而言，转运系指在信用证规定的装货港到卸货之间的运输过程中，将货物从船卸下并装上另一船的行为。

c. i. 不可转让海运单可以注明货物将要或可能被转运，只要全程运输由同一海运单涵盖。

ⅱ. 即使信用证禁止转运，注明转运将要或可能发生的不可转让的海运单仍可接受，只要其表明货物装于集装箱、拖船或子船中运输。

d. 不可转让的海运单中声明承运人保留转运权利条款将被不予理会。

第二十二条 租船合同提单

a. 表明其受租船合同约束的提单（租船合同提单），无论名称如何，必须看似：

ⅰ. 由以下员签署：

＊船长或其具名代理人，或

＊船东或其具名代理人，或

＊租船人或其具名代理人。

船长、船东、租船人或代理人的任何签字必须标明其船长、船东、租船人或代理人的身份。

代理人签字必须表明其系代表船长、船东不是租船人签字。

代理人代表船东或租船人签字时必须注明船东或租船人的名称。

ⅱ. 通过以下方式表明货物已在信用证规定的装货港装上具名船只：

＊预先印就的文字，或者

＊已装船批注注明货物的装运日期。

租船合同提单的出具日期将被视为发运日期，除非租船合同提单载有已装船批注注明发运日期，此时已装船批注上注明的日期将被视为发运日期。

ⅲ. 表明货物从信用证规定的装货港发运至卸货港。卸货港也可显示为信用证规定的港口范围或地理区域。

ⅳ. 为唯一的正本租船合同提单，或如以多份正本出具，为租船合同提单注明的全套正本。

b. 银行将不审核租船合同，即使信用证要求提交租船合同。

第二十三条 空运单据

a. 空运单据，无论名称如何，必须看似：

ⅰ. 表明承运人名称，并由以下人员签署；

＊承运人，或

*承运人的具名代理人。

承运人或其代理人的任何签字必须标明其承运人或代理人的身份。

代理人或其代理人的任何签字必须标明其承运人或代理人的身份。

代理人签字必须表明其系代表承运人签字。

ii. 表明货物已被收妥待运。

iii. 表明出具日期。该日期将被视为发运日期，除非空运单据载有专门批注注明实际发运日期，此时批注中的日期将被视为发运日期。

空运单据中其他与航班号和航班日期相关的信息将不被用来确定发运日期。

iv. 表明信用证规定的起飞机场和目的地机场。

v. 为开给发货人或托运人正本，即使信用证规定提交全套正本。

vi. 载有承运条款和条件，或提示条款和条件参别处。银行将不审核承运条款和条件的内容。

b. 就本条而言，转运是指在信用证规定的起飞机场到目的地机场的运输过程中，将货物从一飞机卸下再装上另一飞机的行为。

c. i. 空运单据可以注明货物将要或可能转运，只要全程运输由同一空运单据涵盖。

ii. 即使信用证禁止转运，注明将要或可能发生转运的空运单据仍可接受。

第二十四条 公路、铁路或内陆水运单据

a. 公路、铁路或内陆水运单据，无论名称如何，必须看似：

i. 表明承运人名称；并且

＊由承运人或其具名代理人签署，或者

＊由承运人或其具名代理人以签字、印戳或批注表明货物收讫。

承运人或其具名代理人的收货签字、印戳或批注必须标明其承运人或代理人的身份。

代理人的收货签字，印戳或批注必须标明代理人系代理承运人签字或行事。

如果铁路运输单据没有指明承运人，可以接受铁路运输公司的任何签字或印戳作为承运人签署单据的证据。

ii. 表明货物的信用证规定地点的发运日期，或者收讫待运或待发送的日期。运输单据的出具日期将被视为发运日期，除非运输单据上盖有带日期的收货印戳，或注明了收货日期或发运日期。

iii. 表明信用证规定的发运地及目的地。

b. i. 公路运输单据必须看似为开给发货人或托运人的正本，或没有任何标记表明单据开给何人。

ii. 注明"第二联"的铁路运输单据将被作为正本接受。

iii. 无论是否注明正本字样，铁路或内陆水运单据都被作为正本接受。

c. 如运输单据上未注明出具的正本数量，提交的份数即视为全套正本。

d. 就本条而言，转运是指在信用证规定的发运、发送或运送的地点到目的地之间的运输过程中，在同一运输方式中从一运输工具卸下再装上另一运输工具的行为。

e. i. 只要全程运输由同一运输单据涵盖，公路、铁路或内陆水运单据可以注明货物将要或可能被转运。

ii. 即使信用证禁止转运，注明将要或可能发生转运的公路、铁路或内陆水运单据仍可

接受。

第二十五条　快递收据、邮政收据或投邮证明

a. 证明货物收讫待运的快递收据，无论名称如何，必须看似：

i. 表明快递机构的名称，并在信用证规定的货物发运地点由该具名快递机构盖章或签字，并且

ii. 表明取件或收件的日期或类似词语，该日期将被视为发运日期。

b. 如果要求显示快递费用付讫或预付，快递机构出具的表明快递费由收货人以外的一方支付的运输单据可以满足该项要求。

c. 证明货物收讫待运的邮政收据或投邮证明，无论名称如何，必须看似在信用证规定的货物发运地点盖章或签署并注明日期。该日期将被视为发运日期。

第二十六条　"货装舱面""托运人装载和计数""内容据托运人报称"及运费之外的费用

a. 运输单据不得表明货物装于或者装于舱面。声明可能被装于舱面的运输单据条款可以接受。

b. 载有诸如"托运人装载和计数"或"内容据托运人报称"条款的运输单据可以接受。

c. 运输单据上可以以印戳或其他方法提及运费之外的费用。

第二十七条　清洁运输单据

银行只接受清洁运输单据，清洁运输单据指未载有明确宣称货物或包装有缺陷的条款或批注的运输单据。"清洁"一词并不需要在运输单据上出现，即使信用证要求运输单据为"清洁已装船"的。

第二十八条　保险单据及保险范围

a. 保险单据，例如保险单或预约保险项下的保险证明书或者声明书，必须看似由保险公司或承保人或其代理人或代表出具并签署。

b. 如果保险单据表明其以多份正本出具，所有正本均须提交。

c. 暂保单将不被接受。

d. 可以接受保险单代预约保险项下的保险证明书或声明书。

e. 保险单据日期不得晚于发运日期，除非保险单据表明保险责任不迟于发运日生效。

f. i. 保险单据必须表明投保金额并以与信用证相同的货币表示。

ii. 信用证对于投保金额为货物价值、发票金额或类似金额的某一比例的要求，将被视为对最低保额的要求。

如果信用证对投保金额未作规定，投保金额或类似金额的某一比例的要求，将被视为对最低保额要求。

如果信用证对投保金额未作规定，投保金额须至少为货物的 CIF 或 CIP 价格的 110%。

如果从单据中不能确定 CIF 或者 CIP 价格，投保金额必须基于要求承付或议付的金额，或者基于发票上显示的货物总值来计算，两者之中取金额较高者。

iii. 保险单据须表明承保的风险区间至少涵盖从信用证规定的货物接管地或发运地开始到卸货地或最终目的地为止。

g. 信用证应规定所需投保的险别及附加险（如有的话）。如果信用证使用诸如"通常风

险"或"惯常风险"等含义不确切的用语，则无论是否有漏保之风险，保险单据将被照样接受。

h. 当信用证规定投保"一切险"时，如保险单据载有任何"一切险"批注或条款，无论是否有"一切险"标题，均将被接受，即使其声明任何风险除外。

i. 保险单据可以援引任何除外条款。

j. 保险单据可以注明受免赔率或免赔额（减除额）约束。

第二十九条　截止日或最迟交单日的顺延

a. 如果信用证的截止日或最迟交单日适逢接受交单的银行非因第三十六条所述原因而歇业，则截止日或最迟交单日，视何者适用，将顺延至其重新开业的第一个银行工作日。

b. 如果在顺延后的第一个银行工作日交单，指定银行必须在其致开证行或保兑行的面函中声明交单是在根据第二十九条 a 款顺延的期限内提交的。

c. 最迟发运日不因第二十九条 a 款规定的原因而顺延。

第三十条　信用证金额、数量与单价的伸缩度

a. "约"或"大约"用于信用证金额或信用证规定的数量或单价时，应解释为允许有关金额或数量或单价有不超过10%的增减幅度。

b. 在信用证未以包装单位件数或货物自身件数的方式规定货物数量时，货物数量允许有5%的增减幅度，只要总支取金额不超过信用证金额。

c. 如果信用证规定了货物数量，而该数量已全部发运，及如果信用证规定了单价，而该单价又未降低，或当第三十条 b 款不适用时，则即使不允许部分装运，也允许支取的金额有5%的减幅。若信用证规定有特定的增减幅度或使用第三十条 a 款提到的用语限定数量，则该减幅不适用。

第三十一条　部分支款或部分发运

a. 允许部分支款或部分发运。

b. 表明使用同一运输工具并经由同次航程运输的数套运输单据在同一次提交时，只要显示相同目的地，将不视为部分发运，即使运输单据上表明的发运日期不同或装货港、接管地或发运地点不同。如果交单由数套运输单据构成，其中最晚的一个发运日将被视为发运日。

含有一套或数套运输单据的交单，如果表明在同一种运输方式下经由数件运输工具运输，即使运输工具在同一天出发运往同一目的地，仍将被视为部分发运。

c. 含有一份以上快递收据，邮政收据或投邮证明的交单，如果单据看似由同一快递或邮政机构在同一地点和日期加盖印戳或签字并且表明同一目的地，将不视为部分发运。

第三十二条　分期支款或分期发运

如信用证规定在指定的时间段内分期支款或分期发运，任何一期未按信用证规定期限支取或发运时，信用证对该期及以后各期均告失效。

第三十三条　交单时间

银行在其营业时间外无接受交单的义务。

第三十四条　关于单据有效性的免责

银行对任何单据的形式、充分性、准确性、内容真实性、虚假性或法律效力，或对单据中规定或添加的一般或特殊条件，概不负责；银行对任何单据所代表的货物，服务或其他履约行为的描述、数量、重量、品质、状况、包装、交付、价值或其存在与否，或对发货人、承运人、货运代理人、收货人、货物的保险人或其他任何人的诚信与否、作为或不作为、清偿能力、履约或资信状况，也概不负责。

第三十五条　关于信息传递和翻译的免责

当报文、信件或单据按照信用证的要求传输或发送时，或当信用证未作指示，银行自行选择传送服务时，银行对报文传输或信件或单据的递送过程中发生的延误、中途遗失、残缺或其他错误产生的后果，概不负责。

如果指定银行确定交单相符并将单据发往开证行或保兑行，无论指定银行是否已经承付或议付，开证行或保兑行必须承付或议付，或偿付指定银行，即使单据在指定银行送往开证行或保兑行的途中，或保兑行前往开证行的途中丢失。

银行对技术语的翻译或解释上的错误，不负责任，并可不加翻译地传送信用证条款。

第三十六条　不可抗力

银行对由于天灾、暴动、骚乱、叛乱、战争、恐怖主义行为或任何罢工、停工或其无法控制的任何其他原因导致的营业中断的后果，概不负责。

银行恢复营业时，对于在营业中断期间已逾期的信用证，不再进行承付或议付。

第三十七条　关于被指示方行为的免责

a. 为了执行申请人的指示，银行利用其他银行的服务，其费用和风险由申请人承担。

b. 即使银行自行选择了其他银行，如果发出的指示未被执行，开证行或通知行对此亦不负责。

c. 指示另一银行提供服务的银行有责任负担被指示方因执行指示而发生的任何佣金、手续费、成本或开支（"费用"）。

如果信用证规定费用由受益人负担，而该费用未能收取或从信用证款项中扣除，开证行依然承担支付此费用的责任。

信用证或其修改不应规定向受益人的通知以通知行或第二通知行收到其费用为条件。

d. 外国法律和惯例加诸银行的一切义务和责任，申请人应受其约束，并就此对银行负补偿之责。

第三十八条　可转让信用证

a. 银行无办理信用证转让的义务，除非其明确同意。

b. 就本条而言：

可转让信用证系指特别注明"可转让（TRANSFERABLE）"字样的信用证。可转让信用证可应受益人（第一受益人）的要求转为全部或部分由另一受益人（第二受益人）使用。

转让行系指办理信用证转让的指定银行，或当信用证规定可在任何银行兑用时，指开证行特别如此授权并实际办理转让的银行。开证行也可担任转让行。

已转让信用证指已由转让行转为可由第二受益人兑用的信用证。

c. 除非转让时另有约定，有关转让的所有费用（诸如佣金、手续费、成本或开支）须由第一受益人支付。

d. 只要信用证允许部分支款或部分发运，信用证可以分部分转让给数名第二受益人。

已转让信用证不得应第二受益人的要求转让给任何其后受益人。第一受益人不视为其后受益人。

e. 任何转让要求须说明是否允许及在何条件下允许将修改通知第二受益人。已转让信用证须明确说明该项条件。

f. 如果信用证转让给数名第二受益人,其中一名或多名第二受益人对信用证修改并不影响其他第二受益人接受修改。对接受者而言该已转让信用证即被相应修改,而对拒绝修改的第二受益人而言,该信用证未被修改。

g. 已转让信用证须准确转载原证条款,包括保兑(如有的话),但下列项目除外:
——信用证金额
——规定的任何单价
——截止日
——交单期限,或
——最迟发运日或发运期间。

以上任何一项或全部均可减少或缩短。

必须投保的保险比例可以增加,以达到原信用证或本惯例规定的保险金额。

可用第一受益人的名称替换原证中的开证申请人名称。

如果原证特别要求开证申请人名称应在除发票以外的任何单据出现时,已转让信用证必须反映该项要求。

h. 第一受益人有权以自己的发票和汇票(如有的话)替换第二受益人的发票的汇票,其金额不得超过原信用证的金额。经过替换后,第一受益人可在原信用证项下支取自己发票与第二受益人发票间的差价(如有的话)。

i. 如果第一受益人应提交其自己的发票和汇票(如有的话),但未能在第一次要求的照办,或第一受益人提交的发票导致了第二受益人的交单中本不存在的不符点,而其未能在第一次要求时修正,转让行有权将从第二受益人处收到的单据照交开证行,并不再对第一受益人承担责任。

j. 在要求转让时,第一受益人可以要求在信用证转让后的兑用地点,在原信用证的截止日之前(包括截止日),对第二受益人承付或议付。该规定并不得损害第一受益人在第三十八条 h 款下的权利。

k. 第二受益人或代表第二受益人的交单必须交给转让行。

第三十九条 款项让渡

信用证未注明可转让,并不影响受益人根据所适用的法律规定,将该信用证项下其可能有权或可能将成为有权获得的款项让渡给他人的权利。本条只涉及款项的让渡,而不涉及在信用证项下进行履行行为的权利让渡。

附录2 国际贸易常用（缩）语和词组

A

@ at 以（价格）
AA Automatic Approval 自动许可证
A. A. R against all risks 保一切险
a. a. after arrival 到达以后
abt. about 大约
A/C, acct. account 账户，入……账
Acc. acceptance 承兑
Accountee 开证人（记入该户账下）
Accreditor 开证人（委托开证人）
Actual weight 实际重量
Advising Bank 通知行
Advanced B/L 预借提单
Advance Payment 预付货款
A. D. Anno Domini（拉丁文）公元（后）
a. d. after date 期后
add. address 地址
Adval. Ad valoren 从价（计算运费）
Adv. advance/advice 预付/通知
A. F. advanced freight 预付运费
agrt. agreement 协定
agt. agent 代理人
A. H. after hatch 后舱
Air transportation policy 空运保险单
Air transportation risk 空运险
Al Al at Lloyd's 英国劳埃德商船协会商船注册第一级
amt. amount 数额金额
amdt. amendment 修改
anti dated B/L 倒签提单
A. N. arrival notice 到货通知
A/O account of 由……付账
A. P. additional premium 额外保费
A/P authority to purchase 委托购买证
Approx. approximate 大约
A. R. All risks 一切险
arr. arrival 到达

art. article 条款，货号
arbitration 仲裁
Art. No. article number 货号
Assured 被保险人
a. s. at (after) sight 见票后（……天付款）
at the request of Messrs… 应（某人）请求
A. T. L. actual total loss 实际海损
Att. attached 附
Atten. attention 注意
A. V. Ad valoren 从值（从价）
Av. average 平均海损
Ave. avenue 大街
A/W actual weight 实际重量，净重
AWB air way bill 空运提单
Available by drafts at sight 凭即期汇票付款

B

B/-b/s bang(s), bale(s) 包，袋
BAF bunker adjustment factor 燃油附加费
Bal. balance 余额、平衡
Basket 篓
Bay (Hatch or Hold) 舱位，舱口，舱内
B. B. C. bareboat charter 光船租赁
B. B. Clause Both-to-Blame Collision Clause 船舶互撞条款（险）
B/C bill for collection 托收汇票
B/D
1. bank draft 银行汇票
2. bill discounted 贴现汇票
b. d. i. both days inclusive 包括头尾两天
bdl(s) Bundle(s) 捆、把
B/E
1. Bill of Exchange 汇票
2. bill of entry 进口报告书
Beneficiary 受益人
Berth 泊位
b/f brought forward 承前页

Bg. bag 袋
B/G bonded goods 保税货物
B/H Bill of Health 健康证明书
Bk. bank 银行
bkt. basket 蓝、筐
bl. bale 包
B/L bill of lading 提单
Black list 黑名单
bldg. building 大楼
blvd. boulevard 大街
B/O
1. buyer's option 买方选择
2. branch office 分公司
BOC Bank of China 中国银行
BOM Beginning of month 月初
Bonded warehouse 关栈
bot. bottle 瓶
BOY beginning of year 年初
B/P
1. bill of payable 付票据
2. bill purchased 出口押汇
3. bill purchased 银行议付汇票
br. branch 分行、分支机构
brkge. breakage 破碎
brl. barrel 桶
Breakbulk 散装货
b/s bags，bales 袋、包（复数）
BSC bunker surcharge 燃油附加费
B. T. berth terms 班轮条款
Btl. bottle 瓶
B. T. N. Brussels Tariff Nomenclature 布鲁塞尔税则分类
Bulk cargo 散装货
bu. bushel 蒲式耳
bx(s) box(es) 箱，盒
By order of Messrs… 奉（某人）之命
By airplane 飞机装运
By parcel post 邮包装运
By seafreight 海运
By train 火车装运
By truck 卡车装运

C

c/-. c/s case(s) 箱

ca. circa 大约（拉丁文）
CAAC General Administration of Civil Aviation of China 中国民航
C. A. D. Cash Against Documents 凭单据付款
CAF currency adjustment factor 货币附加费
Capacity 容积
Canc. cancelled，cancellation 取消
Capt. captain 船长
Cargo Board 托板
Cardboard box 纸盒箱
Cargo Receipt 货物承运收据
Caricom Caribbean Community 加勒比海共同体
Carrier 承运人
Catalogue 目录
Cartons 纸盒箱
C. B. D. Cash before delivery 付现交货
CBM cubicmeter 立方米
C. C. carbon copy 付本送印
CCCN Customs Co-operative Council Nomenclature 海关合作理事会税则目录
CCIB China Commodity Inspection Bureau 中国商品检验局
CCPIT China Council for the Promotion of International Trade 中国国际贸易促进委员会
C. C. V. O. combined certificate of Value and origin 价值、产地联合证明书
（海关发票）
C/D Cash Against Documents 凭单据会款
Cert. certificate 证明书
Certificate of Age of Vessel 船龄证明
Certificate of Registry 注册证明（船泊）
Certificate of Quantity 数量证明
Certificate of Origin 产地证明
C/f Carried forward 续后页
CFR Cost and freight 成本加运费价
C&I Cost and insurance 成本加保险价
CFS Container freight station 集装箱货运站
cft. cubic feet 立方英尺
Cgo. cagro 货物
C. H. Custom House 海关
Checks（Tally Men）理货员
chg. Charge 费用
Circuitous Routing 迂回航线

C/I
1. certificate of inspection 检验证书
2. certificate of insurance 保险证明书
C. I Consular Invoice 领事发票
C. I. A. cash in advance 预付现款
C. I. C. China Insurance Clause 中国保险条款
CIF cost, insurance, freight 成本、保险加运费价
CIFC Cost, insurance, freight, commission 成本保险运费加佣金价
C. I. O. cash in order 订货时付款
CIP freight or carriage & insurance paid to 运费保险费付至……价
ck.
1. check 支票
2. cask 桶
CL container load 集装箱装载
Claim 索赔
Clean bill collection 光票托收
Clean Bill of Lading 清洁提单
Clearance of Goods 结关
CLP container load plan 集装箱装箱单
cm centimeter 公分，厘米
C/N
1. case No. 箱号
2. contract No. 合同号
3. cover note 暂保单
4. credit note 贷项账单（贷记通知单）
CNCC China Natonal Chartering Corp. 中国租船公司
CNFTTC China National Foreign Trade Transportation Corp. 中国对外贸易运输公司
Co. Company 公司
C/O
1. certificate of origin 产地证书
2. care of 由……转交
3. cash order 本票
C. O. D. cash on delivery 货到付款
COFC container on flatcar 铁路运集装箱
Commercial Invoice 商业发票
Combined Invoice 联合发票
Comm. Commission 佣金
Confirming Bank 保兑行
Confirmed L/C/ Unconfirmed L/C 保兑信用证/不保兑信用证
Congested 拥挤

Conlerence (Steamship) 航运公会
Cont. contract 合同
Contd. continued 继续、未完
Container Seal Number 集装箱铅封号
Consignee 收货人
Cost 成本
COSA China Ocean Shipping Agency 中国外轮代理公司
COSCO China Ocean Shipping Company 中国远洋运输公司
C/P Charter Party 租船契约、租船合同
C. Q. D. customary quick dispatch 习惯快速装卸
Cr. Credit 贷方
C/R cargo receipt 货物承运收据
CR current rate 现行费率
crate 板条箱
c/s cases 箱
CSC container service charges 集装箱服务费
Csk. cask 木桶
ct. centiliter 毫升
C. T. B/L combined transport bill of lading 联运提单
ctn. carton 纸箱
Current Price 时价
Customs Broker 报关行
Customs duty 关税
Customs Invoice 海关发票
CWS Currency weakly surcharge 货币软化附加费
Cwt. hundred weight 亨特威（英制100磅）
CY container yard 集装箱堆场
CY to CY container yard/container yard 集装箱堆场至集装箱堆场
C. Z. canal zone 运河地带

D

D/A
1. documents against acceptance 承兑交单
2. documents attached 随附单据
3. …days after acceptance 承兑后……天（付款）
D. A. direct additional 直航附加费
d/d
1. dated 日期是……
2. …days after date 开票日后……天（付款）
D. D
1. demand draft 即期汇票（银行汇票）

2. documentary draft 跟单汇票
DESTN. destination 目的地
Description of goods 商品名称
Deferred payment L/C 延付信用证
d. f. dead freight 空舱费
D. G. Dangerous goods 危险货物
Direct Routing 最短航线
Direct port 直达港
Divisible L/C 可分割信用证
Discharge 卸货
Distribution Center 分配（运销）中心
Direct additional 直航附加费
Disc. discount 折扣、贴现
D/N debit note 借项账单
Documents 单据
Door to door 门到门（集装箱运输）
Documentary L/C 跟单信用证
Dock 码头
Dockage rate 停泊费、码头费
Dockmen 码头工人
D/P
1. documents against payment 付款交单
2. delivery against payment 付款交货
3. deferred payment 延期付款
D/PT/R Documents against payment with trust receipt 付款交单凭信托收据借贷
Drum 桶
Drawee 受票人、付款人
Drawer 出票人、收款人
Draft 船的吃水，汇票
Drawn on（upon）以（某人）为付款人
Drayage or Cartage 本地运费或运费
D/S deviation surcharge 绕航附加费
D/W deadweight 总载重量
D. W. T. deadweight tonnage 载重吨位
DZ. dozen 打

E

E. A. O. N. except as otherwise noted 除非另有记载
Eastbound 东向运输
E. C. East Coast 东海岸（指美国）
E/D export declaration 出口申请书
EEC European Economic Community 欧洲经济共同体
e. g. exempli gratia = for example 例如

E/L export license 出口许可证
Encl. enclosure 附件
E. & O. E errors and omissions excepted 有错当查
E. O. M end of the month 月底
E. O. S. end of the season 季底
E. O. Y. end of the year 年底
E. S. C Economic and Social Council 联合国经济社会理事会
Establishing Bank 开证行
ETA estimated time of arrival 预定到达时间
Etc. et cetera = and others 等等
ETD estimated time of departure 预定开航时间
ETS estimated time of sailing 预定开航时间
Ex
1. （合同、运输上）表示"出自"在……（交货）
2. （证券、股票上）表示"没有""免除"
Export duties 出口税
Exceptions 溢短残损，除外
Expenses 费用

F

F. A. freight agent 货运代理行
FAK Rates Freight All Kind Rates 不分品种运价
FAS Free alongside ship 船边交货
FCR Forwarder's cargo receipt 运输行货物收据
F. I. Free in 船方不负担装货费
F. I. O. S Free in and out and Stowed 船方不负担装卸费和理舱费
FIATA Federation International des Associations de Transitaires et Assimiles 国际运输商协会联合会
F. I. O. Free in & out 船方不负担装卸货费
Flatcar 铁路平车
FMC Federal Maritime Commission 美国联邦海运委员会
F/O in favour of 以……为受益人
F. O. Free out 船方不负担卸货费
F. O. C Free of charge 免费
FOB Free on Board 离岸价格
For account of Messrs… 付……人账
For the amount of USD… 金额为美元……
Force majeure 不可抗力
FPA Free from particular average 单独海损不赔，平安险
Freight Forwader 运输行

Fragile 易碎商品
Freight 运费
Free port 自由港
Free trade zone 自由贸易区
Free perimeter 自由过境区
Freight prepaid 运费付讫
FTL full truck load 整车货
FTZ Foreign-Trade Zone 对外贸易区
F. Y. I. For Your Information 供你参考
F. Z. Free Zone 自由区

G

G. A. G/A
1. General Agent 总代理
2. General Average 共同海损
Gang 装卸班
GATT General Agreement On Tariff and Trade 关税与贸易协定
General terms and condition 一般贸易条款
GMT Greenwich Mean Time 格林威治标准时间
GPO General Post Office 邮政总局
Gr. Wt. gross weight 毛重
Gross for net 以毛作净
G. S. P Generalized System of Preference 普遍优惠制

H

Handle with care 小心轻放
HAWB house air way bill 空运代理提单/分提单
H/H house to house 厂到厂（集装箱运输）
H. O. head office 总公司
Hold Men 舱内装卸工

I

IATA International Air Transport Association 国际航空运输协会
I. B. In Bond 保税仓库
ICC
1. international Chamber of Commerce 国际商会
2. institute Cargo Clause 伦敦学会货物保险条款
ID Idem = the same 同前
i. e. idest = that is 即是
I/E Import-Export 进出口
I/L Import license 进口许可证
IMF International Monetary Fund 国际货币基金组织

IMP International Market Price 国际市场价格
In Duplicate 一式两份
INCOTERMS International rules for the interpretation of trade Terms 国际贸易术语解释原则
Including Packing Charges 包托包装费
Inland 内陆
Inland Transportation Agent 内陆运输代理商
Inspection certificate 证明书
Insurance 保险
Inst. instant (this month) 本月
Interchange Point 联运交接点
Interline Freight 内陆货运
Insurance Declaration 保险声明
In Triplicate 一式三份
I. O. P. Irrespective of Percentage 无免赔率
I. P. I. Interior Point Intermodel 内陆城市海陆联运（美国）
I. Q. Import quota 进口配额
Issuing Bank 开证行

J

JMP Japan's main ports 日本主要港口

K

Kg. Kilo Kilogram 千克
Keep dry 切勿受潮
Keep upright 切勿倒置
Keep cool 放在凉处
Keep on deck 甲板装运
Keep in hold 装在舱内
Keep flat 必须平放

L

LASH lighter-aboard-ship 载驳船，子母船
Lb libra = pound 磅（重量单位）
L/c letter of Credit 信用证
LCL less than container load 拼装货（集装箱）
L/G letter of guarantee 担保书
L. H. lower hold 底舱
Lkge leakage 渗漏
L. M. C Lloyd's Machinery Certificate 劳氏船机证书
L/T long ton 长吨
LTL less than truck load 拼装货
Leakage and breakage 漏损和破损

Longshoreman 码头搬运工人
Loading 装货，装载

M

Max maximum 最高
Mfst. manifest 舱单
Min minimum 最低，起码
M. I. P. marine insurance policy 海运保险单
M. L. B. mini-Land Bridge Service 小陆桥运输
Modes of transportation 运输方式
M/R mate's receipt 大副收据
M/S motor ship 轮船
M/T
1. metric ton 公吨
2. mail transfer 信汇
3. multimodal transport 多式联运
M. V. motor vessel 机动船，轮船
Measurement list 尺码单
Microbridge 微陆桥运输
More or less clause 溢短条款
Most favoured nation treatment 最惠国待遇

N

N. A., N/A
1. not applicable 不适用
2. not available 无供
3. no acceptance 拒绝承兑
N. B. nota bene = note well 注意
N. C. V. no commercial value 无商业价值
N/M no mark 无标记
N/N non-negotiable, not negotiable 不可转让，不可议付
n. o. s not otherwise specified 未列名
Negotiation bank 议付行
Negotiation 议付
No turning over 切勿倾倒
No dumping 切勿投掷
Number 数、数目、号码

O

O/C outward collection 出口托收
O. C. P. overland common point 陆上共同点
O. P. open policy 预约保单
On behalf of…代表某人

On board B/L 已装船提单
On deck B/L 甲板提单
On deck risk 舱面险
Opener 开证人
Opening Bank. 开证银行
Optional 可选择的
Optional charge 选港费
Order B/L 指示提单
Origin 原产地，启运点
Original B/L 正本提单
Outer packing 外包装
Overland transportation policy 陆运保险单

P

p. a. Per Annum 每年，按年
P/A
1. particular average 单独海损
2. payment on arrival 货到付款
Pcl. parcel 包，包裹
Pct. percent 百分比
P. D. Port dues 港务费
PICC people's Insurance Co. of China 中国人民保险公司
P&I. PLA Protection and Indemnity Association 保险及赔偿协会
Pkg. package 包、件
P. M. post meridien = afternoon. 下午
PMA Pacific Maritime Association 太平海运协会
P. O. C. port of call 停靠港
P. O. B. post office box 邮政信箱
P. O. D. paid on delivery 交货时付讫
p. p. picked ports 选定港
Pr. pair 双，对
P. R. C People's Republic of China 中华人民共和国
prox. proximo = next month 下月
ppt prompt 即时的
P. S. postscript 附言，再启
P. T. O. please turn over 请阅后页
Pallet 托盘
Palletize 货托盘化
Partial shipment allowed 允许分批装运
Payment 支付
Payee 受款人
Payer 付款人

Packed in cases 装入箱内
Parcel post risk 邮包险
Parcel Receipt 邮包收据
Paying bank 付款行
Plywood case 胶合板箱
Port congestion charge 港口拥挤费
Prompt shipment 即装
Premium 保险费
Principal 开证人，委托开证人
Price 价格
Proforma Invoice 形式发票

Q

Qlty. Quality 质量
Quty. Quantity 数量
Qy. Quay 码头
Quantity discount 数量折扣

R

Re. with reference 关于
Rev. revocable 可撤销的
R. F. W. D rain and \ or fresh water damage 雨淋淡水险
Ro-Ro roll-on \ roll-off 滚装船
RR rail road 铁路
Railroad Trailer 铁路拖车
Railway Bill 铁路运单
Ream 令（500 sheets）
Rebate 回佣
Reimbursing bank 偿付行
Retail price 零售价
Revocable L/C 可撤销信用证
Revolving L/C 循环信用证
Risk of contamination 沾污险
Risk of mold（mould）发霉险
Risk of shortage 短缺险
Risk of rusting 锈损险
River Barging 内河驳运
Roll 卷
Routing 运输路线

S

S. A. Societe Anonyme（French）= Corp. 公司
Societa Anonima（Italian）= Corp. 公司
Sociedade Anonima（Sqanish）= Corp. 公司

Scheduled Service 定期班轮
S/C
1. sales contract 销货合同
2. service charge 服务费
3. sales confirmation 销货确认书
SCI Special Customs Invoice 美国特别海关发票
S/D
1. short delivery 交货短缺
2. sight draft 即期汇票
3. sea damage 海上损失
SDR Special Drawing Right 特别提款权
Sea-worthy packing 适合海运包装
Settling agent 理赔代理人（保险）
S/F Stowage factor 积载因素
S. G. Ship and goods 船与货
Sgd. signed 签字
Sheet 张
Shpt shipment 装
Shipper（Consigner, Consignor）托运人
Shipping Company's Certificate 船公司证明
Shipping space 舱位
Shipping order 装货单
sig. signature 签字
Sight L/C 即期信用证
Usance L/C 远期信用证
SINOTRANS China National Foreign Trade Transportation Corporation 中国外运公司
Sk. Sack 袋
S. L. &C Shipper's load and count 托运人装载和点件（集装箱）
S. N. Shipping note 装船通知书
S/O
1. shipping order 装货单
2. seller's option 卖方选择
Specification 规格
Space Charter 订船
Special additional risk 特别附加险
Special preference 优惠关税
Specification list 规格明细表
Spot price 现货价
S. R. C. C. strike, riot and civil commotion 罢工险
S. S. steamship 轮船
St. Street 街
S/T Short ton 短吨

S. T. C. said to contain 据称包括
Stg. Sterling 英镑
Std. Standard 标准
Stuffing 装箱
Supercargo 押运员
S. W. D sea water damage 海水损失险

Transloading 交接转运
Transship 转船，转运
Transit zone 自由贸易区
tr. wt. Tare weight 皮重
T. T. Telegraphic transfer 电汇
TTL. total 总计

T

T. A. T/A
1. telegraphic address 电报挂号
2. transshipment additional 转船附加费

Tare 皮重
Tariff 运费表，税则
TAT Train-air-truck 陆空陆联运
TBD policy to be declared 待报保险单（船名航期不须填待报者）
Terminal 码头，水陆交接点，终点站
TEU twenty equivalent unit 相当于 20 英尺标准集装箱
T. C. travelers cheque 旅行支票
T. D. tween deck 二层舱
T. E. U. twenty feet equivalent 20 英尺标准箱单元
tgm. telegram 电报
This Side Up 此端向上
Through B/L 联运提单
Time charter 定期租轮
Time drafts 远期汇票
Time of delivery 交货时间
Time of payment 付款期限
Time of shipment 装运日期
Time policy 期限保险单
T. L. O. Total loss only 全损险
Tlx. telex 电传
T. M. O. Telegraphic money order 电汇单
TOFC Trailer on flatcar 铁路平车拖运
total value 总价
total amount 总金额
To insure 投保
T. P. N. D Theft pilferage and non-delivery 偷盗及提货不着险
T/R trust receipt 信托收据
Transferable L/C 可转让信用证
Transshipment allowed 允许转船
Transshipment B/L 转船提单

U

UCP Uniform Customs & Practice 统一惯例
U/D under deck 甲板下
U. K. United Kingdom 联合王国（英国）
ULT Ultimo = last month 上月
U/M under-mentioned 下述
Unconfirmed L/C 不保兑信用证
Undivisible L/C 不可分割信用证
Unit 单位
unitize 成组化（运输）
Unscheduled service 不定期班轮
Untransferable L/C 不可转让信用证
US United States 美国
USSR Union of Soviet Socialist Republics 苏联
use no hooks 切勿用钩
usual practice 习惯做法
U/T unlimited transshipment 无限制转船

V

V. vide 参阅
val. value 价值
Via. by way of 经由
Viz. namely 即是
Volume 容量
voy. voyage 航程
Voyage Charter 定程租轮
V. V. Vice versa = interchange 反过来

W

W. A. with average 水渍险、单独海损赔偿
W. C. West Coast 西海岸
Westbound 西向运输
Wharfage 码头费
Wharfage Rate 码头收费率
Whf. Wharf. 码头
whse Warehouse 仓库、栈房
W/M weight or measurement 重量或体积（按高者计

算运费)
W. O. washing overboard 浪击落海
Wooden case 木箱
W. P. A. with particular average 水渍险
W. R. war risks 战争险
wt. weight 重量
wtd. warranted 保证
wty. warranty 保证条款
W/T with transshipment at 在……转船
W. W Warehouse warrant 栈单
W/W Warehouse to warehouse clause 仓至仓条款

Y

Y. A. R. York-Antwerp Rules 约克一安特卫普规则（国际共同海损规则）
Yd(s) Yard(s) 英码

Z

Z. Zone 地区
ZIP. Zoning Improvement Plan 美国邮区编号

附录3 国际贸易流程图

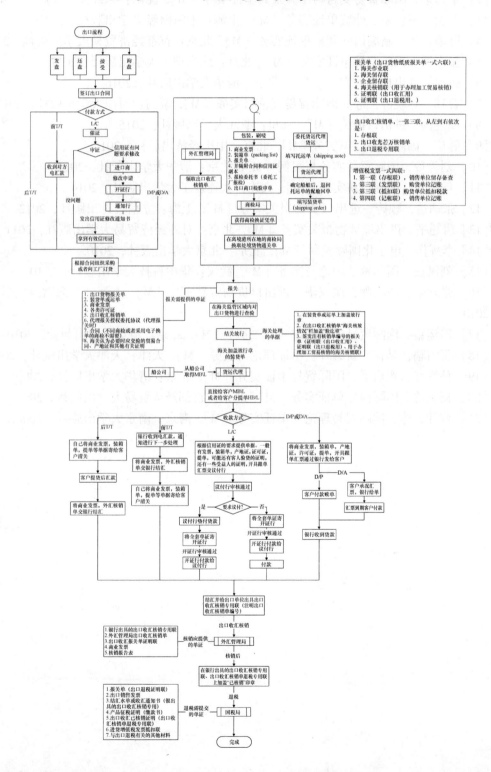

参考文献

[1] 黄秀丹. 外贸单证实务 [M]. 北京：电子工业出版社，2017.
[2] 卓乃坚. 国际贸易支付与结算及其单证实务 [M]. 沈阳：东北大学出版社，2017.
[3] 李贺，奚伟东. 外贸单证实务 [M]. 上海：上海财经大学出版社，2017.
[4] 陈原，等. 新编国际贸易单证实务 [M]. 北京：首都经济贸易大学出版社，2017.
[5] 张奎霞. 国际贸易单证实务 [M]. 北京：北京理工大学出版社，2017.
[6] 张兵. 进出口报关实务 [M]. 北京：清华大学出版社，2016.
[7] 曹玮，林晓静，等. 国际贸易理论与实务 [M]. 厦门：厦门大学出版社，2016.
[8] 杨建国. 进出口报关 [M]. 杭州：浙江大学出版社，2015.
[9] 陈广. 国际贸易制单实务 [M]. 北京：中国经济出版社，2015.
[10] 刘秀玲. 国际贸易实务与案例 [M]. 北京：清华大学出版社，2014.
[11] 戴海珊. 国际贸易实务 [M]. 大连：大连理工大学出版社，2014.
[12] 张炳达，顾涛. 进出口货物报关实务 [M]. 上海：立信会计出版社，2012.
[13] 唐超平. 进出境货物报关实务 [M]. 北京：对外经济贸易大学出版社，2011.
[14] 李辉作. 电子化国际贸易 [M]. 北京：北京大学出版社，2010.
[15] 刘汉成. 国际贸易理论与实务 [M]. 武汉：华中科技大学出版社，2010.
[16] 张永安，高运胜，沈克华. 进出口货物贸易实务 [M]. 上海：上海财经大学出版社，2010.
[17] 田运银. 国际贸易单证精讲（第二版）[M]. 北京：清华大学出版社，2010.
[18] 张雪鹏，马祯. 新编外贸单证理论与实务 [M]. 天津：天津大学出版社，2010.
[19] 孙继红，瞿启平. 国际贸易单证实务 [M]. 北京：清华大学出版社，2009.
[20] 杨金玲. 国际商务单证实务 [M]. 北京：首都经济贸易大学出版社，2009.
[21] 曹玮，等. 国际贸易理论与单证实务 [M]. 南京：南京大学出版社，2008.